厦门大学中外合作办学研究中心中外合作办学质量工程系列丛书

我国高等学校
境外办学运行机制研究

Study on the Operating Mechanism of Running Schools（Projects）
Overseas of Universities and Colleges in China

廖菁菁　著

厦门大学出版社　国家一级出版社
XIAMEN UNIVERSITY PRESS　全国百佳图书出版单位

图书在版编目（CIP）数据

我国高等学校境外办学运行机制研究 / 廖菁菁著
. -- 厦门：厦门大学出版社，2023.4
（厦门大学中外合作办学研究中心中外合作办学质量
工程系列丛书）
ISBN 978-7-5615-8962-5

Ⅰ．①我… Ⅱ．①廖… Ⅲ．①高等学校－国际合作－
办学模式－研究－中国 Ⅳ．①G649.2

中国版本图书馆CIP数据核字(2023)第057082号

出 版 人　郑文礼
责任编辑　曾妍妍
美术编辑　李夏凌
技术编辑　朱 楷

出版发行　厦门大学出版社
社　　址　厦门市软件园二期望海路 39 号
邮政编码　361008
总　　机　0592-2181111　0592-2181406(传真)
营销中心　0592-2184458　0592-2181365
网　　址　http://www.xmupress.com
邮　　箱　xmup@xmupress.com
印　　刷　厦门市明亮彩印有限公司

开本　720 mm×1 000 mm　1/16
印张　18
插页　4
字数　277 千字
版次　2023 年 4 月第 1 版
印次　2023 年 4 月第 1 次印刷
定价　72.00 元

厦门大学出版社
微信二维码

厦门大学出版社
微博二维码

序

　　境外办学是我国教育涉外办学的16种形式之一,在我国教育高水平对外开放格局中占有一席之地。截至目前,我国高等学校境外办学已有100多个机构(项目);总体上看,在数量和质量上都取得了不少成绩。与此同时,和中外合作办学蓬勃发展的情况相比,作为"走出去"的办学活动,高等学校境外办学的发展还存在不平衡等现象。开展高等学校境外办学科学研究,为政府宏观决策和学校办学实践提供政策支撑、专业支持和人才保障,对于推动我国高等学校境外办学高质量发展和教育高水平对外开放,具有重要意义和价值。

　　厦门大学中外合作办学研究中心在开拓中外合作办学专门研究领域、推动全国中外合作办学科学研究的同时,较早开展境外办学研究并与该领域有志者一道共同推进这项事业。教育部国际司于2018年2月发文委托中国高等教育学会开展高等学校境外办学课题研究,研究制定《高等学校境外办学指南(试行)》。考虑已有研究基础,学会将此项任务交给中外合作办学研究分会具体承担(厦门大学是中国高等教育学会中外合作办学研究分会理事长单位和秘书处所在单位)。我作为研究分会理事长和研究中心主任,在完成繁重的中外合作办学研究等任务之外,承担了高等学校境外办学研究课题组组长和《高等学校境外办学指南(试行)》起草组组长的艰巨任务。在教育部指导下,在中国高等教育学会领导下,研究分会组织了强有力的研究团队,历时一年半开展大量调研以及在上海主持召开"首届全国高校境外办学研讨会"等等,顺利完成《高等学校境外办学指南(试行)》研制任务。根据教育部意见,《高等学校境外办学指南(试行)(2019年版)》于2019年9月由中国高等教育学会发布。这是中国第一个为高等学校境外办学提供专业化指导的文件,社会关注度高,反应良好。廖菁菁老师作为我的博士生,全程参与了上述活动,起了应有的作用;同时,她在参与中获得了学术的成长。

廖菁菁老师以此为契机,选定了自己的博士论文题目。这是我带的几十名中外合作办学研究方向博士生中,唯一不以中外合作办学为博士论文选题,而以境外办学为博士论文选题的。我在同意她的选题之前曾略有保留,但她说服了我。她的理由是:第一,现实需要;第二,本人兴趣。的确,需要是最大的动力,兴趣是最好的老师。她以十二分的精力投入高等学校境外办学研究,如期写出了优秀的博士论文。博士毕业多年,她仍然孜孜不倦,潜心高等学校境外办学研究,不断前进,取得了一系列的研究成果。这本书就是她在博士论文基础上不断完善和创新而形成的。

廖菁菁老师为了深入分析高等学校境外办学可持续发展的影响因素,查阅了大量的研究资料,走访许多开展境外办学的高校,进行了一系列访谈及问卷调查。由于开展的调研工作比较扎实,最终形成的"办学主体－办学模式－办学环境"理论框架也比较切合实际,比较合理;在这个框架下,对高等学校境外办学总体情况及存在问题的分析比较透彻;与美国、英国、日本和印度等四个国家境外办学特征进行的对比研究有所创新;提出的高等学校境外办学运行机制的建议颇有新意,可为教育行政部门关于境外办学相关政策措施的制定和高校的办学实践提供有益参考和依据。综上所述,这本书的理论分析和案例研究均具有较高的科学性、现实针对性和可行性,在不少问题的分析上具有创新性。

高等学校境外办学在不断发展,有许多新的课题需要在已有基础上进一步深入研究。对于廖菁菁老师来说,这本书的出版标志着她的研究站在了一个新的起点上。廖菁菁老师作为贵州师范大学副教授、硕士生导师,在开展教学活动的同时,持续关注高等学校境外办学的新动态、新发展,并与所毕业的学校厦门大学中外合作办学研究中心保持密切的学术来往与合作。这是一份对母校的热爱和对事业的执着,甚堪嘉许。有鉴于此,我欣然接受作序的要求,相信廖菁菁老师在新的起点上一定会为中外合作办学、境外办学科学研究做出新的贡献。

林金辉

2023 年 3 月 3 日

于厦门大学海韵园科研 2 号楼

厦门大学中外合作办学研究中心

目 录

▶▶▶

第一章　绪　论

▶▶▶

第一节　研究背景及意义

在加快和扩大教育对外开放的新形势下,推进我国高等教育国际化,既需要"请进来",也需要"走出去"。高等学校境外办学作为我国跨境高等教育的重要组成部分,也是我国扩大教育对外开放,提升高等学校教育国际化水平的重要路径。回溯时光,我国高校境外办学的历史并不短,早在1921年由吴稚晖、李石曾、蔡元培等凭借个人之力,联合法国名流学者在境外创立的高等教育合作机构"里昂中法大学",可以说是我国在海外设立大学的开端。[①] 沿着改革开放40多年来的足迹,我国越来越重视高校境外办学的发展,办学形式也经历了从人员流动、进修班、课程班、教学点逐渐发展成以项目、分校为目标的发展趋势。[②] 可以说,高校境外办学是我国高等教育高质量发展,高校向世界展现实力的一种新诉求。然而,高校境外办学还面临着诸多亟待解决的重要课题,它成为本书产生的研究背景。

---

① 胡晓.中法大学与中法文化交流[D].成都:西南交通大学,2003.

② 林金辉.中外合作办学发展报告2010—2015[M].厦门:厦门大学出版社,2016:209-210.

一、研究背景

(一)加快高校境外办学发展步伐迫切要求系统的理论研究

高校开展境外办学是对习近平总书记提出的扩大教育对外开放精神的落实和重要实践。2016 年,中办、国办印发《关于做好新时期教育对外开放工作的若干意见》,明确提出了"鼓励高等学校和职业院校配合企业走出去,鼓励社会力量参与境外办学,稳妥推进境外办学"等工作目标。①《教育部 2018 年工作要点》专门提出:"研制鼓励和规范高校境外办学工作的意见。"②为了顺应时代的要求,加强更深层次更宽领域教育国际合作,科学谋划和稳步推进境外办学的需求日益迫切。在教育部指导下,2019 年 9 月,中国高等教育学会向社会发布了我国第一份为高校境外办学提供专业化指导的文件《高等学校境外办学指南(试行)(2019 年版)》。③ 面对新冠肺炎疫情的暴发、国际形势的风云变幻,2020 年,教育部等八部门印发《关于加快和扩大新时代教育对外开放的意见》。《意见》指出:"要坚持教育对外开放不动摇,主动加强同世界各国的互鉴、互容、互通,形成更全方位、更宽领域、更多层次、更加主动的教育对外开放局面。"④这些政策文件的出台,充分反映了高校境外办学正在快速发展的态势,也反映了政府部门对其发展的高度重视、鼓励支持的态度,希望通过规范管理打造"走得出、留得住、办得好"的高校境外办学新格局。

---

① 中共中央办公厅、国务院办公厅.关于做好新时期教育对外开放工作的若干意见[EB/OL].(2016-04-30)[2018-11-05].http://www.moe.gov.cn/jyb_xwfb/s6052/moe_838/201605/t20160503_241658.html.

② 教育部.教育部 2018 年工作要点[EB/OL].(2018-02-01)[2018-11-05].http://www.moe.gov.cn/jyb_sjzl/moe_164/201807/t20180716_343155.html.

③ 中国高等教育学会.高等学校境外办学指南(试行)(2019 年版)[EB/OL].(2019-09-26)[2019-10-06].http://www.moe.gov.cn/jyb_xwfb/s5147/201909/t20190927_401294.html.

④ 教育部等八部门.关于加快和扩大新时代教育对外开放的意见[EB/OL].(2020-06-23)[2020-07-05].http://www.moe.gov.cn/jyb_xwfb/s5147/202006/t20200623_467784.html.

（二）高校境外办学面临着诸多亟待解决的重要课题

我国高校境外办学发展的历史背景和经历阶段的不同,决定了我国高校很难通过直接复制国外的经验来指导实践,因此,找寻适合我国高校的境外办学运行原理及方法,科学合理地指导我国高校境外办学健康有序发展是必要的和紧迫的。就目前发展状况来说,相较于"请进来"的合作办学活动,"走出去"的办学活动至今仍处于起步、探索阶段。截至2021年底,中外合作办学中,"请进来"的办学活动在国务院行政法规《中华人民共和国中外合作办学条例》的规范下发展迅速,中外合作办学机构(项目)已达到 2356 个[①],其政策体系已相对成熟;而一项针对高校的问卷调查表明,国内仅有 84 所高校正在开展境外办学活动,境外办学机构(项目)仅有 128 个[②]。综观其他国家境外办学的实践经验,澳大利亚作为境外办学发展大国,其境外分校在总体上继续成功运作的同时,正在关闭一些在财务和声誉方面更具风险的离岸课程。2007 年运营了 9 年的澳大利亚中央昆士兰大学(CQU)斐济校区以及新南威尔士大学(UNSW)新加坡分校被迫关闭,澳大利亚麦格理大学也被曝出涉嫌管理不善和国际业务支出过高等问题,这些案例说明,高校境外办学的发展越来越集中在解决其运行管理、盈利能力以及声誉保护等问题上。[③] 可以看出,高校境外办学的运行管理常常面临内部与外部之间诸多不适应、不协调的问题和障碍,导致境外办学未能蓬勃地发展起来,境外办学发展理论及实践还未能充分满足当前境外办学发展的需要。理论研究上的局限和滞后,以及实践经验上的匮乏和隐蔽,是我国高校境外办学面临种种困难和障碍的主要原因所在。

综上可知,高校境外办学是一个多系统联动工程,不仅涉及高校内部资源整合,还涉及高校与合作机构之间关系建立、与外部复杂环境互动等

---

①　林金辉.这十年,中外合作办学交出满意答卷[N].中国教育报,2022-09-29(09).

②　全国首届高校境外办学研讨会在上海举行[EB/OL].(2018-06-29)[2018-11-15].https://s.cloud.gmw.cn/2016/c/2018-06-29/1152010.shtml.

③　The Observatory on Borderless Higher Education.Reversal of a trend? Australian universities withdraw from off-shore teaching[EB/OL].(2007-07-10)[2018-11-15].http://www.obhe.ac.uk/documents/view_details? id=173.

诸多方面联动的运行过程,如果缺乏对其系统性结构的深入了解和理性认识,实际运作过程中就会面临各种困难。为了顺利开展高校境外办学,迫切需要理论研究者对其进行深入细致、系统的理论研究。

二、研究意义

要实现高校境外办学走得出、留得住、办得好的目标,研究高校境外办学运行的现状及问题,以及构建运行机制模型具有重要的理论价值和实践意义。

(一)理论价值

本书有利于完善和深化中外合作办学的理论研究。把高校境外办学作为研究对象,是对中外合作办学范畴上的深层意义的拓展,对中外合作办学的发展具有重要的促进作用。当前对于境外办学的理论研究"用不上、不够用"的情况尚未得到改变,比如如何支持、引导高校境外办学发展的理论研究成果目前为数不多,而实践的发展需要理论的指导,高校境外办学之所以发展不足,与对其的理论研究相对缺乏不无关系。理论的完善有利于弥补高校境外办学自身理论认识上的不足,对境外办学的概念界定、发展模式、运行机制以及一系列问题进行理论研究,有利于丰富对该领域的理论认识。确定境外办学在国际跨境高等教育中的地位,明确事物的个性与共性、矛盾的普遍性和特殊性之间的辩证关系,借鉴国际境外办学的经验和做法等研究都具有重要意义。

(二)实践意义

有利于服务我国高等教育国际化发展的现实需求。随着经济和社会的快速发展,我国正日益走近世界舞台的中央,教育国际化如何服务于振兴中华的历史使命、"一带一路"建设以及中国文化"走出去"的战略需要,如何更好地服务于建设教育强国、实现教育现代化的目标,是重大的时代命题。习近平总书记指出:"站在新的历史起点,中国开放的大门只会越开越大。"[1]高校境外办学是我国高等教育国际化的重要内容,是新时代我国高等教育"走出去"、推进中外人文交流、共建"一带一路"的重要

---

① 习近平出席第二届中国进出口博览会开幕式并发表演讲[N].人民日报,2019-11-06(1).

途径。

有利于形成教育对外开放高质量发展的办学新格局。对境外办学进行系统性研究，提出学术观点和政策建议，对于以"走出去"促进"引进来"，促进中外合作办学质量提升，扩大我国教育在国际上的影响力，争取更多的话语权，具有重要的现实意义。

有利于向各层面参与者提出科学的政策建议和现实依据。目前，政府决策者不仅需要强有力的理论依据，而且更需要了解高校境外办学的主要问题和政策障碍等实际情况，以便做出正确的顶层设计，实施精准支持和规范管理；而高校境外办学实践者则期盼有法可依、有章可循，提高管理的透明度和办事效率。因此，本书系统梳理高校境外办学发展的现状、困境，并就如何实现境外办学活动的可持续发展，提供了相关政策建议和具体路径，具有重要的现实意义。

第二节　文献综述

境外办学(running schools/projects overseas，简称 RSPO)是跨境高等教育的主要表现形式之一，是跨境高等教育的下位概念，是站在教育输出国(地区)角度的概念。分析关于境外办学的相关研究，必须置身于跨境高等教育研究大背景之中，找出它的普遍性及特殊性。

笔者通过搜索 2000—2020 年期间，以境外办学、跨境高等教育、跨国高等教育、无边界教育、离岸教育、海外分校、跨境办学等关键词检索中文知网数据库(CNKI)；以 transnational education、cross-border education、running schools/projects overseas、off-shore campus、international branch campus 等关键词，检索 WOS、EBSCO、OBHE 网站数据库、C-BERT 网站数据库，总共筛选出中文文献 307 篇(其中博士论文 5 篇)，英文文献 130 篇。

本书将对高等教育境外办学运行的相关研究进行归纳分析，共分为四个部分：一是归纳跨境高等教育在我国的实践发展；二是总结高等教育境外办学的动机与困境；三是分析高等教育境外办学的研究转向；四是在此基础上剖析境外办学运行机制研究的不足并进行展望。

一、跨境高等教育在我国的实践发展

2001 年,我国在《服务贸易总协定》中承诺,在市场准入上允许外国教育机构和我国教育机构合作办学。随着我国正式加入世贸组织,不但吸引了大批境外教育机构纷沓而至与我国教育机构开展合作办学,而且我国有实力有条件的高校也尝试走出去办学,把触角向世界伸展,因此,跨境高等教育在我国的实践体现为中外合作办学(引进来)和境外办学(走出去)的双向办学活动。自 20 世纪 80 年代中期以来,我国鼓励外国高等教育机构与我国高等教育机构合作建立机构或项目,目的是引进先进的外国教育资源,以提高我国高等教育机构的学术能力和全球竞争力。[①] 然而,为了推动跨境高等教育的发展,我们既要"请进来",也要"走出去"。[②] 我国高校主动到海外办学,必将有利于我国高等教育的改革与发展,与"引进来"的中外合作办学具有同样重要的意义。[③] 随着我国高等教育实力的增强,境外办学将同中外合作办学活动一样,是我国跨境高等教育的重要形式之一。从 20 世纪末开始,跨境高等教育对大学国际发展战略至关重要,我国由高等教育大国向高等教育强国转变的过程中,高校境外办学,高等教育"走出去"将成为我国高等教育国际化战略的发展趋势。[④] 放眼世界,美国是教育输出大国,它的教育国际化发展路径也是一种双向活动,在输出海外分校的同时,也输入海外分校,呈现"输入"与"输出"并举的趋势。[⑤] 这些事实告诉我们,我国高等教育国际化的扩大

---

① HUANG F. Internationalization of higher education in the developing and emerging countries: a focus on transnational higher education in Asia[J]. Journal of studies in international education,2007,11(3/4):421-432.

② 林金辉,刘志平.高等学校中外合作办学"走出去"发展战略探新[J].教育研究,2008(1):43-47.

③ 吴艳云.海外分校:跨国高等教育发展的新模式探析[J].广东外语外贸大学学报,2013,24(4):101-104.

④ 蒋继彪.我国高等教育"走出去"的若干对策研究[J].国内高等教育教学研究动态,2016(17):3-5.

⑤ 杜燕锋.美国高校海外分校:历程、现状与趋势[J].外国教育研究,2016,43(4):105-118.

发展,推动跨境高等教育政策的实施,既要"引进来",也要"走出去",开展双向配合,才能实现双赢合作的国际化,才能进一步提升我国大学的国际影响力。[①]

整体来说,随着时间的推移,世界跨境高等教育的格局正在改变,从原来的北(发达国家)向南(发展中国家)、北向北,慢慢变成南向南和南向北的发展趋势。[②] 这是由于发展中国家的高等教育质量正在不断地提高,随之而来的雄心是它们渴望出口本国的优质高等教育资源,希望可以从中获取声望或收益,此外,具有相似社会经济发展背景的国家也需要这种教育机构(项目)提供的优质教育资源。[③] 在此大背景下,我国优质高等教育资源的输出与输入方向也开始发生变化,为我国大力发展境外办学带来了时代机遇。

二、高校境外办学的动因

高校境外办学是当今世界高校国际化发展的一个趋势,要理解境外办学的各个方面,其核心是探究催生高校境外办学的动因,这是研究跨境高等教育理论的一个重要方面,承载了国家、院校以及其他相关机构的国际期许。

关于境外办学的驱动因素,国外的一些学者对高等教育国际化动因进行了具体且深入的分析,其中以简·奈特(KNIGHT J)的分析框架最为流行,他认为动因是指国家、部门或高等教育机构投资国际化的动力,这反映在政策制定、国际交流项目的实施和发展中。他具体提出了两个层面的动因:一方面是国家层面,主要动因表现为人力资源、战略联盟、经济效益、社会文化的相互理解与发展等;另一方面是高校层面,主要动因表现为国际形象与声誉、教学质量和国际标准、经济效益、学生和教职工

① 蔡丽红.美英高校海外分校发展的现状分析与启示[J].煤炭高等教育,2017,35(6):45-49.

② OBHE. International branch campuses:markets and strategies[EB/OL].(2009-09-01)[2020-10-19]. https://www. obhe. org/resources/international-branch-campuses-markets-and-strategies.

③ 吴漫莎.世界高等教育海外分校发展现状研究[J].广东广播电视大学学报,2012,21(6):87-89.

的能力以及科研与知识产品等。① 阿特巴赫(ALTBACH P G)等则提出三个因素:一是追求经济利益,货币收益激发了跨境高等教育的积极性;二是提供学生入学的机会,满足国家对高等教育的需求;三是可以促进跨境高等教育领域的不断发展。② 也有学者认为,实施境外办学,输出国(地区)的动机除了增加经济收入之外,还有提高机构知名度、创造新的学术机会,而输入国(地区)的动机则是提高高等教育的水平、扭转人才外流的趋势、共享创新技术知识产权等。③ 从大学的角度来看,认为大学应避免主要基于单一维度的决策,如合法性,而应考虑广泛的动机和因素。④ 从学生选择境外分校的动机来看,有学者认为其主要动机与那些选择在母体高校学习的学生是不同的,推拉理论影响学生的流动性。不同国家和部门、不同院校、不同利益相关者的国际化动因各不相同。理解学术国际化最重要的刺激因素是我们对高等教育国际化现象进行分析的前提。⑤ 高等教育海外分支机构呈现出的迅速扩张趋势,是高等教育输入国(地区)和输出国(地区)之间"推拉"的结果,输出国(地区)基于增加经济收入、提升机构的知名度和创造新的学术机会等目的的考虑,反映出了它的驱动作用;而输入国(地区)基于提高本国的高等教育水平,扭转人才流失趋势和共享创新技术的知识产权的考虑,反映出了拉动作用。⑥ 此外,推动作用还体现在,为了建立战略联盟,高等教育输出国(地区)通过

---

① KNIGHT J. Internationalization of higher education: new directions, new challenges[M].Paris:International Association of Universities,2006:16-20.

② ALTBACH P G, KNIGHT J. The internationalization of higher education: motivations and realities[M]//The forefront of international higher education. Springer Netherlands,2007:540-545.

③ LASANOWSKI V. International branch campuses: motivations, opportunities & challenges[EB/OL].(2010-01-31)[2018-03-25].http://www.obhe.ac.uk/what_we_do/events/pre2011pres/GoingGlobal7e2010.pdf.

④ WILKINS S, HUISMAN J. The international branch campus as transnational strategy in higher education[J].Higher education,2012,64(5):627-645.

⑤ ALTBACH P G, KNIGHT J. The internationalization of higher education: motivations and realities[J].Journal of studies in international education,2016,11(3/4):290-305.

⑥ 廖菁菁.高等教育海外分校研究:动因、类型与挑战[J].比较教育研究,2019,41(2):27-35,44.

高等教育出口,与目标国家建立起更为紧密的战略伙伴关系,在该地区发挥更大的影响力。①

　　我国学者各抒己见,孟照海提出了学术、宗教、科学、政治和经济方面的动因;②姚宇琦、韩宇提出了产业动因和政策动因;③杨启光提出了国家利益、能力建设和国际理解的动因;④赵哲、陶梅生则认为具有从振兴知识产业到世界高水平私立大学的兴起与魅力吸引等动因。⑤ 李盛兵和刘冬莲在综合已有的高等教育国际化动因理论的基础上,进行新的理论构建,指出清晰明确的动因分析框架对各国国际化发展非常重要。不同国家和部门、不同院校、不同利益相关者的国际化动因各不相同。不同的动因导致国际化的复杂性,以及不同的效果。⑥ 兰军在分析世界跨境高等教育发展历程时,把动因分成四个时期:以知识传播为价值取向的纯粹学术交流时期(17 世纪末至第二次世界大战之前);以追求社会公益兼顾国家利益为价值取向的教育援助时期(第二次世界大战结束至 20 世纪 70 年代末);以追求商品利润为价值取向的教育服务贸易时期(20 世纪 80 年代至 21 世纪初);以能力建设为价值取向的跨境高等教育时期(21 世纪初至今)。⑦ 我国有的学者也认为,在经济利益的驱动下,更多的发展中国家也开始纷纷输出本国教育。⑧ 但是,更多的学者认为,促进我国高等教育的国际化和现代化水平是高等教育"走出去"的主要目的,因此,处理好跨境教育中公益性和营利性之间的关系,把握高等教育"走出去"正

　　① 张惠.全球化背景下跨境高等教育的发展动因与趋势[J].继续教育研究,2013(3):7-11.

　　② 孟照海.高等教育国际化的动因及其反思[J].现代教育管理,2009(7):16-19.

　　③ 姚宇琦,韩宇.高等教育国际化动因分析[J].科技经济市场,2011(10):76-79.

　　④ 杨启光.高等院校国际化规划的概念、特点及发展趋向[J].现代大学教育,2011(5):38-43,113.

　　⑤ 赵哲,陶梅生.全球化背景下的高等教育国际化多维动因探析[J].中国成人教育,2011(1):47-49.

　　⑥ 李盛兵,刘冬莲.高等教育国际化动因理论的演变与新构想[J].高等教育研究,2013,34(12):29-34.

　　⑦ 兰军.跨境教育研究[M].北京:中国社会科学出版社,2012:53-78.

　　⑧ 吴漫莎.世界高等教育海外分校发展现状研究[J].广东广播电视大学学报,2012,21(6):87-89.

确的方向和原则,是制定高等教育境外办学政策的着力点之一。①

三、高校境外办学的困境

高校境外办学虽然存在诸多好处,但是也带来很多潜在风险,克里斯汀·A.法鲁格(FARRUGIA C A)和杰森·莱恩(LANE J E)认为,境外分校课程和母体高校课程在组织学习上可能缺乏国际化经验的深度整合。② 海外扩张是高风险增长战略,不成功的高校可能导致巨大的财务损失和声誉后果,例如,2007 年,新南威尔士大学从新加坡撤出,导致该大学损失 3800 万美元。③ 简·奈特提出跨文化的冲突也是不可避免的风险,例如美国境外分校课程与当地文化之间存在差距,一些文化和禁忌等,很难涵盖在课程教授中。④ 许多境外分校在本国和输入国(地区)之间的"文化距离"是相当大的,这一距离对境外分校的成功管理构成了重大挑战。⑤ 阿特巴赫指出境外分校像雨后蘑菇一样正在世界各地萌芽,但是,许多正在生长的蘑菇只能维持有限的寿命,少数可能有毒,建立它们的母体高校一般不考虑长期影响,提供与母体高校相同的教育不是一项容易的任务,随着时间的推移,这将更加困难,在建立分校时,可持续性应该是一个核心问题,然而分支机构在输入国(地区)的长期前景仍不明朗,分校可能只是"一个月的味道",学术声誉陷阱、经济损失,以及对学生

---

① 林金辉,刘志平.高等教育中外合作办学"走出去"发展战略探新[J].教育研究, 2008(1):43-47.

② FARRUGIA C A, LANE J E. Legitimacy in cross-border higher education: identifying stakeholders of international branch campuses[J].Journal of studies in international education,2013,17(4):414-432.

③ BECKER R F J. International branch campuses: markets and strategies[EB/OL].(2009-09-01)[2019-03-05].http://www.obhe.ac.uk/documents/.

④ KNIGHT J. Cross-border education as trade: issues for consultation, policy review and research[J].Journal of higher education in Africa / Revue de l'enseignement supérieur en Afrique,2004,2(3):55-81.

⑤ HEALEY N M. The optimal global integration-local responsiveness tradeoff for an international branch campus[J].Research in higher education,2017(1):1-27.

的不良服务,影响了重要的发展前景。① 美国密歇根州立大学迪拜分校的办学失败、澳大利亚中央昆士兰大学斐济分校的办学失败等一系列跨境分校在世界范围内的不成功案例②,正说明了境外办学面临着重重困难。

国内学者对于高校境外办学困境的有关研究。20 世纪 90 年代初期,随着美国大学在日本开办校园的热潮席卷而来,许多学生希望进入这些另类的校园,当时,在日本各地兴起了 30 多所这样的学校,但是仅仅经过 5 年,大多数学校被迫关闭,今天只保留了 3 所。③ 高校对海外校园所追求的蓝图并非无往不利,海外分支机构面临着双重风险,因为它是"商业活动"和"学术行为"的混合体。④ 作为跨境教育实体,跨境校园面临着跨地区、跨文化的复杂环境等一系列挑战和危机,其发展的可持续性也备受质疑。⑤ 从"一带一路"沿线国家正在运营的境外分校的发展现状及特征来看,其面临目的地国情复杂、受当地政府监管部门制约、国际高等教育市场招生竞争激烈等挑战。⑥ 因此,在提倡大力发展"走出去"办学的大背景下,不光要有热情和动力,还需要从理论的角度深度分析境外办学科学的运行机制,正如林金辉等指出:在探索高等教育中外合作办学"走出去"发展战略时,完善高校内部管理体制及运行机制,是深入贯彻落实科学发展观的举措之一。⑦

---

① ALTBACH P G. Why branch campuses may be unsustainable[J]. International higher education,2010,58(2).

② SHAMS F, HUISMAN J. Managing offshore branch campuses: an analytical framework for institutional strategies[J]. Journal of studies in international education,2012,16(2):106-127.

③ 叶林.美国大学在日分校的历史、现状和将来[J].清华大学教育研究,2005(1):27-33,57.

④ 赵丽.澳大利亚发展海外分校的实践与经验[J].全球教育展望,2014,43(8):74-82.

⑤ 李一,曲铁华.基于 I-R 框架分析的高等教育跨境分校可持续发展研究[J].湖南社会科学,2015(5):203-208.

⑥ 张瑞芳."一带一路"沿线国家出境海外分校发展现状与挑战[J].郑州师范教育,2017,6(5):30-37.

⑦ 林金辉,刘志平.高等教育中外合作办学"走出去"发展战略探新[J].教育研究,2008(1):43-47.

四、高校境外办学的研究转向

自 20 世纪 90 年代以来,高等教育跨境分校开始在全球范围内迅速扩张,目前这种趋势已经成为高等教育全球化市场发展的主要特征。[①] 英国无国界高等教育观察组织(OBHE)的报告显示,境外分校的数量从 2000 年 24 所稳步增加到 2015 年 249 所,2015 年全世界估计有 180000 名学生在境外分校就读。[②] 对于高等教育领域的这个新现象,国际上一批具有影响力的跨境高等教育研究机构逐渐兴起,例如,英国无国界高等教育观察组织、美国纽约州立大学阿尔巴尼亚分校的跨境高等教育研究小组等,是世界权威的跨境高等教育研究机构,这些机构致力于搜集分析世界范围内境外分校的基本信息;此外,国际组织在跨境高等教育研究中发挥着重要作用,并且大多数研究是在一些国际组织的促进和支持下进行的,例如经济合作与发展组织(OECD)、联合国教科文组织(UNESCO)等。从 20 世纪 90 年代中期开始,我国关于跨境高等教育的相关研究也在不断发展和成熟,以厦门大学中外合作办学研究中心、上海教育评估院等一批研究机构为支点对跨境高等教育进行了一系列的研究。如图 1-1,本次锁定的文献也反映了国内外有关跨境高等教育的研究均呈现出增长趋势。根据年份聚焦关键词,进一步深入研究发现,随着时间的推移研究的侧重点也根据阶段不同而不同。

第一阶段是宏观政策研究阶段(20 世纪末到 21 世纪初)。早期的文献主要探讨了比较宏观层面的教育政策与发展趋势等方面。例如,世界贸易组织(WTO)《服务贸易总协定》(GATS)将教育作为国际贸易服务对各国高等教育产生的影响,[③]另外,还涉及无边界教育、虚拟课程对质

[①] 李一,曲铁华.基于 I-R 框架分析的高等教育跨境分校可持续发展研究[J].湖南社会科学,2015(5):203-208.

[②] GARRETT R,KINSER K,MEROLA R. International branch campuses:trends and developments[EB/OL]. (2016-11-15)[2018-03-25]. https://www.obhe.org/resources/international-branch-campuses-trends-and-developments-2016-1.

[③] ZIGURAS C.The impact of the GATS on transnational tertiary education:Comparing experiences of New Zealand,Australia,Singapore and Malaysia[J]. Australian educational researcher,2003,30(3):89-109.

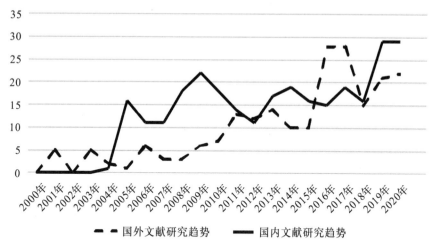

图 1-1　国内外文献研究趋势图（2000—2020 年）

资料来源：根据 CNKI、WOS、EBSCO、OBHE、C-BERT 等数据库检索文献资源整理而得。

量监管、认证和知识产权的挑战，以及与跨境高等教育、离岸教育等相关的研究领域的发展，诊断出该主题的模糊性以及概念和主题的界限不清晰。[①] 国外学者简·奈特[②]、阿特巴赫[③]也都对跨境高等教育的定义进行过探讨及界定。国内学者俞培果、沈云和王大燕[④]，栗晓红和姜凤云[⑤]也对跨境高等教育国际维度的发展与术语演变进行了研究。

①　UNESCO.Guidelines for quality provision in cross-border higher education[EB/OL].(2005-01-01)[2019-11-08].https://unesdoc.unesco.org/ark:/48223/pf0000143349?posInSet＝4&queryId＝20c3c14b-be4d-463f-9c73-e491c3597600.

②　KNIGHT J . Transnational and cross-border education：definition and data dilemmas[J]. Assessment,2005(44).

③　ALTBACH P G . International handbook of higher education[M].Netherlands：springer，2007:121-139.

④　俞培果,沈云,王大燕.高等教育国际维度的发展与术语演变[J].江苏高教,2006(1):14-17.

⑤　栗晓红,姜凤云.西方关于跨国高等教育的研究：概念与问题[J].北京大学教育评论,2007(2):120-127,191.

第二阶段是微观教学研究阶段(21世纪初至2010年)。随着跨境高等教育的不断发展,本阶段文献的主要突出特征为探讨微观层面的问题。主要是对教育输出国(地区)和教育输入国(地区)存在的一系列问题进行研究,例如,离岸高等教育学生身份形成的困境研究①,飞行教师现象的研究②,跨境高等教育中存在的文化差异和学习方式的不同③,跨境高等教育中涉及的利益相关者权益保障问题④等。国内学者也提出,在过去的10年中,随着跨境高等教育的发展,国外相关研究的数量激增,新的研究方向渐渐浮出,研究逐步从跨境高等教育的外围走向内部,近距离观察教学过程和师生感受⑤。

第三阶段是可持续发展研究阶段(2011年至2022年)。这一阶段是强调对等合作意义上的跨境高等教育发展阶段。在经过十几年的发展之后,跨境高等教育机构和项目有成功运营的,也有失败撤退的。自20世纪90年代中期以来建立的校园中,约有10%失败。⑥ 因此,对跨境高等教育形式的可持续发展问题进行研究成为本阶段研究的重点。从内部来说,主要体现为有关管理和治理跨境高等教育机构和项目的研究⑦,质量

---

① PYVIS D. Culture shock and the international student "offshore"[J]. Journal of research in international education,2005,4(1):23-42.

② SEAH W T,EDWARDS J. Flying in,flying out:offshore teaching in higher education[J]. Australian journal of education,2006,50(3):297-311.

③ HEFFERNAN T. Cultural differences,learning styles and transnational education[J]. Journal of higher education policy and management,2010(1):27-39.

④ BOLTON D,NIE R. Creating value in transnational higher education:the role of Swinburne University of Technology[J]. Academy of management learning & education,2010,9(4):701-714.

⑤ 丁笑炯.从宏观政策到微观教学:国外跨境高等教育研究转向述评[J].外国教育研究,2017(1):89-101.

⑥ WILKINS S. Establishing international branch campuses:a framework for assessing opportunities and risks[J]. Journal of higher education policy and management,2016,38(2):167-182.

⑦ WILKINS S,HUISMAN J. The international branch campus as transnational strategy in higher education[J].Higher education,2012,64(5):627-645.

保障方面的研究[①②],面对全球市场竞争的加剧,影响境外分校的招生决定因素的研究[③]。学者认为,跨境高等教育机构类似于一个跨境公司的存在,它的可持续发展同样需要相应的合法性和伦理性问题研究[④],评估境外分校的机遇与风险的研究[⑤],解决全球化和本地化的二元压力的研究[⑥]。国内学者关于可持续发展方面的研究比较少,李一和曲铁华基于I-R框架分析[⑦]和OLI范式框架[⑧]对高等教育跨境分校可持续发展进行了研究,王光荣和骆洪福[⑨]及吴婷[⑩]对我国一流大学发展境外分校进行了SWOT分析,丛倩和黄华[⑪]尝试在共生理论视域下对产教融合校企协同

①　SMITH K. Assuring quality in transnational higher education：a matter of collaboration or control？[J].Studies in higher education,2010,35(7):793-806.

②　ALAM F，KOOTSOOKOS A，JOLLANDS M，et al. Internationalising engineering degrees：the challenge of multiple accreditations[R]. Canberra：Office for Learning and Teaching, 2017.

③　MCCARTHY, ERIN E, SEN，et al. Cross-border education：factors influencing canadian students' choice of institutions of higher education in the United States[J]. Global conference on business & finance proceedings,2012.

④　WILKINS S. Ethical issues in transnational higher education：the case of international branch campuses[J]. Studies in higher education, 2015：1-16.

⑤　BEECHER B K . Internationalization through the international branch campus：identifying opportunities and risks[D]. Washington：The George Washington University, 2016.

⑥　HEALEY N M . The challenges of managing transnational education partnerships：the views of "home-based" managers versus "in-country" managers[J]. International journal of educational management, 2018, 32(2):241-256.

⑦　李一,曲铁华.基于I-R框架分析的高等教育跨境分校可持续发展研究[J].湖南社会科学,2015(5):203-208.

⑧　李一,曲铁华.基于OLI范式理论的高等教育跨境分校竞争策略探析[J].东北师大学报(哲学社会科学版),2016(1):167-172.

⑨　王光荣,骆洪福.我国一流大学发展海外分校的SWOT分析[J].煤炭高等教育,2017(1):5-10.

⑩　吴婷.基于SWOT分析的高职院校境外办学策略研究[J].教育与职业,2020(20):45-50.

⑪　丛倩,黄华.共生理论视域下的产教融合校企协同"走出去"研究[J].职教论坛,2021,37(1):151-157.

"走出去"进行了研究,刘宝存和张瑞芳[①]基于教育输入国境内高校海外分校的视角对跨境办学监管模式与我国的路径选择进行了研究等。林金辉指出为了境外办学可持续性发展,完善政府的顶层设计,尽快出台指导意见是新时代发展境外办学提出的迫切要求。[②]

五、文献研究现状评述

为了更清楚地认识国内外研究状况,找出研究的切入点,通过横向比较,对锁定论文的关键词进行了分类统计(如图1-2),可以进一步准确地对国内外关于高等教育境外办学的研究进行总结并提出研究展望。

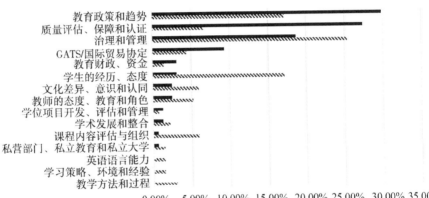

图1-2 国内外文献关键词研究分类比例情况

资料来源:根据 CNKI、WOS、EBSCO、OBHE、C-BERT 等数据库检索文献资源整理而得。

(一)文献研究现状评述

通过对国内外相关文献的梳理,从整体上已经可以看出,国内外学者

---

① 刘宝存,张瑞芳.国际视野下的跨境办学监管模式与我国的路径选择:基于教育输入国境内高等学校海外分校的视角[J].西南大学学报(社会科学版),2020,46(5):77-85,192-193.

② 林金辉.中外合作办学的政策目标及其实现条件[J].教育研究,2018,39(10):70-75.

从宏观层面的政策趋势、发展策略和质量保障到微观层面的学生经历、文化差异等都有所涉及。总的来说,上述研究为后来者继续深入研究境外办学提供了重要的参考价值,但以往的研究还存在着一些局限和不足。具体而言,国内外的研究主要呈现出以下几个特点:

从研究内容上来看,国外的研究已经不仅仅局限于宏观层面了,越来越多的研究者注重学生的经历、态度和动机、文化差异与认同、课程内容评估与组织等微观层面的研究;而国内的研究整体还比较滞后于国外的研究,还处于追随和借鉴的阶段,虽然有了一定程度的积累,但国内目前对境外办学的研究还处于起步阶段,主要还集中在政策趋势和比较宏观的质量保障等研究,而对于英语语言能力、学习策略、环境和经验、教学方法和过程等微观层面,完全没有研究者涉及,还有很大的发展空间。国内外学者都非常重视关于境外办学"治理和管理"的研究,虽然这个问题集中出现在最近几年,但是越来越多的学者认识到管理和运营好一所境外办学的机构或一个项目是非常重要的,然而仔细分析发现,国内的研究偏向宏观,国外的研究偏向微观,能够更深层次地分析存在的问题,国外研究的微观视角值得我们借鉴。因此,从微观视角出发,对境外办学机构(项目)运行过程进行系统性、全局性研究是本书的侧重点。

从研究技术上来看,国外学者积极采用多学科理论研究技术,将其引入到境外办学研究领域。根据归纳,常见的有使用社会学、经济学和管理学等学科的理论或模型,如社会学的组织理论、制度理论,经济学的 OLI 范式理论,管理学的 I-R 范式理论和 SWOT 分析理论等来解读和分析境外办学活动中存在的深层次问题。而国内的学者鲜少使用到理论分析,仅有李一、曲铁华两位学者近几年尝试使用 OLI 范式理论和 I-R 范式理论来分析我国跨境高等教育发展的现状,下一步,需要研究者拓宽视野,尝试使用多学科的理论,丰富有关境外办学的研究技术。

从研究方法上来看,国外学者注重实证研究,采用访谈、问卷调查、观察调研等方法深入境外分校现场,获取第一手资料,进行深度分析,这对我们全面认识和了解境外办学在全球的发展和影响,提供了非常珍贵的一手资料和文献积累;而国内学者对实证研究的重视程度还不够,研究方法还是多趋于典型案例分析、介绍性的比较研究等,忽略了我们在借鉴国外先进经验的同时,由于国家或地区之间在国情上的差异,不一定对我国境外办学的发展具有普适性。

综上所述,前人的研究,有关境外办学的相关研究大部分集中在解决一个问题上,例如教师或课程等。然而,已经有一部分研究者对境外办学运行的可持续性问题展开了系统的研究,虽然数量还不多,但是这些研究的优势在于提供一个连贯一致的组织框架,在这一框架内对境外办学面临的问题,可以进行理论的、系统的分析,从整体上、全局上把握住境外办学的发展。[①] 由于我国高校境外办学尚处于不断发展和完善的阶段,不同研究者在具体的研究过程中常常根据自己的研究偏好和自身的价值判断进行研究,导致研究结果呈现出碎片化的倾向,缺少系统性和理论性的研究,因而一个连贯一致的系统性分析框架是迫切需要的。

(二)本书展望

高校境外办学是现代高等教育国际化一个日益重要的特征,而可持续发展问题是境外办学发展面临的首要问题,虽然我国高校境外办学尚处于起步阶段,但从一开始就应该注重可持续性,走出一条稳定、长远的发展道路。为了突破前人研究的局部性和碎片性,笔者尝试从以下几个方面拓展深入:

1.重视对高校境外办学运行机制的系统性研究

关于高校境外办学运行机制的研究基本上集中于某一个方面的治理和管理研究,例如对质量保障、跨文化差异、品牌管理等进行局部性探讨。然而境外办学系统作为一个多系统联动工程,它涉及的各个环节必然是相互影响、相互制约的关系,单看一个环节,未必能找到适当的解决办法。因此,需要对多系统联动工程进行全面、清晰的认识,重视从系统角度对高校境外办学做机理性研究。

2.构建分析框架,拓展研究视角

为了更好地认识和分析高校境外办学这个多系统联动的工程,本书通过"办学主体—办学模式—办学环境"的分析框架来探讨高校境外办学运行机制问题。这个分析框架可以系统地、全面地认识和揭示高校境外办学的影响因素及运行规律。特别是从研究办学主体之间关系出发的研究

---

① HEALEY N M . The optimal global integration-local responsiveness tradeoff for an international branch campus[J].Research in higher education,2017(1):1-27.

视角是目前还没有人涉及过的,可以以全新的视角入手,进行深入分析。

3.整合相关研究方法,拓展实证研究

国内针对高校境外办学的研究整体还比较滞后于国外的现状,还处于追随和借鉴国外研究的阶段,然而,国情的不同,导致每个国家的境外办学呈现出特殊性,国外经验不一定完全适合解决我国的问题,需要研究者通过实证研究,总结我国高校境外办学的特征,在全面、清晰认识的基础上发现问题,提出解决问题的策略。目前,从研究方法上来说,对高校境外办学的实证研究非常少,局限于政策研究和理论研究。本书尝试突破以往的研究方法,采用以访谈法为主的定性研究方法,辅以国际比较分析法、案例分析法、文献分析法等研究方法,对高校境外办学运行机制进行全面、深入的理解。

总之,对我国高校境外办学的研究仍处于起步阶段,对境外办学的内涵和外延有待进一步明晰,现有研究成果如何融会贯通到本书,理论基础和研究方法的可靠性,以及如何发掘高校境外办学可持续发展的运行机制的合理性,都有待在更深入的研究中做出论证与回答。

第三节　理论基础及研究设计

一、理论基础

(一)共生理论

本书的分析框架主要借用袁纯清构建的共生理论观点。[①] 他认为的共生理论分析框架就是在认识和掌握一般共生关系的基础上,分别深入分析共生单元、共生模式和共生环境三大要素及其相互作用,弄清共生的条件、共生的影响因素和共生的动力机制和阻力机制,从而总结出共生的基本原理。袁纯清认为任何共生系统都是共生单元、共生模式和共生环境的相互组合及相互作用的结果。共生的本质是协同与合作,协同是自

---

①　袁纯清. 共生理论:兼论小型经济[M]. 北京:经济科学出版社,1998.本书有关共生理论的观点,若未标注出处,均来源于此。

然与人类社会发展的基本动力之一;对称互惠共生是自然与人类社会共生现象的必然趋势。这些观点将给我们对高校境外办学现象认识提供一种新的境界、新的思维和新的方法。高校境外办学系统是一个多系统联动的复杂工程,常常表现为机构与机构之间、人与机构之间、人与人之间的相互联系、相互依赖、相互影响的共同体,并没有脱离生物学共生关系的范畴。高校境外办学的本质是追求"互利共存、协同发展"的目标,这与共生的本质是一致的,是共生系统发展的必然趋势,因此说运用共生理论作为理论基础是具有合理性和可行性的。

引入共生理论,本书把我国高校境外办学的研究聚焦在高校境外办学主体(共生单元)、办学模式(共生模式)和办学环境(共生环境)等三个分析层面。三个要素之间相互影响并互相作用,形成了一个相互依赖、相互调节、协同进化的共生系统。三者的关系表现为,办学主体是分析高校境外办学的逻辑起点,办学模式是关键,而办学环境是保障。

(二)高等教育国际化动因理论

动因承载着不同国家(地区)、高校及相关机构的国际化期望,是高等教育国际化理论研究非常重要的方面。华南师范大学教育科学学院高等教育研究所在分析了简·奈特、阿特巴赫等著名学者关于跨境高等教育的动因演变历程的基础之上,以国际组织、国家、区域及高校四个层面为横坐标,以政治、经济、学术、人力资源及社会文化五个维度为纵坐标,构建了高等教育国际化动因理论框架。[①] 由于不同国家的经济社会发展水平存在差异,每个国家的教育负载着特定文化传统与价值期望,国内学者借用高等教育国际化动因理论框架,分析我国高校境外办学背后的动因。

(三)跨境高等教育理论

加拿大著名高等教育国际化研究学者简·奈特提出了自己的跨境高等教育理论框架。[②] 该理论框架的主要要素是考量跨境高等教育领域涉

---

① 李盛兵,刘冬莲.高等教育国际化动因理论的演变与新构想[J].高等教育研究,2013,34(12):29-34.

② 简·奈特.激流中的高等教育[M].刘东风,陈巧云,等译.北京:北京大学出版社,2011.

及的各种要素的流动性,主要有五种类型:人员流动(People)、项目流动(Program)、教育提供者流动(Provider)、计划工程与服务流动(Projects/Service)、政策流动(Policy)。本书主要涉及的是前三种流动类型:

1.人员流动

流动的主体是人,包括学生、教授、研究人员和专家。在学生层面,他们可以采取多种形式的流动,包括在国外学习一个学期或一学年,攻读全日制学位和实习等形式。在教授、研究人员和专家层面来说,主要的流动形式是访问、学术休假和教育咨询等。

2.项目流动

流动的主体是教育项目,主要类型包括课程、副学位、学位和研究生等层面相关的项目。流动的形式主要采用结对、特许专营、互嵌、联合学位、双学位、远程教育等。

3.教育提供者流动

流动的主体包括教育研究机构、非营利和营利性组织机构等,主要类型包括课程规划、能力建设、科学研究和教育服务的实施。流动的形式包括设立境外分校、虚拟大学、设立独立的教育机构以及合并或收购当地大学。

(四)制度距离理论

斯科特认为制度是受管制、规范和认知体系约束的,并构建出了管制维度、规范维度和认知维度的三支柱制度架构,具体来说,管制维度主要针对正式制度而言,是指与政府相关的强制性管制,体现在法律、监管、产权以及信息系统等方面;规范维度、认知维度主要围绕非正式制度而言,规范维度指市场与行业规范和网络关系两个方面,而认知维度强调组织或个人对外部世界的认识和理解。①

对"制度距离"这一概念,科斯托瓦进一步提出产生的理由:(1)各国的体制特点不同;(2)国家组织的"行为"反映了制定和建立这些"行为"的国家体制环境;(3)当"做法"跨国界转移时,它们可能不"适合"接受国的体制环境,这反过来又可能成为转移的障碍等情况,因此,将制度距离看

---

① SCOTT W R. Institutions and organizations[M]. Thousand oaks, CA: sage, 1995.

作是输出国(地区)和输入国(地区)在国家制度方面存在的差异。跨国组织从本国向输入国(地区)输出组织行为时,必须适应输入国(地区)的制度,或者说组织行为的输出必须跨越输出国(地区)与输入国(地区)之间的制度距离。[①]

在此基础上,吴晓云和陈怀超归纳总结了制度距离的具体描绘的内容,如表1-1。

表1-1　制度的分类、特征及其构成要素

制度三支柱	构成要素	特征
管理维度	规章、规则、法律	可以/不可以
规范维度	规范、价值观、信仰、假设	应该/不应该
认知维度	共享的社会知识、认知结构、文化	能/不能

资料来源:吴晓云,陈怀超.基于制度距离的跨国公司知识转移研究[J].经济问题探索,2011(9):17-23.

管制维度表明了国家环境中现有的法律法规,这些法律法规在鼓励某些行为的同时又限制了某些行为,即描述了"可以/不可以"实施的活动;规范维度体现了国家环境中人类行为和自然有关的价值观、信念、规范和假设等,描述了"应该/不应该"进行的活动;认知维度反映了人们在国家环境中分享的社会知识和认知结构,描绘了"能/不能"开展的事情。[②]

二、研究设计

(一)研究思路

本书的基本思路为,"通过对高校境外办学的研究背景、研究意义及现有文献综述的基础上提出问题—分析框架下高校境外办学运行机制实证研究—若干国家境外办学运行机制的比较研究—分析研究问题并提出

---

① KOSTOVA T. Transnational transfer of strategic organizational practices: a contextual perspective[J].The academy of management review,1999,24(2):308-324.

② 吴晓云,陈怀超.基于制度距离的跨国公司知识转移研究[J].经济问题探索,2011(9):17-23.

运行机制模型"为逻辑脉络展开(如图1-3所示)。首先,查阅国内外关于高校境外办学的文献资料,了解已有的研究成果以及存在的不足,以便为后续研究做参考之用。其次,笔者通过焦点访谈和个别访谈相结合的实证研究,对15所境外办学高校的管理者、教师、学生以及该领域的权威专家等作为调研对象进行访谈,对访谈资料进行整理归纳,回答高校境外办学存在和发展的动力及办学主体的类型是什么、影响高校境外办学系统维持稳定的办学模式是什么、影响高校境外办学系统维持稳定的环境因素是什么的研究问题。再次,进行比较研究,借鉴美国、英国、日本和印度等四个国家高校境外办学有益经验。最后,归纳综合前面章节的研究发现,提炼"亟待解决的问题",构建影响高校境外办学系统稳定发展的运行机制,回答高校境外办学系统实现可持续发展的运行机制是什么的研究问题,并对下一步研究提出本书的创新点和不足之处。

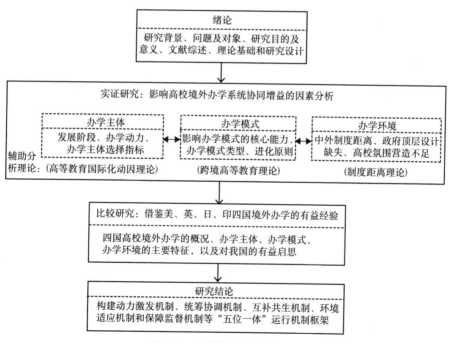

图1-3　本书研究思路框架图

（二）研究方法

本书使用的研究方法是以访谈法为主的定性研究方法，辅以国际比较、文献分析和案例分析等方法来全面、理性地认识高校境外办学的现状，通过理论的分析工具发现高校境外办学中存在的问题，并根据系统进化原理提出合理的高校境外办学运行机制。

定性研究方法中的访谈法：本书采用开放型访谈和半开放型访谈。开放型访谈是指研究人员通过鼓励受访者以他们自己的语言表达意见，而不设计固定的访谈问题，这种方式的目的是可以掌握受访者认为重要的内容、对该问题的看法、对含义的解释以及所使用的概念和表达方式，因此，开放型访谈过程中，访谈者仅起到辅助作用。另一种方式是半开放型访谈，是指研究人员根据研究问题事先设计粗线条的访谈大纲（作为一种提示）来口头访谈受访者，在半开放型访谈过程中，研究人员可以控制采访的结构，但也可以让被访谈者积极参与其中，根据访谈的具体情况，研究人员可以灵活调整访谈的程序和内容，根据被访谈者的回答搜集客观的、没有偏见的事实依据，来准确地说明选取样本所代表的总体情况。[①] 本书基于此两种方法分析境外办学系统的办学主体、办学模式和办学环境三个要素之间相互作用的方式和过程，归纳出运行规律，构建运行机制模型。

此外，采用国际比较分析法，研究境外办学的若干教育输出国（地区）（美国、英国、日本和印度），围绕其境外办学的概况，办学主体、办学模式和办学环境的主要特征，通过比较分析，力求客观、系统地揭示该国高校境外办学发展的有益经验，为我国起到经验借鉴的作用。采用文献分析法，主要应用到本书的文献综述的章节，参考国际、国内大量的境外办学相关的文本资料，通过比较和抽象的方式，分析其利弊和可行性，以便为研究目的提供相关依据。采用案例分析法，选取已经举办境外办学的国别区域或高校的案例，了解其在境外办学领域的成功经验和实践困境，继而在理论分析层面探求其根本原因。

---

① 陈向明.质的研究方法与社会科学研究[M].北京：教育科学出版社，2000：103-113.

（三）数据来源

本书根据研究的问题,利用焦点访谈和个人访谈搜集大量一手资料,直到搜集的资料内容与前面重复度高,达到了饱和状态。在此基础上探寻质性材料背后的事物运行规律,构建运行机制模型。

1.访谈操作路径

本书根据研究问题的需要,访谈操作路径设计如下:开放型焦点访谈—对研究问题初步认识—设计访谈提纲—选择个别访谈对象—半开放型个别访谈—对研究问题再认识—调整访谈提纲—完成访谈工作(如图1-4)。

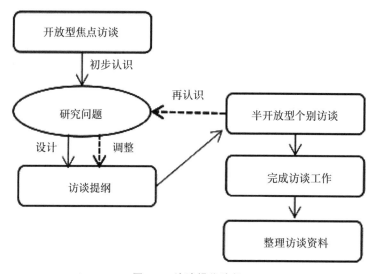

图 1-4　访谈操作路径

2.样本选取原则

质性研究选择一定数量的样本,并不是为了回答"有多少"或"有多频繁"这类问题,而是为了更加有力地说明"发生了什么事情"以及"事情是如何发生"的。本书按照目的性抽样的原则抽取样本。质性研究中使用的最多的"非概率抽样"方式是"目的性抽样",即根据研究目的提取能够为研究问题提供最多信息的研究对象。①

　　具体抽样工作,根据样本的特性按照"强度抽样"和"分层目的抽样"的抽样方法展开。强度抽样,指的是抽取具有较高信息密度和强度的案例进行研究,这种抽样方式的逻辑与"极端型抽样"是不一样的,强度抽样的目的是找到可以为研究问题提供非常密集和有用信息的案例,但是这些案例不一定是非常极端或异常的。分层目的抽样,是根据特定标准对研究对象进行分层,进而在不同级别进行有目的的抽样,其重点是掌握研究对象不同层次的细节,然后探寻研究对象的整体异质性。

　　3.研究样本说明

　　教育部提供的权威数据显示,积极开展境外办学活动的84所高校覆盖了22个省直辖市自治区,目前境外办学机构(项目)已有128个,涉及亚洲、欧洲、美洲、大洋洲的48个国家以及我国港澳地区。首先,从办学高校数量、涉及国家两个维度对样本分析,如图1-5所示。

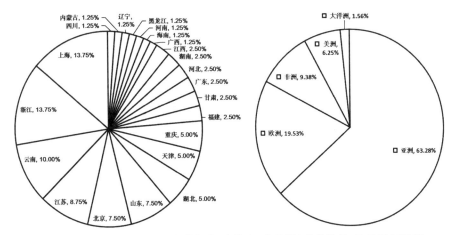

图1-5　我国高校开展境外办学各省(直辖市、自治区)高校数量、涉及国家区域
资料来源:笔者根据教育部提供数据整理而得。

　　根据图1-5可知,从国内区域来说,浙江、上海、云南、江苏、山东等省

---

① 陈向明.质的研究方法与社会科学研究[M].北京:教育科学出版社,2000:103-113.

及直辖市都是开展境外办学的活跃区域,在所有开展境外办学的高校中占据了一半以上;此外,从我国高校境外办学涉及的国家区域来说,虽然亚洲仍然是我们的主要办学地,但是我们也逐步在高等教育发达的美洲、欧洲地区开始开展境外办学活动,这与世界范围内高等教育从以往的北(高等教育发达国家)到南(高等教育不发达国家)的跨境高等教育方向,慢慢出现从南到南甚至从南到北的发展趋势相符合。因此在选取研究样本时,要考虑覆盖到这些区域。

按照陈向明老师所说的,目的性抽样的标准是所选择的样本本身是否具有完成研究任务的特性及功能。从图 1-5 分析可知,如果研究者选取的样本对象是浙江、上海、云南、江苏、山东等区域的高校,已经可以代表大半个境外办学的情况了,为了让样本更加严密,提高信度,兼顾其他省份再抽取福建、广东、湖北等省份的高校作为样本。此外,在区域选定的基础之上,还考虑了研究样本的学校性质(涵盖"双一流"高校、普通高校和高职院校)、境外办学的时间(选取了既有 10 年以上的,也有 5 年以内的)、境外输入国(地区)(分布亚洲、欧洲、非洲)、境外办学形式(分校、机构和项目)、境外办学学历层次(专科、本科和研究生)、境外办学学历类型(学历和非学历)等因素,可以说选择的样本具有完成本书任务的特性和功能。最终,本书重点选取了 15 所研究对象高校中的 24 位管理人员、6 为外派教师、3 位境外学生、3 位专家进行个别访谈,同时依托厦门大学中外合作办学研究中心的力量,进行了 5 次开放式焦点小组访谈。访谈高校和访谈对象的基本信息如表 1-2、表 1-3、表 1-4、表 1-5、表 1-6 所示。

表 1-2　访谈对象高校基本信息

序号	高校所在地	办学输入国/地区		办学形式	办学层次	办学类型
1	上海	亚洲	菲律宾、中国香港	项目	本科、研究生	学历
2	上海	亚洲	新加坡	学院	研究生	学历
3	福建	亚洲	马来西亚	机构	本科、研究生	学历
4	湖北	欧洲	英国	学院	本科、研究生	学历
5	浙江	非洲	卢旺达	学院	专科、培训	学历和非学历

续表

序号	高校所在地	办学输入国/地区		办学形式	办学层次	办学类型
6	浙江	欧洲	意大利	分校	本科	学历
7	山东	亚洲	泰国	学院	本科、研究生、培训	学历和非学历
8	江苏	亚洲	老挝	机构	本科	学历
9	江苏	非洲	赞比亚	项目	培训	非学历
10	江苏	亚洲	印度尼西亚	项目	培训	非学历
11	江苏	亚洲	柬埔寨	中心	培训	非学历
12	云南	亚洲	泰国	学院	本科、研究生	学历
13	福建	亚洲	新加坡、印尼、泰国、缅甸	项目	研究生	学历
14	广东	亚洲	泰国、中国香港、中国澳门	项目	本科、研究生	学历
15	江苏	亚洲	越南	项目	培训	非学历

表 1-3 访谈管理人员信息

管理者编号	性别	部门	职务	管理者编号	性别	部门	职务
M1	男	国际处	科长	M13	女	国际处	处长
M2	女	发展规划处	负责人	M14	女	境外办学项目	负责人
M3	女	国际处	处长	M15	女	国际处	处长
M4	男	国际教育学院	副院长	M16	男	境外办学	负责人
M5	女	境外办学机构	负责人	M17	女	校领导	副校长
M6	女	国际处	副处长	M18	男	境外分校	负责人
M7	男	国际处	处长	M19	男	境外分校	校长

续表

管理者编号	性别	部门	职务	管理者编号	性别	部门	职务
M8	男	境外办学项目	负责人	M20	女	国际教育中心	负责人
M9	男	中外合作办学机构	院长	M21	女	国际处	处长
M10	女	境外办学项目	负责人	M22	女	境外办学项目	负责人
M11	男	境外办学项目	负责人	M23	男	国际处	处长
M12	女	境外分校	校长	M24	男	境外办学项目	负责人

表 1-4　访谈教师、学生和专家信息

教师编码	性别	授课科目
T1	男	物理
T2	男	电机
T3	男	金融
T4	女	农业技术
T5	男	水产
T6	女	管理

表 1-5　访谈学生信息

学生编码	性别	输出国(地区)
S1	男	赞比亚
S2	男	赞比亚
S3	男	泰国

表 1-6　访谈专家信息

专家编码	性别	研究领域
P1	男	高等教育学
P2	男	中外合作办学
P3	男	涉外法律

以上展示受访者信息,计 36 人。此外,管理人员类型包括学校层面的校领导、国际处等部门领导及负责境外办学行政事务的人员、院系层面的领导以及院系中负责行政事务的人员等。此外,为了能够综合地分析高校境外办学的运行过程的实际情况,笔者还将文献资料(主要是各院校提供与研究相关的各类文本资料)加入其中,以保证研究的全面性和准确性。

4.数据整理

关于数据的整理。研究者对每份录音转录完毕后,采用传统纸笔编码的方式对资料逐步系统化、条理化的整理和分析,达到对原始资料进行意义解释的最终目的。焦点访谈资料的编号信息包括:焦点访谈文件编码、访谈地点、访谈时间,例如:JDFT－SH－2018.6.8。个别访谈资料的编号信息包括:受访者身份、序号,"M"表示管理者,"T"表示教师,"S"表示学生,"P"表示专家,序号则按照访谈的顺序自然排列,例如:M1,以方便日后查证出处。文件最终形成了 5 份焦点访谈和 36 份个别访谈的质性资料文档,共计 30 多万字。

三、概念界定

(一)高等教育

在不同的国家、不同的历史时期,对"高等教育"有着不同理解和界定。1962 年,联合国教科文组织第一次对高等教育做出较为权威的诠释,从高等教育机构(大学、文学院、理工学院、师范学院等)、学生的入学条件(完成中等教育)、学生的年龄(18 岁左右)、学生完成高等教育的证明(授予学位、文凭或者证书)等方面对高等教育进行了规定。[①] 而后,经过不断的演变和发展,联合国教科文组织(2011 年)修订了《国际教育标准分类》(ISCED),将整个教育体系纵向划分为 8 个级别,高等教育指的是其中第 5 级到第 8 级阶段的教育。第 5 级"短期高等"教育(short-cycle tertiary),通常是为了给参加者提供专业知识、技艺和能力,这些课程通常都是实用的,有职业针对性的,训练学生进入劳动力市场,但也可以提供其他高等教育课程的途径。第 6 级为学士或等同教育;第 7 级为硕士

---

① 卢晓中.高等教育:概念的发展及认识[J].高教探索,2001(3):60-63.

或等同教育;第 8 级为博士或等同教育。① 因此,按照联合国教科文组织的划分,所谓"高等教育"包括为就业而准备的,可以给予学分,用于转入第 6 级或第 7 级课程等第 5 级以上(成功地完成第 3 级或第 4 级课程)的教育。

《教育大辞典》对"高等教育"一词所作的解释较为详尽,全面吸收了国内外高等教育研究领域的研究成果。高等教育被看作是"中等教育以上程度的各种专业教育及少量高等教育机构设置的一般教育课程计划所提供的教育"。② 高等教育学科创始人、著名教育家潘懋元先生主编的《新编高等教育学》给出的定义是:"高等教育是建立在普通教育(或基础教育)基础上的专业性教育,以培养各种专门人才为目标。它所培养的专门人才,将直接进入社会各个领域从事专门工作。"③

基于上述认识,结合国内外"高等教育"概念发展的历史和我国的现状需要,本书将高校境外办学所提供的"高等教育"定义为高等教育是在中等教育基础上,由大学和其他各类高等院校提供,以培养各种高级专门人才为目标的教育(学历或非学历)。

(二)高等学校

"高等学校"的概念也是一个历史发展的概念。高等学校究竟包含哪些类型以及如何定位的问题上,潘懋元先生曾指出,类型划分是高校定位及确定发展方向的前提,也是一个世界性的难题,又是一个高等学校定位与发展不能不解决的问题。④ 在 18 世纪之前,高等教育机构基本上是大学的组织形式,高等学校就等同于大学。⑤ 自 19 世纪以来,欧洲的高等教育机构已在很大程度上将单一的大学组织形式分化出单科学院和应用型高等专科学校。潘懋元先生认为 1949 年以前我国沿袭了这种制度,高

① UNESCO. International standard classification of education,2011［EB/OL］.［2019-04-02］. http://uis. unesco. org/sites/default/files/documents/international-standard-classification-of-education-isced-2011-en.pdf.

② 顾明远.教育大辞典:第 3 卷[Z].上海:上海教育出版社,1991.

③ 潘懋元.新编高等教育学[M].北京:北京师范大学出版社,1996.

④ 潘懋元,吴玫.高等学校分类与定位问题[J].复旦教育论坛,2003(3):5-9.

⑤ 黄福涛.欧洲高等教育近代化[M].厦门:厦门大学出版社,1998:178.

等学校分为大学、学院和专科学校。也就是说,大学与学院的区别不仅在于学科的数量,还在于为了"研究高深学位"而需要具备基础理论学科。中华人民共和国成立后,进行了院系大调整,但基本上仍保留了三种类型:大学培养学术研究型人才;专科学校培养应用技术与管理方面的人才;单科学院培养各行各业高级专门人才。

本书认同的"高等学校"的内涵为:高等学校是承担高等教育的教育组织机构,培养高级专门人才、从事科学研究和提供社会服务的机构,它以一种自组织形态存在于社会系统之中。"高等学校"的外延,包括"双一流"大学、普通高校、高等职业院校等类别,它们在实施境外办学活动时,所发挥高校的职能,正是在新时期推动我国高等教育国际化发展的一种新形式的展现,顺应时代发展的需要,积极承担起"国际化"的第四职能。

(三)境外办学

所谓"境外",根据《中华人民共和国出境入境管理法》,"境外"指中国边境(国界)以外的所有国家和地区和中国以内政府尚未实施行政管辖的地域。① 因此,本书所定义的"境外"范围包括:其他外国国家(地区)和中国港澳台地区。所谓"办学",根据《现代汉语词典》(第7版)是指"兴办学校",即从事教育工作的意思。"办学"就是办教育,组织教育活动、实施教育过程。② 因而,"境外办学"从字面上解释来说,可以理解为中国高校在其他国家(地区)和中国港澳台地区兴办学校,以及从事教育相关活动的过程。它属于跨境高等教育的范畴。

我国官方对于高等学校"境外办学"的界定已经清楚地明晰了"做什么、谁来做、怎么做"三个方面。最早在2002年12月31日教育部令第15号发布的《高校境外办学暂行管理办法》(已于2015年11月10日废止),指出"高校境外办学,是指高等学校独立或者与境外具有法人资格并且为所在国家(地区)政府认可的教育机构及其他社会组织合作,在境外举办以境外公民为主要招生对象的教育机构或者采用其他形式开展教育教学

---

① 中华人民共和国出境入境管理法[EB/OL].[2019-05-25].http://www.gov.cn/flfg/2012-06/30/content_2174944.htm.

② 李锡云.我国高等体育职业技术院校办学模式研究[D].福州:福建师范大学, 2007.

活动,实施高等学历教育、学位教育或者非学历高等教育"①。2019 年出台的《高等学校境外办学指南(试行)(2019 年版)》重新界定"境外办学",指中国高等学校独立或者与境外政府机构、具有法人资格并为所在地政府认可的教育机构或其他社会组织合作,在境外举办以境外公民为主要招生对象的教育机构或者采用其他形式实施高等学历教育的教育教学活动。② 对比定义的变化,也可以再次证明境外办学是动态概念,随着时代的发展,首先办学主体范围拓宽了,境外政府、企业等也成为合作办学主体;其次,办学内容范围更广了,不仅包括高等学历教育、学位教育或者非学历高等教育,技术类培训、语言培训等教育教学活动也可包含在内。这个变化非常符合现阶段我国境外办学发展的状态,顺应时代发展的需要。

需要特别说明的是,虽然孔子学院(Confucius Institute)是我国境外办学主要形式之一,但是本书没有涵盖孔子学院的分析。理由:一是,孔子学院是中国国家汉语国际推广领导小组办公室在世界各地设立的推广汉语和传播中国文化的机构,它最重要的一项工作就是给世界各地的汉语学习者提供规范、权威的现代汉语教材,提供最正规、最主要的汉语教学渠道。尽管,近期它也在转型提供一些专业的学历教育,但是严格来说,孔子学院并不是专为提供高等教育服务的机构,而本书专注于高等教育领域的探讨。二是,中国高等教育学会 2019 年发布的《高等学校境外办学指南(试行)(2019 年版)》,作为官方文件,也没有纳入孔子学院。基于这两个理由,孔子学院没有纳入本书的范畴。

(四)运行机制

"机制"在《现代汉语词典》中的解释之一为,泛指一个工作系统的组织或部分之间相互作用的过程和方式。③ 可以看出,"机制"一词包含两层含义:一是指系统各要素之间的相互作用方式和过程;二是指研究系统各要素之间相互作用方式和过程的一种系统化和制度化方法。所谓"运

---

① 教育部.中华人民共和国教育部令第 15 号.高校境外办学暂行管理办法[EB/OL].[2019-11-17].http://www.moe.gov.cn/jyb_xxgk/gk_gbgg/moe_0/moe_9/moe_32/tnull_389.html.

② 中国高等教育学会.高等学校境外办学指南(试行)(2019 年版)[Z].2019.

③ 现代汉语词典[Z].7 版.北京:商务印书馆,2016:600.

行机制"就是指影响客观事物或现象正常运行的各种因素的结构、功能、相互关系和相互作用的过程、方式和原理。[①] 高等学校与其他自组织进行物质、能量、信息交换,以维持自身的生存与发展。这种交换不是偶发而是社会系统运行使然,遵循着一定规律,人们把高等学校自身具有的规律性变化,称为高等学校运行,并致力于从各个方面来探索其规律。[②] 高校境外办学运行机制研究,就是从机制方面对高等学校运行规律所进行的探索。

综上所述,本书所说的境外办学运行机制,既是要探寻高校境外办学运行方式和过程的系统化和制度化方法,又是研究境外办学运行各要素之间的相互影响和相互作用的方式和过程。

---

① 郑伦仁.大学学术权力运行机制研究[D].重庆:西南大学,2012.
② 肖昊,周丹.高等学校运行机制[M].武汉:武汉大学出版社,2010:5-6.

第二章 我国高校境外办学的发展阶段及办学动因

▶▶▶

办学主体是高校境外办学活动实施的载体,是本书分析的起点,本书通过定性研究方法对其现状进行阐述,并利用理论的分析工具分析办学主体亟待解决的问题。本章详细分析高校境外办学主体发展阶段及其现状、办学主体参与境外办学的动力因素、高校境外办学主体存在的问题。

第一节　高校境外办学主体发展阶段及其现状

我国高校境外办学并不是最近才出现的现象,正如前面提及的,最早可以追溯到 20 世纪 20 年代,然而,早期的境外办学具有偶然性和不确定性,不在本书研究的范围。本书主要以 1978 年改革开放为起点,参考熊建辉老师的划分标准,根据本书的需要把高校境外办学发展阶段划分为全面恢复与融入世界、加入世贸组织和扩大参与、加速发展与扩大范围等三个发展阶段。[①]

一、第一阶段:全面恢复与融入世界阶段(1978—2001)

改革开放之后,我国全面恢复包括教育在内的对外开放工作。1983年邓小平提出了"教育要面向现代化、面向世界、面向未来"的战略思路,

----

① 熊建辉. 互容 互鉴 互通:新中国 70 年教育国际交流与合作之路[J]. 神州学人,2019(9):8.

提出了新时期社会主义教育的总体要求,将教育开放纳入国家总体改革开放政策和现代化总体设计中;1993年《中国教育改革和发展纲要》强调要进一步扩大教育对外开放;1995年《中华人民共和国教育法》设有"教育对外交流与合作"的专门章节;1998年《中华人民共和国高等教育法》规定了高校层面的对外交流更为详细的内容。在这些政策的鼓励下,一些高校勇于创先,例如华侨大学、暨南大学等侨办高校积极面向东南亚地区的侨民、当地居民等提供华文教育等非学历教育、法学专业等学历教育。1983年,广州中医学院与日本中医学院合办首届函授针灸进修班;1994年,北京中医药大学与英国阿尔梅迪医学基金会联合创办伦敦中医学院,为英国在职西医开设中医课程。

我们学校的办学历史比较早,最早可以追溯到50年代的华文教育,90年代开始涉及其他专业,要说办学的初衷,我认为我们学校主要还是它的办学宗旨,为侨服务,传播中华文化。(M1)

这一阶段的境外办学主体主要是少部分高校,参与高校具有较为零星、松散的特征,办学行为不具有连续性和固定性,专业也主要以我国特色的汉语、中医药学为主,办学主体可以施展的自由度(专业多样化)和空间(办学输入国/地区)比较窄,办学对象也主要以侨民为主。

二、第二阶段:加入世贸组织和扩大参与阶段(2001—2012)

2001年《服务贸易总协定》签订之后,推动了全世界高等教育融合发展的进程,我国也开始进入加快发展的阶段。我国先后制定和修订了有关教育对外开放的政策法规,不断改善教育开放的制度环境,大力促进教育交流与合作机制的建立。2002—2015年间实施的《高校境外办学暂行管理办法》(教育部令第15号),因为落实中央关于"放管服"的统一要求,于2015年废止。为了推进全方位的国际教育合作与交流,促进高水平发展,国务院在2004年印发了《2003—2007年教育振兴行动计划》,而教育对外开放被《国家中长期教育改革和发展规划纲要(2010—2020年)》作为推动我国高等教育改革和发展的战略举措。在高等教育国际化发展的大环境和国家政策的鼓励下,越来越多的高校尝试开展境外办学活动。

例如,2002年上海交通大学与新加坡南洋理工大学成立了上海交通大学新加坡研究生院,成为我国第一所在海外设立的研究生院。2003

年,上海中医药大学率先迈出"走出去"步伐,该校在泰国开设政府认可的本科项目,与泰国华侨崇圣大学联合培养中医专业本科生。2011年7月苏州大学在老挝成立老挝苏州大学,这是我国在海外创建的第一所高等学府。老挝苏州大学采取校企合作的模式,由苏州大学和在老挝的中资企业——先锋木业(老挝)有限公司合作建设。

这一阶段我国加入了世贸组织,在全世界高等教育融合发展的大背景下,除了原有的"散落小户"之外,越来越呈现为我国一些有实力的"双一流"高校携手境外同样有影响力的高校,实现"强强合作"的境外办学景象。这些高校积极参与境外办学活动,为我国进一步提高教育国际交流与合作水平,提升我国教育的国际地位、影响力和竞争力,培养国际化人才做出了积极贡献。办学模式也从零星、松散逐渐走向持续、稳定的态势,专业上也逐步突破汉语、中医药学的局限。同时,办学对象逐步拓宽,吸引了侨民以外的本地居民。

三、第三阶段:加速发展与扩大范围阶段(2013—2020)

2013年9月和10月提出的建设"新丝绸之路经济带"和"21世纪海上丝绸之路"的合作倡议,也为我国高等教育的国际化发展提出了新的要求与机遇。伴随着新的全球价值链和供应链在世界各地的逐渐形成,世界经济和产业结构正在发生重大变化,新一轮的全球企业重组正在兴起,在此背景下,为了给在国外的中资企业发展提供强有力的支持,需要我国高校通过境外办学等形式来培养大量熟悉国情、具有专业知识的国际化人才。2016年,中办、国办出台了《关于做好新时期教育对外开放工作的若干意见》,这是中华人民共和国成立以来第一份全面指导我国教育对外开放发展的纲领性文件,为教育国际化加速发展及扩大教育对外开放领域和范围,做出了明确的指示。作为配套文件,教育部发布了《推进共建"一带一路"教育行动》,建议就沿线国家之间的双边多边的人文交流举行高级别磋商,并协调和促进建立多边教育合作机制、教育质量保障机制和市场监管协作机制;增加教育合作的新内涵;在"南南合作"中发挥教育援助的作用,这将增加对沿线国家特别是欠发达国家的支持;加强我国教育培训中心和援外基地的建设,并为沿线国家培训教师、学者和各类人才。2019年9月,我国高等教育学会向社会发布了我国第一份为高校境外办学提供专业化指导的文件《高等学校境外办学指南(试行)(2019年版)》。[1]
2020年,《教育部等八部门关于加快和扩大新时代教育对外开放的意见》
印发,提出着力破除体制机制障碍,加大中外合作办学改革力度,改进高
校境外办学,改革学校外事审批政策,持续推进涉及出国留学人员、来华
留学生、外国专家和外籍教师的改革,着力推进相关领域法律制度更加成
熟定型。[2] 在国家强有力顶层政策的鼓励和高校自身国际化发展需要的
引领下,越来越多的高校参与境外办学活动,取得了一系列的成果。

权威统计数据显示,有21个省市的84所高校正在开展境外办学活
动,其中举办的分校有7所、举办的教学点或中心等有41个、举办的项目
有80个;境外办学机构(项目)分布在亚洲(81个)、欧洲(25个)、非洲(12
个)、美洲(8个)、大洋洲(2个)的48个国家以及我国港澳地区。(图2-1)
例如,2016年,受马来西亚政府的邀请,厦门大学在马来西亚成立的厦门
大学马来西亚分校正式开始办学,是中国政府首次批准在海外独立建设
的境外分校,成为"一带一路"上的璀璨明珠;2018年,北京大学在英国牛
津大学城创办了北京大学英国校区,开创了中国在发达国家独资办分校
的先河;中国有色矿业集团和8所职业院校在赞比亚为14家企业1200
多名员工提供职业教育等,办学效果显著增强。

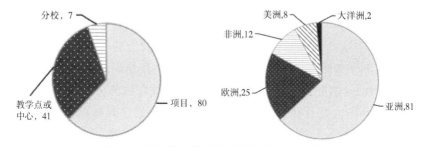

图2-1 我国高校境外办学类型及区域分布

资料来源:根据教育部相关资料整理而得。

---

① 林金辉.关于《高等学校境外办学指南》的解读[EB/OL].(2019-11-24)[2019-12-25].http://www.cfce.cn/a/news/mtjj/2019/1124/4304.html.

② 教育部等八部门印发意见 关于加快和扩大新时代教育对外开放[EB/OL].(2020-06-23)[2020-07-05].http://www.moe.gov.cn/jyb_xwfb/s5147/202006/t20200623_467784.html/.

由上述分析可知,激励经济措施将会对教育发展起推动的作用,而教育发展反过来又会对经济发展起支撑和保障的作用。在这一阶段,我国实施了激励经济措施,对外直接投资(教育领域)金额呈现不断增长趋势,特别是"一带一路"倡议提出以来,增幅大幅度提升,如图 2-2 所示,2013年的对外直接投资(教育)金额为 35660 百万美元,2019 年达到 648804百万美元,增加了 17 倍多,呈现大幅度增长趋势。[①]

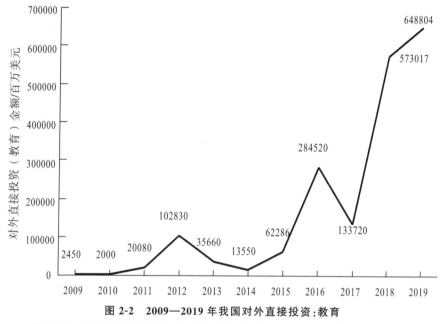

图 2-2　2009—2019 年我国对外直接投资:教育

资料来源:CEIC 官网.我国对外直接投资:教育(2009—2019)[EB/OL].(2020-01-01)[2020-05-08].https://www.ceicdata.com/zh-hans/china/outward-direct-investment-by-industry/outward-investment-education.

伴随着经济措施的调整、对外教育投资的增加,国家之间的合作格局发生变化,人文交流得到加强,为高校境外办学带来机遇的同时,也鼓励

---

①　中国对外直接投资:教育(2009—2019)[EB/OL].(2020-01-01)[2020-05-08].https://www.ceicdata.com/zh-hans/china/outward-direct-investment-by-industry/outward-investment-education.

许多高校积极开展境外办学。从办学时间来看,30.95％的高校开展境外办学在 10 年以上,16.67％的高校在 6～10 年,23.81％的高校在 3～5 年,28.57％的高校在 2 年以内(含 2 年)[①],可以说,绝大多数高校是在"一带一路"倡议的推动下,开始尝试并积极投入到境外办学活动中的。这一阶段,在教育服务经济的大背景下,境外办学不仅仅是高校之间的活动,更进一步呈现为高校与政府之间、高校与企业之间、高校与社会团体之间的合作不断地加强。例如,从江苏省境外办学高校的办学模式类型,可以看出办学主体的多样性(表 2-1)。[②]

表 2-1　江苏省高校境外办学参与主体类型

高校名称	境外办学参与主体类型
南京中医药大学	校校合作(澳大利亚西悉尼大学、泰国兰实大学、新加坡中医学院、瑞士高等中医药学院等高等院校)
苏州大学	独立办学——老挝苏州大学
南京晓庄学院	校校合作(印尼印多奴沙大学)
常州信息职业技术学院	校校合作(老挝新东盟教育中心)
江苏工程职业技术学院	校政合作(老挝琅南塔省教育体育厅)
无锡商业职业技术学院	校企政合作(中国红豆集团西港特区公司)
江苏建筑职业技术学院	校校合作(老挝万象省职业技术学院/私立、柬埔寨经济管理大学/公立)
江苏经贸职业技术学院	校校合作(柬埔寨工业技术学院)
南通航运职业技术学院	校校合作(与缅甸海事培训中心合作) 校企合作(与上海中船海员管理有限公司合作投建柬埔寨海洋人才学院) 校企合作(与中国航空技术国际控股有限公司合作开展肯尼亚教育部大中专升级改造项目)
江苏海事职业技术学院	校政合作(中国赢联盟、几内亚技术教育和职业培训部)
南京工业职业技术学院	校企政合作(中国有色矿业集团)

资料来源:高校境外办学研究课题组.省厅调研报告[R].北京:中国高等教育学会,2018.

---

① 蒋凯,夏红卫.高校境外办学的瓶颈问题与应对策略[J].江苏高教,2019(11):18-24.

② 高校境外办学研究课题调研组.省厅调研报告[R].北京:中国高等教育学会,2018.

上述内容,综合考察了我国高校境外办学经历的三个阶段。改革开放以来,高校境外办学主体经历了从单一向多元的变化发展趋势,呈现从"零散小户"到"强强合作"到"多元协同"的特征。(如图 2-3)

图 2-3　三个发展阶段办学主体的变化
资料来源:笔者根据调研资料整理而得。

现阶段形成母体高校与境外高校、政府、企业、社会团体之间的"多元协同"组合,多元化的办学主体提升了我国高校境外办学发展速度,从地域广度和专业深度不断地扩大境外办学范围,为我国境外办学做出了积极贡献。究其原因是随着教育的国际化发展,在我国政府政策的大力推动之下,在不同发展阶段给予了高校新的机遇和新的要求,应对机遇和要求,高校重新认识自己,整合一切可以利用的资源和力量,积极融入世界教育市场。除此之外,对高校境外办学的动力因素进行分析,对高校选择投入境外办学活动,以及境外办学关系模式的形成都具有重要作用。因为动因是高等教育国际化理论研究非常重要的逻辑起点,反映了不同国家和不同高校的国际化期望。① 下一节通过高等教育国际化动因理论的分析框架,基于访谈的质性材料,对高校境外办学主体的动力因素进行恰当的梳理与分析。

---

① 李盛兵,刘冬莲.高等教育国际化动因理论的演变与新构想[J].高等教育研究,2013,34(12):29-34.

第二节　高校境外办学主体参与的动因

高校境外办学主体参与的动力因素是境外办学系统生存及增殖能力的具体体现,是办学主体通过教学界面所产生的物质或非物质成果,是系统及办学主体的教学质量提高和机构或项目数量扩张的前提条件。不产生收益的境外办学系统是不能生存、增殖和发展的,收益是境外办学系统存在与发展的必要条件。本书所谓的收益,是指各办学主体实施境外办学的期望和目的,而动力就是实现这些期望和目的。在高校跨境高等教育发展过程中,动力因素反映了一个高等教育体系对于国际化、跨文化和全球化因素对高等教育在社会中所起到的作用持有的核心理念。[①]

从高校境外办学的访谈材料提炼可以看出,随着高校对外交流的自主性和独立地位不断显现,境外办学工作逐渐形成了国家层面、高校层面和境外层面三股力量同时推进的局面,并形成宏观、微观相协调的矩阵型能量。由于各国经济和社会发展水平的差异,每个国家的教育都有特定的文化传统和价值期望,高等教育国际化动因理论可以科学地、系统地分析我国高校境外办学背后的动因。

一、国家层面的动力

基于高等教育国际化动因理论,从政治、经济、社会文化、学术及人力资源五个维度分析对专家、高校管理者和高校教师等对象的访谈资料,可以看出我国高校开展境外办学的国家层面动力具体呈现为以下几方面。

（一）实现国家"一带一路"倡议的愿景

基于政治维度分析可知,教育要为国家的战略方针服务,提供智力支持。调研材料研究表明,高校境外办学是我国高等教育国际化发展到一定水平后的新生事物,是我国高等教育"走出去"的重要形式,也是我国加强与"一带一路"沿线国家的教育合作与交流,建设教育共同体的重要举

[①]　简·奈特.激流中的高等教育[M].刘东风,陈巧云,等译.北京:北京大学出版社,2011:218.

措。我国的高等教育水平与"一带一路"沿线很多国家相比,具有比较优势,而且开展教育交流更容易促进民心相通。中共中央办公厅、国务院办公厅 2016 年 4 月印发了《关于做好新时期教育对外开放工作的若干意见》,这是新中国成立以来第一份全面指导我国教育对外开放事业发展的纲领性文件,对做好新时期教育对外开放工作进行了重点部署。通过鼓励高等学校和职业院校配合企业走出去,鼓励社会力量参与,稳妥推进境外办学。①

高校境外办学与国家"一带一路"倡议的关系体现为两个方面:一方面,国家主席习近平提出的共建"一带一路"所体现的人类命运共同体理念将引领跨境高等教育的发展,并成为重要的遵循依据。2015 年联合国教科文组织在《反思教育:向"全球共同利益"的理念转变?》报告中也提出,"为了在日益相互依存的世界中实现可持续发展,必须将教育和知识视为全球共同关注的问题"。② 跨境高等教育可汇集全球优质的教育资源,促进国家间知识的协同创造,为"一带一路"倡议搭建合作桥梁,培养具有国际视野和国际竞争力的人才。另一方面,"一带一路"的共同建设为跨境高等教育的发展提供了前所未有的机遇。改革开放以来,我国高等教育的规模扩张,质量有了很大的提高,已经具有强大的国际人才培养能力。随着"一带一路"建设的不断深入,沿线来华留学的海外学生人数不断增加,占来华留学生总数的 65%,2017 年超过 30 万人。伴随着沿线国家对国际化人才需求的大幅增长,我国高校携手企业"走出去",逐步形成产教一体化的境外办学新形式,为与沿线国家之间的教育合作提供了前所未有的重要机会。③

访谈中,许多高校也指出它们开展境外办学的初衷就是配合国家实

① 中共中央办公厅、国务院办公厅.关于做好新时期教育对外开放工作的若干意见[EB/OL].(2016-04-30)[2018-11-05].http://www.moe.gov.cn/jyb_xwfb/s6052/moe_838/201605/t20160503_241658.html.

② 联合国教科文组织.反思教育:向"全球共同利益"的理念转变?[M].联合国教科文组织总部中文科,译.北京:教育科学出版社,2017.

③ 北京市习近平新时代中国特色社会主义思想研究中心.围绕"一带一路"建设 发展跨境高等教育[EB/OL].(2018-12-20)[2019-10-10].http://theory.people.com.cn/n1/2018/1220/c40531-30477704.html.

现"一带一路"倡议的愿景。

高职院校与企业共同"走出去",积极参与国际教育服务贸易分工,也是高职院校"十三五"期间的战略重点和历史使命。(M14)

积极服务老挝乃至东盟沿线国家的经济贸易往来和教育科技合作,帮助沿线国家在互联互通、产业合作进程中分享中国经验、成果,丰富双赢、多赢的概念,以共建、共享、共赢锤炼共同体意识,增进互信、包容。(M5)

"服务国家战略"的一个项目,是为落实总书记在非洲建立能力建设学院的承诺而开展境外办学的项目。通过项目试点,探索出我国职业教育配合企业"走出去"协同发展的基本模式,对服务"一带一路"倡议、提高国家软实力具有重大意义。(M3)

可见,在教育部的推动下,高校的做法是积极落实国家教育对外开放的要求,充分对接教育部"一带一路"教育行动,通过与输入国(地区)当地院校合作等各种可以采用的办学形式,促进我国与境外产业之间的科技、文化、教育交流与合作,同时着眼于我国外交和经济发展的大局,在培养本地人才的同时,扩大境外的教育合作。高校积极开展境外办学活动,用实际行动充分发挥其"智库"作用,为高等教育领域落实共建"一带一路"教育行动倡议提供有力支撑,这成为高校境外办学的根本动力。

(二)服务地方经济发展战略规划的实施

基于经济维度分析,各省区市政府在"一带一路"建设具体行动方面具有"承上启下"的重要作用,出台的政策更加直接影响高校等办学主体境外办学的选择和发展。就目前而言,地方政府都非常重视高等教育"走出去"对地方经济发展作用的新定位,纷纷制定了更为详细的战略规划。有智库分析比较我国内地 31 个省区市的政府工作报告,认为可以清晰地了解地方政府"一带一路"建设的核心任务和行动要点,"一带一路"已经成为各地政府工作报告的必备关键词。地方政府根据各区域特点,从自贸区建设、粤港澳大湾区与长江经济带合作、贸易新通道、物流航运及跨境电商、国际合作示范园、产能合作、保税区和口岸建设等方面制定了"一带一路"工作的侧重点。①

---

① 走出去智库.31 省市 2019 推进"一带一路"核心任务和行动要点[EB/OL].(2019-03-22)[2019-07-25].http://www.sohu.com/a/303256527_610982.

例如,云南省 2019 年政府工作报告提出:制定加快建设面向南亚东南亚辐射中心 15 个实施方案等政策,我国(昆明)跨境电子商务综合试验区获批实施……主动服务和融入"一带一路"建设,加快建设面向南亚东南亚辐射中心,以改革开放新突破推动经济社会大发展。① 配合云南省提出的"面向南亚东南亚辐射中心"发展新定位,目前已经向缅甸、泰国、越南、老挝、柬埔寨等国家开展了境外办学活动,云南省内有 7 所高校积极响应了此项发展规划。

访谈中,云南某高校大学在缅甸开办的境外办学机构(项目),在其制定人才培养计划的原则中就明确提出:

服务中缅经济走廊建设,服务"一带一路"建设,为"走出去"的中资企业及当地培养高素质的本土专业技术人才……加紧调研缅甸劳动力市场状况、职业教育体系、职业资格证书及职业准入制度等,力争制定的培养计划符合缅甸的实际,输出我国优质的职业教育资源,扩大我国职业教育在缅甸的影响力。(M7)

又如,江苏省 2019 年政府工作报告提出:出台高质量推进"一带一路"交汇点建设的意见,着力打造连云港战略支点,中哈物流合作基地、上合组织(连云港)国际物流园建设高标准推进。新增"一带一路"沿线对外投资项目 230 个,同比增长 50%;对"一带一路"沿线国家出口增长 9.6%以上……强化企业创新主体地位,鼓励企业联合高校、科研院所建设高水平企业技术中心和工程技术研究中心。② 江苏省主动对接"澜湄合作框架"推动了江苏省高职院校境外办学的步伐。江苏省的高职院校境外办学项目最早出现在 2012 年无锡商业职业技术学院依托红豆集团建立的柬埔寨西港培训中心。之后,该省高职院校开始了多种形式的境外办学探索,呈现出集中增长态势,这和江苏省高职教育在服务外向型经济过程中,探索出一条适合经济发展需要的高素质技术技能人才培养的路径、始终保持开放办学的发展理念有关。

---

① 云南省人民政府.2019 云南省政府工作报告[EB/OL].(2019-01-01)[2019-07-25].http://www.yn.gov.cn/ztgg/2019gzbg/2019gzbg/index.html.

② 江苏省人民政府.江苏省政府 2019 年政府工作报告[EB/OL].(2019-01-24)[2019-07-25].http://www.jiangsu.gov.cn/col/col33720/index.html.

江苏某高校管理人员：

我们学校融入澜湄合作框架，探索与澜湄次区域国家共建职业能力标准、职业培训体系等，提升职业教育输出能力。广泛参与澜湄次区域合作与交流，可以发挥我校服务澜湄次区域及东盟国家发展的"桥头堡"作用，研究建立职业培训标准，完善职业培训考核和评估机制，为推动我国高等职业教育走出去输出我国特色职业教育做出积极贡献。（M16）

此外，浙江省瞄准南非和卢旺达两个国家实施地方经济发展战略，并以此为目标进行全方位的合作，规划今后浙江省的企业家要更多地走向卢旺达和南非，通过产业对接、建设创业园等形式加强合作。还有河南、福建等省积极把在"一带一路"沿线国家设立境外分校纳入教育工作计划当中。

综上可以看出，地方政府越来越重视高等教育"走出去"对地方经济发展发挥的作用，有新的认识和新的定位。在政府工作报告中，鼓励企业联合高校"走出去"的举措已纳入工作计划当中，可见，在地方经济发展战略规划的推动下，高校开展境外办学的主动性更强。积极发挥"智库"作用对地方经济发展做出贡献，这成为高校境外办学的重要动力。

（三）服务行业、中资企业在境外的发展

该动因是基于经济维度的目的，服务行业或中资企业在境外的发展。随着国家"一带一路"倡议的推进，一些行业或企业也纷纷走出去。在行业或企业实施"走出去"战略过程中，我国跨国企业发展需要的本土化技能型人才的紧缺状况通常成为阻碍企业"走出去"发展的最大障碍。为了解决这个问题，反向促进我国高校承担起人才培养的任务。

例如，有色矿业行业走出去的案例：

我国拥有海外矿产权利2000多万吨，拥有海外本土职工50多万人，这些员工直接关系海外企业的教育，特别是员工的素质。有色金属相关企业从本世纪初至今已经在海外如非洲、南美、东南亚建了50多所学校，这些学校由企业投资建立，并且日常运营经费现阶段也都是由企业支出。由于当地政府解决不了所需的师资数量，在2015年底，我国教育部职教司和国际司联合批复在赞比亚做职业教育走出去的试点，这个试点项目是由中国有色矿业集团和8所职业院校在赞比亚为14家企业1200多名员工提供职业教育。（JDFT－YN－2018.5.17）

此外,很多学校也谈到它们开展境外办学,主要就是搭乘"借船出海"的机遇快车,发挥高校人才培养的优势,为行业或中资企业服务。

中资企业走出去后,在"一带一路"沿线国家那边办厂,他们感觉到本土化的技术技能人才太匮乏,又懂汉语又懂技术的人很少,当地招聘来的人,也不一定能马上用得上。所以中资企业来找我们学校,觉得双方可以办职业教育合作,然后他们在那边提供他们的地和教学楼,我们派老师去开展培训。(M15)

我校的境外分校办学以来,每年在境外接待10多家前来考察的我国企业,协助安排与当地政府部门洽谈,帮助开展市场调研,提供人才、技术和语言支持,在我校境外分校的协助下,一些中资企业已成功在境外投资创办企业。(M6)

通过上述分析可以看出,随着我国与越来越多的国家建立贸易伙伴关系,越来越多的我国企业在全球布局,这些企业在境外投资过程中越来越强烈地感到人才的瓶颈,缺口最大的是一线熟练的技术技能人员,迫切需要大量熟悉相关国家国情、具备现代化的管理知识和专业的经济及商业素质的人才,因而,我国高校,特别是高职院校通过境外办学等形式,为企业全球化发展提供有力的支持。校企协同走出去,服务中资企业在境外的发展是我国高校境外办学的重要动力。

(四)提供人才保障和智力支持

基于人力资源的维度,我国高校境外办学可以为国家提供必要的国际人才保障和智力支持。我们无论是到发达国家还是到欠发达国家办学,都需要考虑人才保障和智力支持的问题。通过境外办学活动,我们可以培养出大批具有国际视野,愿意并善于跨文化沟通、理解和合作的国际化创新人才。上海纽约大学校长俞立中在一次座谈会上指出:"去非洲访问时,能感受到非洲很多国家很像中国改革开放前,最需要解决的就是人才问题,包括当地企业苦恼的缺乏可以接受他们文化理念的人才。反观中国崛起和中国经验,中国的改革开放是从人才起步的。"[①]

可以说,高校境外办学首先是需要人走出去,需要有一批熟悉当地环

---

① 中国高等教育学会高校境外办学研究课题组.高校境外办学上海座谈会会议记录[Z].上海:复旦大学,2018-06-28.

境,能够建立和开拓当地人脉的人才,同样地,也需要更多了解中国、理解多元文化、有志搭建中国与世界纽带的各国优秀青年。《关于做好新时期教育对外开放工作的若干意见》明确提出"推广中国高等教育品牌,为中国企业在境外有效持续发展,培养'知华''亲华'的经营管理人才"为高校境外办学的发展目标之一。① 通过访谈,许多高校管理者对此也提出了自己的看法:

通过学历学位教育、人才培养方案开发、实验室建设方案制定、教师选派、来华培训、境外技术技能培训、学生交流等形式支持外方大学建设,旨在为境外培养具有国际视野、熟悉国际经济贸易法律和规则、了解中外国情、熟练使用中外语言的工程、经济、管理和法律的高级专业人才和技术技能型人才,为经济建设提供人才保障和智力支持。(JDFT-JS-2018.6.14)

高校境外办学培养的人才,不仅有利于满足输入国(地区)的人才需要,同时也能反哺我国,成为我国经济发展的重要人力资源。某高校境外办学机构负责人谈道:

我们培养的当地学生,大部分为政府、军队和事业单位的中高层干部子女,他们毕业后大多进入老挝政府及国民经济关键行业。这部分学生、校友具有较强的国际交往能力、社会影响力和社会声誉,他们为学校争取有利的老挝国内舆论环境发挥了重要的作用,也为宣传"一带一路"倡议,推进中老各领域的交流合作起到日益重要的作用。(M5)

通过开展学历教育、员工培训为企业培养具备较高汉语水平、较强技术能力、熟悉我国企业文化的国际技术技能人才,能很好地为我国企业服务,满足企业的人才保障和智力需求。(M3)

从上面的分析可以看出,国内外对具有国际视野、通晓中外国情的专业型人才的迫切需求,内化为推动我国高校承担起人才培养任务的动因。此外,有的高校把境外分校校园或教学点看作国内学校的培训基地,并定期派教师和学生到那里接受培训,或将其作为短期合作项目开展的基地,

---

① 中共中央办公厅、国务院办公厅.关于做好新时期教育对外开放工作的若干意见[EB/OL].(2016-04-30)[2018-11-05].http://www.moe.gov.cn/jyb_xwfb/s6052/moe_838/201605/t20160503_241658.html.

可以说我们在境外培养的人才,既是满足输入国(地区)人才需要,同时还要落脚到满足我国对人才的需求这一要求上。因此,我国高校境外办学的人才培养结构特点是"以境外学生为主,以中国学生为辅"。在全球化背景下,培养具有国际视野的专业型人才是高等教育不可推卸的责任,更是高校境外办学的重要动力。

(五)传播中国标准和中国文化

基于社会文化维度的分析,我国高校走出去还肩负着传播中国标准和中国文化的目的。我们的高校开展境外办学,不仅是走出去,还要善于总结我国高等教育的特色、特点、教学模式和教学方法,进行高等教育输出,以制定中国教学标准、出版教材等方式,逐步把我们的高等教育经验和方案,分享给输入国(地区)。"引进来"中外合作办学,多为外国向我国进行教育输出,引进国外优质的教育资源。与之相反,"走出去"境外办学,是按照我国高校模式和体系制定质量标准,帮助输入国(地区)培养高素质的人才,是显示我国高等教育在全球高等教育领域的地位和实力的重要渠道。

笔者有幸访谈了高等教育学领域泰斗潘懋元先生,他在洞察了教育国际化发展趋势后指出:

境外办学的动因就是国际化交流。我们是开放的、多元的,不光是把国外的文化引进来就完全足够了,我们是和世界共同进步的,还要让我们的文化走出去,合作共赢,这就是它的意义。

可以说,高校境外办学承担解决当地人才需求的任务,同时高校也把分享中国标准、中国经验、中国方案和中国文化,深度挖掘"一带一路"沿线各国的人文资源,弘扬人文传统,培育品牌文化,举办富有内涵、形式多样的国际教育交流活动作为动力和己任。

在访谈中,许多教师很自豪地说道:

云南省在越南、老挝等国举办的汉语培训中心,就是积极响应国家"中国文化走出去"方案,适应学校国际化发展的重要举措,派出的授课教师成为传播中国文化和中国方案的直接参与者和核心力量。(T6)

我校根据赞比亚工业发展对技术工人素质的需求,开展职业教育和培训,树立中国职业教育的品牌形象,打造了较为成熟的高等教育境外办学模式,为在其他国家的进一步推广积累了经验,奠定了基础。我们学校

机电一体化的专业标准,已经走进了赞比亚,被赞比亚国家职业教育培训局认可,成为赞比亚国家的标准。(T2)

教师在教学之外的辛勤工作与无私奉献,使得他们的境外教学之旅超过了本身的意义,从高等教育的合作发展延伸到了中外民间的友好交流,成为名副其实的传播中国文化和中国品牌,打造中外友谊的光荣使者。每一个境外办学机构(项目)的教师都代表了中国,也代表了一所高校。他们的辛勤付出"润物无声"地传播中国文化的做法,是两国之间搭建真诚友谊的最重要桥梁,也会产生深远影响。高校境外办学实现了我国高等教育服务从"引进"向"输出"、从"开放"向"开拓"的战略转型,对推动中华文化传播、提升我国高等教育国际影响力起到了积极作用,这成为高校境外办学的内涵式动力。

二、高校层面的动力

2022 年 QS 世界大学排名结果显示,中国大陆高校位列前 100 名的大学共有 6 所,分别为北京大学、清华大学、复旦大学、浙江大学、上海交通大学和中国科学技术大学。[①] QS 全球教育集团中国区负责人张巘博士认为,新中国成立 70 周年极大地提高了中国教育的综合实力和国际影响力,并且教育现代化取得了令人瞩目的成就。[②] 取得亮眼成绩的这些高校都非常重视高等教育国际化办学,很多都举办了境外办学的机构或项目。仔细探究我国高校层面开展境外办学的动力因素,为高校综合实力的提升有着积极作用。对访谈材料基于高等教育国际化动因理论,从政治、经济、社会文化、学术及人力资源五个维度分析可知,高校层面的动力因素具有扩大高校国际知名度、增强国际化办学能力、培养具有国际视野人才、创造新的学术机会和获取经济收益等。

---

① QSTopUniversity. Qs world university rankings 2022[EB/OL]. (2021-08-01)[2022-01-09]. https://www. topuniversities. com/university-rankings/world-university-rankings/2022.

② 环球时报.最新 QS 世界大学排名[EB/OL]. (2019-06-20)[2019-12-02].https://baijiahao.baidu.com/s? id=16368229066170706172066117168609&wfr=spider&for=pc.

（一）扩大高校的国际知名度

高校基于社会文化维度，提高国际知名度和文化影响力是我国在其他国家建立境外办学机构（项目）的重要动机。近年来，高校为增强"国际化思维"，提升工作"国际视野"，随着我国高等教育质量及国际影响力稳步提升的大背景下，高校根据自身发展规划的需要，越来越多的高校主动积极地开展境外办学。

在"一带一路"倡议还没提出来，2012 年的时候，我们学校合作的初衷和出发点就是出于学校国际化发展一种需要，国际化办学一直都是学校的战略目标之一，非常重视。（M15）

苏州大学的老挝分校，这个项目开启了我国第一所高校在境外办学的篇章，对苏州大学扩大其在国际上的知名度有很大的帮助，也成为江苏省乃至全国各类企业、高校"走出去"的窗口与基地。（M6）

大连海事大学斯里兰卡校区依托学校优势特色学科，通过在斯里兰卡进行境外办学，输出优质教育资源，传播我国海事教育文化及成果，促进教育融合与交流，促进东南亚地区国家间的文化认同，提升我国海事领域的影响力与引领力。（JDFT－SH－2018.6.28）

可以看出，不同类型的高校怀揣着扩大高校的国际知名度的愿望，根据自身学校发展的实力与特点，积极开展境外办学活动。

"双一流"高校，代表着我国高等教育的最高水平，理应成为新时代高等教育"走出去"的示范者。"双一流"建设高校具有契合国家战略、教学科研结合、人才培养与学科建设融合、教育事业与产业发展结合、教育输出与本土培养结合、区位差异凸显等特征[①]，这些使得"双一流"高校成为我国高校境外办学的领头羊和示范者。

高职院校，在过去 40 年里，我国职业教育实现了跨越发展，也形成了具有中国特色的"产教融合、校企合作、工学结合、知行合一"的职教模式。我国的高职教育越来越有自信，有信心把握国内国外两个市场、利用国内国外两种资源，在全球范围内揽才育才。"世界知名"成为不少优质高职院校的奋斗目标，因此，成为高职院校自身最强烈的境外办学动机。

---

① 刘晓黎.新时代"双一流"建设高校境外办学的探索与思考[J].决策与信息，2018，502(10)：56-61.

此外,我国高校在其他国家建立境外办学机构(项目),实施多校园制,也是扩大高校国际知名度的重要举措。厦门大学在马来西亚的分校、武汉理工大学在英国办学点都是母体高校实施多校园规划的结果。某高校管理人员提道:

多校园制,对于高校目前的国际化战略来说,我觉得是一个新的思路,建立一个全球的多校园制,学生打通多校园,可以增加我们学生的国际经历,同时也可以增加我们的留学生人数,从这个角度来说,或许是打动高校境外办学的一个因素。(M11)

从上述分析可知,我国高校是希望通过发展战略联盟(政治和学术)建立境外办学机构(项目)来提高国际知名度,增加国际社会影响力。回顾高校境外办学的历史就可以知道,一些高校在很早以前就已经自发探索和尝试开展境外办学,在国际上也取得了一定的知名度。而"一带一路"倡议的提出为高校实现国际化办学的目标带来了全新的机遇,加快了其发展的速度。

(二)增强国际化办学能力

高校基于社会文化维度,增强国际化办学能力是我国在其他国家建立境外办学机构(项目)的重要动机。通过与境外合作办学,努力探索教育品牌的输出路径,促进境外教育体系的建立,在合作模式、教育教学模式、课程建设和师资队伍建设等方面积累了国际化办学的经验和能力。通过积极与外方学校的紧密合作,将课程融入境外合作大学的教学体系,有利于探索国际化人才培养的教学体系。通过派遣教师到境外办学机构(项目)授课,有利于打造一支国际化教师队伍。

我们学校通过在赞比亚的境外办学项目,还可以"服务自身发展",依托"走出去"企业,可以倒逼母校积极开展教育教学改革,校企深度合作,与时俱进,是职业教育以外促内,发展现代职业教育体系的重要途径。(T1)

境外办学要求专业特色,它反推高校必须不断增强自身国际化办学能力。我校的航海教育就具有鲜明的行业特征,它必须严格履行国际公约的规范和要求,人才培养方案等须与国际接轨。(M11)

我们高职院校的目标应该讲要建一流的高职院校,什么是一流?我的理解可能是国际教育。特别是很多高职院校都在积极跟国际接轨,有一些针对高职院校的评价标准,比如说"双高"、社会服务50强、国际影响

力 50 强、教学资源 50 强以及毕业先进 50 强等。(M24)

从高校管理人员、教师的访谈可以看出,高校开展境外办学,进入世界教育竞争市场,必须与世界标准接轨,对高校提出了更高的要求,倒逼高校不得不调整自身的国际化办学水平和办学能力,探索国际化人才培养的教学体系和打造一支国际化教师队伍,提高国际竞争能力。

(三)培养具有国际视野人才

高校基于人力资源维度,培养具有国际视野人才是我国在其他国家建立境外办学机构(项目)的根本动机。高校的根本职能是人才培养,随着全球一体化的不断发展,经济全球化趋势日益明显,经济发展对国际化高素质人才的需求也持续提升。

一方面,高校境外办学人才培养的职能是为输入国(地区)培养所需的人才。

老挝苏州大学在经过老挝教育部批准后,至今已经开设了国际经济与贸易、国际金融、汉语语言、计算机科学与技术等四个本科专业。毕业生中除了部分到我国继续攻读硕士研究生外,大部分留在老挝的政府部门、经济开发区、银行和中资企业等单位工作,为老挝的人才培养做出贡献。除了本科生教育,还成立了汉语培训中心,为老挝百姓提供不同层次汉语培训课程,至今培训学员超过 2500 人次。(M5)

开展学历教育,培养熟悉国际通用技术的人才,以适应柬埔寨当地经济、社会发展的需要,同时加强非学历教育的职业培训。(M15)

另一方面,高校境外办学也作为为本校教师和学生搭建培养国际化视野和能力的平台,派出教师和学生实施短期培训。

学校 2018 年春季派 50 位硕士到海外校区进行 8 周的访问学习、体验海外经历,培养学生的国际眼界和能力。(M21)

可以看出,高校境外办学在培养高质量的国际化专门人才方面做出了积极贡献。充分发挥高校作为人才主要输出地的职能,主动面临国际化的趋势及挑战,紧跟时代发展的步伐,制定国际化人才培养标准,以培养适应国际竞争的国际化人才,成为高校境外办学的根本动机。

(四)创造新的学术机会

基于学术维度的分析,提高学术研究和开发能力是大学发展境外办学机构(项目)的关键动力。在外国建立分校或机构,高校期望一边可以提高大学声望的同时,一边还可以帮助招募有才能的学生和研究人员,创造新的学术机会,从而使大学能够在全球范围内成为更具竞争力的竞争者。[①] 一些高校机构希望教师接触新文化将国际视角融入课程教材和国外研究合作中,举办境外办学机构(项目)旨在增加学生和教师的文化接触和相互理解。此外,境外办学机构(项目)可以提供多样化的学科、更多类型的学生和完善的研究设施等优点,有利于系统地教学和研究,为创造新的学术机会打下基础。

无锡商业职业技术学院在柬埔寨西港特区创办的培训中心,或者筹建的"西哈努克港工商学院"提出其中的办学方向与目标之一就是加强科研创新,提升科技服务水平。充分发挥西哈努克港工商学院的教科研能力,坚持科学研究和人才培养的高度统一,使科研反哺教学,支撑创新人才培养,以科技服务与创新为导向,加强资源共享平台、技术创新平台、成果转化平台等科技平台建设,积极参与企业的科研以及重点实验室的研究,全面提升科技创新和服务社会的能力。(JDFT-JS-2018.6.14)

从上面的分析可以看出,高校通过境外办学的平台,积极创造新的学术机会,对高校能力提升、发挥科研职能具有重要的作用。学术研究"开拓"到世界舞台上,可以创造出更广阔的科研合作空间,提升高校的科研能力、服务社会的能力,促进高校实现内涵式发展。高校通过境外办学,可以紧密结合当地社会、经济发展的需求进行本土化研究,加强应用技术研发;伴随着不断增加的研究和开发工作,将创造出许多新的技术和新的产业;通过共享知识产权、创新发现等优势,可以实现母体高校的技术应用、科技进步以及经济增长的目的。因此,创造新的学术机会成为高校境外办学的关键动因。

(五)获取经济收益

基于经济维度分析可知,追求经济利益是高等教育机构在境外办学的动因之一。从发达国家的经验来看,在过去的几十年中,西方大学的预算减少,学生人数增加,迫使大学不得不寻找替代方法来获得新的收入来源。一些机构认为境外分校是额外收入来源的好途径,一方面可通过收

---

① STANFIELD D A. International branch campuses: motivation, strategy, and structure[D].Boston: Boston College Lynch School of Education,2014.

取输入国（地区）学生的学费或得到输入国（地区）的政府补贴来实现，另一方面通过当地提供的研究资助和与当地组织（如公立大学、企业等）建立合作关系，可以获得额外的收入机会。① 无国界高等教育观察组织在报告中指出，38％的境外分校年度学费超过15000美元，32％超过20000美元或更多，例如：美国高校在卡塔尔教育城提供医药、工程、商业、IT和外交事务方面的项目收取较高学费（20000美元以上）。② 著名学者阿尔特巴赫解释此现象为"货币收益激发了跨国高等教育的积极性"。③ 因此可以说，经济利益的驱动成为各国大学发展境外分校的根本动因。

然而，从访谈资料分析来看，我国高校几乎没有学校提出以获取经济利益为动力，应该说我国境外办学的高校都还处于"温饱线"以下，还谈不上盈利。目前能够做到收支平衡、不亏损，已经是运行良好、表现突出的高校了。

整体上而言，要让高校用自己的资金到海外去独立办学，高校可能还没有准备好。就负担来说，我们希望每一个项目都能做到收支平衡。（JDFT－YN－2018.5.17）。

同时，在笔者调研过程中，当高校被问及什么是高校境外办学的核心宗旨时，没有一所高校认为是获取经济利益。究其原因：一方面，我们还没有盈利的能力，不是高校不想盈利，而是生源规模、学校名声、办学能力等尚未达到盈利的水平；另一方面，公办学校的性质、财务制度规定使得资金"出不去"也"回不来"。多方面印证，就目前来说，我国高校境外办学的发展动力，不以获取经济利益为出发点。然而，获取合理的经济回报又是境外办学长远发展的重要动力。

---

① WILKINS S，BALAKRISHNAN M S，HUISMAN J.Student choice in higher education motivations for choosing to study at an international branch campus[J].Journal of studies in international education,2012,16(5):413-433.

② STANFIELD D A . International branch campuses：motivation，strategy，and structure[D].Boston：Boston College Lynch School of Education,2014.

③ ALTBACH P G. Globalization and the university：realities in an unequal world [J].International handbook of higher education，springer,2007:121-139.

三、境外层面的动力

在对访谈资料整理过程中发现,有一股能量是不能忽视的,它就是来自境外层面的能量。随着中国大陆高校世界排名的上升趋势,从一个侧面反映了我国高等教育的水平在不断提高,国外对我国优质教育资源的潜在需求显著增长。对境外层面的动因分析,仍然是基于高等教育国际化动因理论,从政治、经济、社会文化、学术及人力资源五个维度,分析对专家、高校管理者和高校教师等对象的访谈资料,具体呈现为以下几方面。

(一)境外加强合作的呼吁

基于政治维度和经济维度,境外各界加强与我国各领域(包括教育)的合作是我国在其他国家建立境外办学机构(项目)的重要动机。

澳中工商业委员会的研究显示,中国投资带给澳大利亚的益处远远超过了简单的注资,其主席约翰·布伦比认为紧密参与"一带一路"倡议可以使澳大利亚受益。[①] 截至 2022 年 1 月,中国已经与 147 个国家(包括发达国家和发展中国家)和 32 个国际组织签署 200 余份共建"一带一路"合作文件。[②] 这些文件,既推动了经济的发展,也创造了两国之间的高等教育合作机会。

匈牙利是作为中国"一带一路"在欧洲具有桥头堡作用的一个国家。在这样一个大的政治背景下,匈牙利会需要大量的亲华人员、高层人士为匈牙利对接中国"一带一路"倡议去服务的、未来的高端人才,面对这个需求,就会有通晓中匈事宜人才的培养动机、教育合作的机会。(M20)

此外,地缘优势推动了周边国家与我国教育合作的机会和需求,希望合作的呼声不断高涨。

从北面的印度、孟加拉国、尼泊尔、斯里兰卡,一直到中南半岛的缅

---

① 王传军.澳大利亚各界加强"一带一路"合作的呼声高涨[EB/OL].(2019-08-04)[2019-11-25].http://mini.eastday.com/a/190804043005281-3.html.

② 孙自法.中国已与 147 国和 32 个国际组织签署 200 余份"一带一路"合作文件[EB/OL].(2022-01-22)[2022-02-14]. https://baijiahao. baidu. com/s? id = 1722660477485405614&wfr=spider&for=pc.

甸、泰国、老挝、越南,到马来半岛,再到新加坡,这些地方,可以说是高度期待"一带一路"带给他们的现实意义。他们自己也在说,希望搭上我国经济的快车,这是他们的现实需求。到周边国家去提供教育,提高他们的劳动技能,他们是非常欢迎的。总的来说,周边国家与我们都在一个大的文化圈里,教育与文化环境有关,他们接受我们的文化,欢迎我们去教学,这与美国等其它西方国家不一样,我们具有很大优势。(JDFT-YN-2018.5.17)

从这个材料可以看出,随着中国经济社会快速发展,中国在全世界的影响有目共睹。从 2010 年开始中国国家影响力指数位居世界第二,仅次于美国。[①] 中国国家影响力指数的变化表明我国整体形象稳步提升,意味着中国能为高校境外办学提供更有力的资源支撑,创造更加友好的外部环境,吸引境外机构发出合作的呼声。

(二)境外对我国高等教育的需求

境外机构基于社会文化维度,对我国高等教育需求的不断提高是我国在其他国家建立境外办学机构(项目)的重要动机。境外办学要考虑当地是否存在教育资源不足的现状及对人才需求的渴望。前面提到的,2022 年 QS 世界大学排名结果显示,中国大陆位于前 100 名的高校共有6 所,排名上升的势头很快,使得国外越来越多的用人单位把视线转向我国,我国的高等教育逐渐受到境外的欢迎,国外对我优质教育资源的潜在需求在不断扩大。

我们学校在澳门办学的历史比较久,有两个原因:第一个原因是因为当时 90 年代澳门回归之前,当地有学习中文普通话和中国内地法律的需求,于是我们学校就针对澳门的警察、公务员进行培训,法学专业办的比较早;第二个原因是澳门高等教育发展比较一般,高校也很少,他们有这个需求。(M1)

当地高校入学机会十分有限,录取率只有 10%。我们培养的学生在实习阶段就被订购一空,供不应求。(M13)

我们的高等教育在国外还是比较知名的,匈牙利政府希望我们能够

---

① 车冰清,朱传耿.改革开放以来中国国际影响力的提升及其空间拓展机制[J].人文地理,2019,34(5):109-116,134.

把中国高等教育输出去。他们希望我们能把我们学校的经济类和管理类的专业教育带到匈牙利,甚至是欧洲那片儿,给他们国家的高层人士提供一个高等教育的课程培养。(M20)

可见,具有一定国际知名度的高校,在境外办学的道路上有着天然的优势,然而,我国高职院校以"培养技能型人才"的成熟体系,实现了"弯道超车","一带一路"国家对我国高职教育产生的巨大需求,让高职院校的境外办学势头迅猛。"一带一路"沿线国家,它的高等教育体系多数是从西方学来的,虽说相对完善,但是它的职业教育体系却稍显不足,这给我国高职院校"走出去"办学提供了良好的机遇,帮助"一带一路"国家完善它们的职业教育体系,这是我国高职院校"走出去"办学的优势。

一位泰国学生谈道:

之所以选择中国在境外办学的学校就读,是因为中国的高铁技术大踏步地迈向世界,正在引领世界进入一个崭新的高铁时代。与中国相比较,泰国在高铁和城市轨道交通方面还有较大的差距,还有较大的空间和需求来进一步地改善,方便民众的出行。在中国高校境外办学的学校就读,我不仅学习了关于轨道交通的专业知识、掌握了专业技能,还提高了汉语水平,也为我今后回国从事轨道交通类教学工作打下了坚实的基础。(S3)

从这些材料可以看出,之所以境外对我国高等教育需求如此高涨,主要得益于:一方面从世界大学排名位次提高和高职教育体系逐步成熟等说明我国高校的高等教育水平切实得到提高,促使我国高等教育对境外产生了吸引力;另一方面,因为当地高等教育资源的匮乏,境外对高等教育专业的迫切需求恰好与高校专业供给相匹配,成为我国高校境外办学的机遇。我国高等教育的发展给我们带来走向世界的实力和机会,我们的高等教育应该具备这样的自信。

(三)校友思乡情怀的推动

基于人力资源维度,校友思乡情怀的推动是我国在其他国家建立境外办学机构(项目)的关键动力。在访谈的过程中,"情怀"这个词不断出现。校友在很多高校境外办学过程中发挥了很重要的桥梁作用,是高校境外办学得以实施的重要契机。大多数校友不为名不为利,凭着一股"情怀"在两国之间"穿针引线",起着重要的桥梁作用。

有些参与我们境外办学的企业家校友,是因为他们怀有一种思乡情怀,他希望把中国元素和中国故事讲到国外去。(M19)

我觉得很大一个原因是因为我们的校友资源,像我们在海外拓展的办学业务,很多是我们校友来搭桥的……我们现在做的这个教学点,就得益于我们的一位校友,因为他在当地介入得比较深,有很好的人脉和资源。(M21)

匈牙利教育司司长是我们的校友,他在中匈两边的联系都很紧密,他对我校境外办学起了很大的推动作用,主要负责把我国和匈牙利的纽带链接起来……从我们学校的经验来说,高校境外办学必须有自己的校友去做,我们在办学过程中碰到了好多问题,如果没有当地的校友力量,根本完不成。(M20)

我们学校优势在于,海外的校友很多,都是当地的一些企业家,这在"一带一路"教育合作中比较倡议的点,需要多跟当地的华人华侨、侨团、侨社、侨领等打交道,因为他们融入当地社会比较好,他们了解当地的政策走向和该怎样把握,在他们的帮助下,会帮你扫清障碍,我们能很快地、相对简单地融入境外去办学,所以这个可能是我们的优势。(M22)

从上面的访谈材料可以总结出,高校境外办学虽然更多的时候是构建"社会共同体",承担并实现一种社会责任,但有时候也会是因为构建"精神共同体",在"情怀"的推动下,产生一种精神上的共鸣共赢关系。

通过上述对国家层面、高校层面和境外层面的分析,高校境外办学主体的办学动力,无论基于政治、经济、社会文化、学术及人力资源哪个维度的动力因素,都将影响着高校境外办学关系的产生以及稳定发展,是办学主体建立"协同增益"关系的能源及目的。为了构建可持续发展的"协同增益"关系,需要注意两个问题:一是办学主体对开展境外办学的发生动力认识要清晰,不能盲目,不能随大流。如何做到不盲目,就是一定要切合学校的实际,仔细分析学校有没有境外办学的条件,有没有实力去实现这个动力。二是办学主体要规划地开展境外办学以实现增值动力,如果没有对境外办学的未来做出长期规划,以实现期望和目标,不产生新的预期收益,关系也是不能维系的。综上所述,接下来要基于协同增益视角进一步分析我国高校境外办学的发生动力和增值动力当中的激励因素和阻尼因素,以揭示高校境外办学进化的动力机制。

四、基于协同增益视角对境外办学动力因素的分析

从上述国家层面、高校层面和境外层面的访谈分析中可以看出,各机构因为怀有各自的收益期望和目的,成为参与实施高校境外办学、输出高等教育活动的办学主体。由于不产生收益(利润)的系统是不能增值和发展的,收益是系统存在与发展的必要条件,为了促进高校境外办学的可持续性发展,就必须建立能够实现各办学主体收益的协同增益运行机制。高校境外办学系统,办学主体根据自身具备的核心能力,也是合作对方所期待的能力,进行教学资源互补,集结形成关系的发生动力。随着高校境外办学系统的运行,新收益的产生成为办学主体关系维持的增值动力。然而,办学主体各自拥有能力强弱的不同、程度的大小以及新产生的收益分配的不同决定了系统运行的稳定性和可持续性。假设办学主体 A 的核心能力为 E_A,办学主体 B 的核心能力为 E_B,办学主体关系可持续发展状态应当满足条件:$E_S = E_A + E_B + E_{新增}$。

(一)发生动力

发生动力指的是能够产生关系的各办学主体具备的核心能力。根据前面的分析,例如,高校的国际影响力和教学能力、企业的经济实力等,成为办学主体之间可以交换的能量。办学主体在预期收益的推动下,做出参与境外办学活动的行动,调动自身可以集结的资源和能力,进行最初教学资源投入形成关系,实现高校境外办学的开始运行,它是促使关系产生的根本动力。表 2-2 是对我国高校境外办学主体的发生动力进行的分析。

表 2-2　高校境外办学主体的发生动力

办学主体	发生动力(核心能力)	行为	效果
高校	国际、国内影响力;拥有特色专业;拥有与企业合作的基础等	投入软实力:师资、课程、学生、知识产权等	保障高校境外办学的核心能力
政府	中国成为世界第二大经济体,政府之间的合作加强等	投入政策等	从政府层面打通渠道,提供境外办学的政策环境

续表

办学主体	发生动力（核心能力）	行为	效果
企业	跨国企业的优势；有经济实力，不急于实现短期收益等	投入资金、设备、市场信息等	保障了境外办学的资金、弥补高校国有资产不能出境的缺陷
社会团体	拥有两国人脉、资源等	投入人脉资源等	节省高校在境外申办等繁杂程序，提高效率

资料来源：笔者根据访谈材料整理而得。

从高校来分析，不是所有的高校都具备境外办学的条件。教育部高校境外办学研究课题组对目前 42 所开展境外办学高校开展的问卷调查结果显示，超过 2/3 的高校都是"双一流"高校，占到 69％；其他高校占到 31％，如图 2-4。① 可以看出，开展境外办学的高校必须拥有较强国际、国内影响力，拥有较强的办学能力和资源，才具有吸引力；在占 31％的其他高校中，有普通高校也有高职院校，它们也具备拥有较强的特色专业等优势，并且高职院校还具有与企业长期合作的比较优势等。高校在境外办学系统中投入的是核心能力，即师资、课程等，因此，优质的核心能力决定了高校能否具备开展境外办学的条件。

从政府来看，中国成为世界第二大经济体，越来越多的国家希望与中国实现经济、文化、教育等各方面的合作，实现"互容、互鉴、互通"的合作关系。在这个大背景下，中国 2013 年提出"一带一路"倡议，通过推动与"一带一路"沿线国家的发展战略对接，实现合作共赢的美好愿望。如前所述，截至 2022 年底，中国已经与 147 个国家和 32 个国际组织签署 200 余份共建"一带一路"合作文件。这些文件，既推动了经济的发展，也推动了两国之间的高等教育合作，特别是为我国高校境外办学，从国家层面打通了渠道，提供了强有力的保障。

从企业来讲，参与境外办学的企业主要是在境外有业务的跨国企业。

---

① 高校境外办学研究课题组.高校组调研报告[R].北京：中国高等教育学会，2018-12-07.

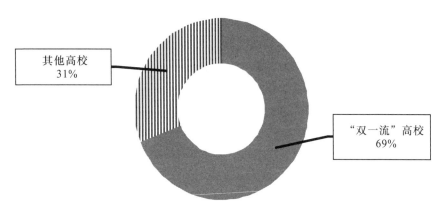

图 2-4 参与境外办学高校的类型

资料来源:高校境外办学研究课题组.高校组调研报告[R].北京:中国高等教育学会,2018-12-07.

企业的独特优势在于,它拥有资金、设备、市场信息等方面的资源,同时还拥有市场敏感度,对国际市场上对教育商品的竞争,可以做出正确的反应。然而,境外办学是一项投入大、回报周期长的投资,不是所有的跨国企业都能够承担的,只有那些具有雄厚的实力,并且暂时不考虑收益(利润)回报的企业,才具备合作的基础。

从社会团体来讲,例如中外友好协会、侨团、慈善总会、行业职业教育指导、教育教学指导委员会等社会团体,它们拥有不同于政府组织的两国之间的人脉关系和资源,结合高校境外办学的平台,它们可以更好地完成团体自身的目标和任务。通过社会团体在两国人脉和资源的投入,可以节省高校在境外申办等繁杂程序,提高办学筹备和运行的效率。

上述对四类办学主体发生动力的分析,是对关系生成与发展的公式中画圈的部分进行可说明和阐释。

关系生成与发展的公式:$E_S = \overbrace{E_A + E_B + E_C + E_D} + E_{新增}$

在这个阶段各办学主体投入自身拥有的核心能力,产生关系。但是,由于高校没有境外办学的基础和经验、政府没有出台具有可操作性的政策、企业和社会团体对境外办学的预期也持审慎的态度、企业出于悲观考虑撤退资金等情况,因此关系还处于起步阶段,还不具有稳定的关系。

（二）增值动力

增值动力是指在高校境外办学过程中,产生新收益、促使各办学主体继续合作的动力。各办学主体通过境外办学,要有新增的能量,要产生"1+1＞2"的收益,也就是说,要让各办学主体有利可图,这里的"利"指的是期望的收益,否则,没有必要继续维持关系。因此,境外办学过程中,逐步实现的预期收益,并且每个办学主体都能达到自己的预期收益目标,是推动高校境外办学系统向前发展的增值动力,是境外办学系统可持续发展的根本动力。表 2-3 对我国高校境外办学主体的增值动力进行了分析。

表 2-3　高校境外办学主体的增值动力

办学主体	增值动力	行　为	效　果
高校	实现扩大国际知名度、增强国际化办学能力、创造新的学术机会等	除了投入师资、课程、学生、知识产权之外,增加投入固定资产资金、设备等	因与其他办学主体核心教学资源的兼容性增加,关系更加稳固。通过境外办学平台的实践,实现扩大了高校国际知名度等预期收益
政府	实现国家或地方发展规划、服务行业或企业的境外发展、人才保障等	除了出台政策之外,还增加投入资金、保证生源等	保障环境,除了政策支持,还打造境外办学可生存的空间,即相应的法律环境、市场环境、文化环境的支持
企业	获得国际化人才、实现经济效益等	除了投入资金、设备之外,与高校共同设计课程、安排学生就业等	保障了境外办学的资金、弥补高校国有资产不能出境的缺陷、设计与市场结合课程、解决学生的就业问题等
社会团体	完成机构任务,传播中国文化,增进中外友好等	除了投入人脉、资源、行业规则,还与高校共同设计课程等	节省高校在境外申办等繁杂程序,提高效率;提供行业标准等

资料来源:笔者根据访谈资料整理而得。

从高校来说,推动其持续性地开展境外办学活动的动力是,在实施过程中,可以使母体高校获得扩大国际知名度、增强国际化办学能力、创造新的学术机会等收益,随着境外办学经验和资源的积累,与其他办学主体核心教学资源的兼容度增加,例如:在许可的范围内固定资产、资金的投入,与其他高校或者企业实施共同设置课程等措施,系统也变得越来越稳定。追加投入是为了获得更多的产出,即收益。

从政府来看,推动其持续参与或支持开展境外办学活动的动力是,实现国家或地方发展规划、服务行业或企业的境外发展、人才保障和智力支持等收益。随着高校境外办学影响力的增加,政府除了提供政策支持外,还会牵头打造境外办学的生存空间,例如:让有色金属行业带动数家高职院校一起走出去等举措,给高校带来了境外办学的机遇和空间。此外,还需提供法律对接服务等。政府的这些投入,为高校境外办学的持续发展提供了更好的发展空间,从而反过来可以实现政府的预期收益。

从企业来看,随着与高校合作的加深,从境外办学的开展中,可以获得企业国际化发展需要的国际化人才、长远来看可以获得经济效益等因素成为企业持续参与境外办学的动力。企业参与高校人才培养方案的设计、共同开发课程、安排学生就业等举措,深入到高校境外办学的管理中,可以促使境外办学机构(项目)紧跟市场需求,随时动态调整人才培养方案,应对市场竞争力,提高学生的国际社会适应能力。高校和企业核心教学资源兼容度的增加,意味着两者的联系更为密切,合作优势更为凸显,关系更为稳定。

从社会团体来讲,随着与高校合作的加深,从境外办学的开展中,获得完成社会团体的任务、传播中国文化、增进中外友好、获得熟悉中外行业规则的国际化人才等收益成为社会团体持续参与境外办学活动的动力。例如行业职业教育指导、教育教学指导委员会等社会团体,它们与高校共同制定人才培养方案等举措,可以培养熟悉两国行业规则的国际化人才,具有重要的意义。当然它们拥有两国的人脉关系和资源,为高校境外办学的持续发展,高效迅速地扫清办学障碍,为顺利运作提供了保障。高校和社会团体核心教学资源兼容度的增加,意味着两者的联系更为密切,合作优势更为凸显,关系更为稳定。

上述对四类办学主体增值动力的分析,是对关系生成与发展的公式中画圈的部分进行可说明和阐释。

关系生成与发展的公式:$E_S = E_A + E_B + E_C + E_D + E_{新增}$

在这个阶段各办学主体在运作过程中,伴随着投入所产生的新增收益,成为办学主体的增值动力,推动着系统向前发展。即,在动力机制中,新增收益 $E_{新增} > 0$,才能推动各办学主体的继续投入和参与;若新增收益 $E_{新增} \leqslant 0$,没有产生新的收益,也就是没有实现预期收益,这个时候各办学主体可能持观望态度,保持不变或调整关系;若新增收益 $E_{新增} \leqslant 0$,也就是实现负的预期收益,对各办学主体的利益产生负影响,这个时候各办学主体可能持悲观态度,调整或解体关系。

通过上面的分析,要使高校境外办学主体的新增收益 $E_{新增} > 0$,实现"协同增益"关系稳定可持续的发展,还需要各方的努力,其中考量办学主体核心能力的互补程度,成为分析高校境外办学可持续运行的重要环节。高校境外办学主体核心能力的互补度是反映系统的内在相互作用关系,是体现系统结构和功能的重要特征,它对系统的收益形成与增长起到决定作用,正因为如此,我们想要增加高校境外办学系统的收益,维持运行的稳定性,就必须提高系统核心能力的互补程度,提高高校与其他机构之间的依赖程度和配合程度,减少不可替代性。下一节将基于办学主体核心能力互补关系分析对高校境外办学主体关系现状及存在的问题进行归纳。

第三节　高校境外办学主体存在的主要问题

上一节分析了办学主体开展境外办学的发生动力和增值动力,对高校境外办学关系的产生和维持有着重要的影响。而观察"协同增益"关系的稳定性,还需要对各办学主体的核心教学资源的互补程度进行分析。通过质性访谈资料分析发现,高校境外办学的办学主体主要涉及两个层面:一是母体高校内部的内主体,以及母体高校与外部机构产生的外主体。内主体主要指校级管理部门、二级管理部门和教学任务承担部门之间形成的办学内主体。二是外主体,主要指高校与其他高校之间、高校与政府之间、高校与企业之间、高校与社会团体之间形成的办学外主体。外主体关系是影响高校境外办学模式的主要关系,起着决定性作用。

一、高校境外办学的内主体及其核心教学资源

（一）内主体

内主体指母体高校内部围绕境外办学组成的内部主体。根据访谈材料提炼出，高校境外办学的内主体主要由校级管理部门、二级管理部门以及教学任务承担部门等三部分组成。

需要在全校范围内统筹师资，境外办学不再是学校内部某一个学院的事情了。你像现在在香港、澳门，我们办的这些境外的学位项目，很多事只放在我们教育学院，没有实现全校范围内的资源统筹，有时候感觉力不从心。（M22）

国际处它就像一个平台，然后向全校辐射，把师资需求情况跟相关学院沟通，现在学院分的也很细，实际上有的境外办学专业需求可能是跨学科的，所以，在全校范围内统筹相对也会好一些，也会影响我们往外走出去的节奏，特别是一些高层次的。（M1）

我们根据每一块，在校内实施归口管理，承担教学放到各教学单位，统筹在国际处。如一些政策的把握，还有申报，都统筹到国际处。（M22）

可以看出，大多数学校统筹归口管理在国际处或国际教育学院，承担教学在学校的教学单位，也就是院系。政策的把握、申报，统筹还是国际处或国际教育学院。反复出现的"统筹"这个词，说明"统筹"管理在高校境外办学内部关系的形成和稳定发展起着重要作用。

（二）内主体的核心教学资源

这三个部门的核心教学资源（投入境外办学的核心能力）主要是：

1.校级管理部门的核心教学资源

校级管理部门主要指校长等具有最高决策权力的部门，对学校未来发展和长期规划具有决策权力的管理者组合。在境外办学系统中，校级管理部门的核心教学资源主要围绕境外办学的领导者决策力、工作规划等。

2.二级管理部门的核心教学资源

二级管理部门是执行上级决策的部门，例如高校的国际处、外事处、人事处和教务处等部门。人力资源部制定和实施派出教师的福利待遇和工资收入。国际处或外事处制定和实施境外办学相关政策文件，办理外

派教师的签证等。在境外办学系统中,二级管理部门的核心教学资源主要围绕境外教学的具体政策、执行力度等。

3.教学任务承担部门的核心教学资源

教学任务承担部门主要是指具体承担境外办学教学任务的部门,例如各学院、继续教育学院等。在境外办学系统中,教学部门的核心教学资源是提供围绕境外办学的课程、师资等。

通过访谈了解到,最理想的内部关系是二级管理部门(国际处)发挥重要的平台作用,具体执行"统筹"的功能,起着"承上启下",辐射全校的重要作用。然而,现实情况运行并不顺畅,因为很多高校的教学部门也是二级部门,与国际处等属于同级单位,并不是上下级关系,因此很难发挥"统筹"的作用。

我们学校涉及很多部门,华文学院、继续教育学院、法学院等,还会涉及国际处、发展规划处等,很多部门都有介入,到最后要统筹的时候就找不到人来负责,这是一个很大的弊病(M2)。

因此,高校境外办学的内部关系亟待解决的问题,主要集中在打造"统筹"管理的平台,为了提高内部主体之间关系的稳定性,在处理高校内部参与办学部门之间的协同增益关系时,应该建立统筹联盟机制等消除办学主体在境外办学运行过程中产生的阻尼因素,发挥激励因素,形成稳定发展的系统。

二、高校境外办学的外主体及其核心教学资源

(一)外主体

外主体指母体高校与外部机构组成的外部主体,根据现有状况,外部机构的种类比较复杂,前面的章节已经分析出了外部主体主要有其他高校、政府、企业以及社会团体等。

(二)外主体的核心教学资源

1.其他高校的核心教学资源

当我们的母体高校选择的合作对象是其他高校(主要是境外高校)时,是同质性的办学主体,境外高校的核心教学资源主要表现为课程、师资、学生、教学设施等。由于办学主体之间核心教学资源的同质度最高,因此满足了必要条件;且拥有近似的动力,能量大于零,满足了充分条件,

关系成立。

2.政府的核心教学资源

当我们的母体高校选择的合作对象是政府时,是异类办学主体之间的合作,看似不匹配的异类,但是究其根源,政府和高校的核心教学资源可以归纳为境外办学的资源,政府投入政策、教学设施等境外办学必要的资源,从这一点来说它们的核心教学资源是可以兼容的,满足了必要条件。此外,在当前国际化发展能量的驱使下,政府和高校的关联度得到加强,相互作用形成的能量将大于零,满足了充分条件,关系成立。

3.企业的核心教学资源

当我们的母体高校选择的合作对象是企业时,也是异类办学主体之间的合作,企业投入资金、教学设施等境外办学必要的资源,因此企业和高校的核心教学资源可以归纳为境外办学的资源,从这一点来说是可以兼容的,满足了必要条件。此外,在当前企业积极投入境外投资发展,高校积极投入境外办学发展,在国际化发展能量的驱使下,企业和高校的关联度得到加强,相互作用形成的能量将大于零,满足了充分条件,关系成立。

4.社会团体的核心教学资源

当我们的母体高校选择的合作对象是社会团体时,也是异类办学主体之间的合作,社会团体投入学生、行业规则、人脉等境外办学必要的资源,因此社会团体和高校的核心教学资源可以归纳为境外办学的资源,是可以兼容的,满足了必要条件。此外,社会团体目前追求的提高国际影响力等能量,与高校的能量相契合,在近似的能量的驱使下,社会团体和高校的关联度得到加强,相互作用形成的能量将大于零,满足了充分条件,关系成立。

(三)高校与外部主体之间资源协同互补关系

根据访谈可知,高校与其他机构之间通过教学资源的互补与兼容,形成境外办学的合作关系。例如,我国高校与国外政府的合作:

复旦大学2017年12月和匈牙利中央银行以及一所匈牙利布达佩斯的考文纽斯大学签署了协议,主要起推动和协调作用的是匈牙利中央银行,提供了教学场地。匈牙利央行扮演了复旦大学与纽文考斯大学之间的一个桥梁。它不仅是一个桥梁,还提供很多支持,主要有:一是经济上的支持,布达佩斯教学点就是央行提供的教学楼,还有奖学金支持;二是生源上的支持,布达佩斯教学点的教学对象就是央行中的高端政府官员;三是当地师资的支持,在匈牙利央行还要管理高等教育领域,因此拥有一些高级别的经济学家和社会学家智库,我们的高水平师资和他们智库师资,形成一个"智囊团"共享机制;四是人脉资源的支持,央行的行长跟复旦大学的管理人员关系非常好,是该项目合作重要的点和契机。与政府的关系是当在境外办学出现困难和阻碍时,政府的角色可以去撬动一些普通合作机构无法实现的事情,例如,推动国会出台一些政策文件,以及获得审批等,政府起到一个非常大的作用。(M20)

一方面,我国高校的核心教学资源是课程、师资和学生,而政府的核心教学资源是提供培养人才的资源,如资金、生源、人脉等,而这些正是我国境外办学的高校所缺乏的核心资源,因此政府和我国高校形成了资源互补,达成了合作的条件。另一方面,我国高校和政府合作至少有一个核心教学资源是兼容的,就是培养国际化人才,满足合作的另一个条件。因此高校和政府等其他机构的合作必须满足教学资源的互补且兼容,才能达成合作办学的目的。

从这个案例可以知道,母体高校和政府通过相互协作,能够产生各自预想的收益,实现协同发展的目的。当不存在母体高校和境外政府的关系时,母体高校只能依靠自身的力量,去打通境外的办学渠道,需要获得境外政府和教育管理部门的认可等,成功的概率会大打折扣。一旦不被认可,母体高校只有放弃在境外办学的机会。而母体高校与政府的合作,无论是我国政府还是境外政府,将减少很多行政手续上的烦琐,获得更多的绿色通道。此外,政府通过此关系获得母体高校为其培养优质国际化人才的收益,同时也能增进两国互通、互融的目的。

从上述对办学主体的分析可以看出:(1)我国参与境外办学的高校,就目前统计在册的全部都是公立大学,包括"双一流"大学、普通高校、高职院校等。(2)当我们"走出去"实施境外办学的时候,合作对象的性质是多元化的,既有当地的公立大学,也有私立大学、培训机构,甚至企业、社会团体等。(3)办学主体不局限于两者,可以有多个办学主体同时存在。(4)办学主体之间不一定是同类,也可以是异类,决定关系的内在性质及其变化的因素是核心教学资源。核心教学资源的相互兼容表现出办学主体之间的合作程度,它决定了模式、系统的稳定性。

高校与多元办学主体之间在一定的环境中以一定的模式形成相互依存的多层级嵌套型关系,本节主要从两个层面分析办学主体关系:一方面是高校系统内部的发展,称之为内部关系;另一方面是高校与外部高校、政府、企业、社会团体的发展,称之为外部关系。从高校境外办学历史梳理可以看出,我国高校境外办学的办学主体,在高校境外办学系统,当能量驱使母体高校努力寻找、搭建一个关系,以实现境外办学的目的之际,首先要明确如何合理地选择办学主体,决定了关系的可持续发展。

三、高校境外办学主体的稳定性及存在问题的分析

通过办学主体核心教学资源的分析,我们已经清楚地认识到办学主体之间如何形成一段“羁绊深厚”的关系,但是,即使是从“羁绊深厚”展开的一场关系,也不一定能够持久地维持住这段关系。事实上,对高校境外办学系统稳定性影响最大、最直接的因素是能量的分配,因为它直接关系着高校及机构之间的收益(利润)分配和发展态势,具体来说包括能量 (Es) 与损耗 (Ec) 的关系及分配情况的理想状态 $Ks = \dfrac{Es}{Ec}$。在高校境外办学系统理解为各办学主体的收益(利润)和消耗(投入)的理想比例,而实际常常出现的情况可能是办学主体对自己的付出和收益感到不对称、不满意,呈现偏离理想状态 $Km = (1 + a) Ks$。当 $Ks \neq Km$,表明系统处于非理想状态,要经过适当的调整,否则系统无法维持或者解体。[①] 因此要分析偏离理想状态关系中的影响因素,消除不利因素,使得 $a \rightarrow 0$,实现理想状态 Ks。综合前面对办学主体的分析,归纳出以下因素,如表 2-4 所示。

---

① 袁纯清. 共生理论:兼论小型经济[M]. 北京:经济科学出版社,1998.

表 2-4　影响办学主体关系的激励因素和阻尼因素

办学主体	核心教学资源（投入）	期望（收益）	激励因素 $a \downarrow$	阻尼因素 $a \uparrow$	亟待解决问题/调节方向
校级管理部门	发展规划政策、筹措资源能力	扩大学校国际知名度等	办学主体之间成正向对称影响关系；全校统一意识；全校范围内统筹师资；校级部门总体统筹规划；二级部门发挥平台辐射作用	办学主体之间不对称、没有实现预期收益；只是某个学院的事；没有人统筹；领导执行力弱	如何搭建高校内部有效的统筹规划机制
二级管理部门	具体实施规划、制定福利待遇保障制度	顺利完成校级管理部门任务			
教学任务承担部门	培养师资、制定培养方案、承担教学任务	提升国际化教学能力、培养国际视野人才、新的学术机会等			
高校	课程、师资、学生、资金、设备、教舍等	扩大国际知名度、新的学术机会等	办学主体之间成正向对称影响关系；政策充分支持；经费充足支持；教学资源支持；人脉支持	办学主体之间不对称、负向影响关系；没有实质性支持；过度依赖合作机构；话语权削弱；办学主体没有实现预期收益	如何搭建平衡办学自主权与办学主体利益关系、公益性和营利性并存的均衡机制
政府	政策、人脉等	实现国家及地方的战略部署等			
企业	资金、设备、教舍、学生等	人力资源、经济效益等			
社会团体	国际规则、人脉、学生等	文化传播等			

资料来源:笔者根据访谈资料分析整理而得。

　　从内主体分析,影响高校境外办学的激励因素主要有:办学主体之间成正向对称影响关系,校级部门、二级部门和教学部门之间具有互相正向同等影响力,任一部门针对境外办学的措施或改变,其他部门积极响应并主动对接改变自己,配合完成境外办学工作;全校对境外办学具有统一的意识;全校范围内统筹师资,避免教学资源不足或教学资源过剩等现象;校级部门发挥统筹规划作用;二级部门发挥平台辐射作用等,这些因素成为高校顺利实施境外办学的重要因素。另一方面,导致高校内部境外办学实施困难的阻尼因素有:内部相关部门之间不对称、消极的影响关系,也就是说校级部门、二级部门和教学部门之间不协调,互相不配合的状态;境外办学只是某个学院的事;没有人统筹;领导执行力弱等,特别是从收益角度来分析,作为具体发挥统筹重要平台作用的二级部门其实从学校内部来讲,并没有直观可见的收益来激励它积极投入此项工作,这些因素导致了高校内部开展境外办学运作不顺畅。

从外主体分析,影响高校境外办学的激励因素主要有:办学主体之间呈正向对称影响关系,高校与其他高校、政府、企业和社会团体之间具有相互同等正向的影响状态时,任一机构针对境外办学的措施或改变,合作中的另外机构都会积极响应并主动对接改变自己,配合完成境外办学工作;从外部获得的政策支持、经济支持、教学资源支持、人脉支持等很好地弥补了高校某些能力的不足和瓶颈;此外,民营企业灵活性高、变通性强等,这些因素成为高校与外部机构合作实施境外办学的重要因素。导致高校内部境外办学实施困难的阻尼因素有:办学主体之间不对称、负向影响关系,高校与外部合作机构之间不协调,互相不配合的状态;外部机构没有提供实质性支持;高校过度依赖合作机构;高校的话语权被削弱等,这些因素导致了高校与外部机构合作开展境外办学时将运作不顺畅。

综上所述,通过对质性材料的实证分析和理论分析,明晰了高校境外办学的办学主体随着发展阶段的不同,呈现出从单一向多元主体方向发展的趋势。对于现阶段多元主体合作的模式,作为理性的母体高校,在选择合作机构时,应该要理性地考虑互补性和不可替代性等优选原则,以及考量合作方之间的社会责任、精神共鸣的契合度,办学基本能力的具备程度等。即使是非常匹配的办学主体,如果没有激发参与境外办学的动力,也不能发生和维持办学主体之间的关系,通过协同增益的视角,分析了激励办学主体参与境外办学的发生动力和增值动力及其对关系稳定性的影响因素。研究发现,为了实现关系的稳定性,必须提高办学主体之间的互补程度,减少相互的可替代性,才能产生最大的预期收益,形成可持续发展的动力。就存在的问题来说,办学主体核心教学资源的互补程度有待提高、办学主体的动力不足、缺乏有效的统筹协调机制,以及办学主体之间收益分配不均衡等问题。

第三章　我国高校境外办学的办学模式

▶▶▶

　　办学模式是研究整个高校境外办学系统运行的关键部分,是影响高校境外办学形成协同增益关系的关键因素,本章通过定性研究方法对现状进行阐述,并利用理论的分析工具分析出办学模式中亟待解决的问题。高校境外办学模式是指办学主体在境外以何种形式或方式开展教学活动并创造新的收益。本章主要从分析影响高校境外办学模式的核心能力出发、从行为模式角度看境外办学的融资模式类型及现状、从组织模式的角度看境外办学的教学界面模式类型及现状,基于系统进化原则分析高校境外办学模式存在的问题。

第一节　影响高校境外办学模式的核心能力

　　核心能力反映了一个组织的主要能力,在竞争中处于优势地位的强项。高校境外办学系统的核心能力主要有师资力量、课程建设、学生情况及运作资金等教学资源与能力的组合,是境外办学最基础最核心的部分。办学主体由自身所拥有资源状况决定办学模式,并围绕这些资源构建自己的办学能力体系,以实现自己的竞争优势,因此,核心能力对境外办学模式的类型和稳定性都具有重要影响。

一、师资力量

　　高校最核心的竞争力是师资,必须有高质量的师资才能保证境外办学的声誉和品牌。厦门大学中外合作办学研究中心主任林金辉教授,在解释师资力量在跨境教育领域中的重要性时,形容它为"牛鼻子",跨境教育要厘清头绪,破解难题,要紧紧牵住师资质量这一"牛鼻子"。[①] 说明了师资的重要性地位。就目前而言,高校境外办学师资充分利用国内及目的地国(地区)的优秀师资和管理人员承担专业教学及行政管理工作。

(一)师资来源构成

通过对访谈资料的分析,我国高校境外办学的师资来源,主要是本校派出教师及管理人员、招聘本土教师及管理人员和全球招聘教师等三种途径。教育部委托的《高校境外办学指南》调研组开展的一项调查研究,显示了高校境外办学的师资构成比例[②],如图 3-1 显示。

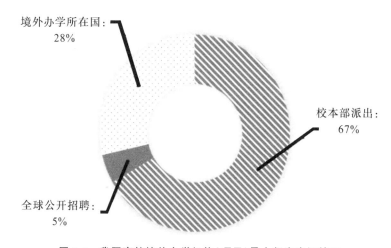

图 3-1　我国高校境外办学机构(项目)最大师资来源情况

资料来源:高校境外办学研究课题组.高校组调研报告[R].北京:中国高等教育学会,2018-12-07.

我国高校境外办学师资最大来源情况为,母体高校本部派出的占到67%;主要从境外办学所在国聘用的占到 28%;而主要采用全球公开招

---

①　林金辉.中外合作办学的"牛鼻子":师资质量[N].人民政协报,2016-08-24(9).

②　高校境外办学研究课题组.高校组调研报告[R].北京:中国高等教育学会,2018-12-07.

聘方式的仅仅占 5%。可以看出,大部分高校的最大师资来源主要都是从母体高校派出,因此,我国高校的师资水平代表了高校境外办学的师资水平。对师资现状的把握,挖掘影响师资力量的关键因素,是提升我国高校境外办学的师资水平、打造有力的境外办学师资力量的重要途径,是分析境外办学运行机制的一个切入点。

1.本校派出教师及管理人员

为了完成高校在境外办学的教学任务,高校通常的做法是根据人才培养方案的教学需求,组织派遣本校国际化教学能力较强的高学历、高职称专业教师承担境外办学机构(项目)海外教学任务。从派出的师资规模来看,最少的学校每年派出 1~2 人,最多的学校每年派出 20~30 人的规模不等。

开设初期的专业均是本校办学经验丰富,师资力量较强的优势专业,派遣高学历、高职称专业教师承担基础通识课程及专业课程教学工作。(M15)

根据共同制定的培养方案需要,引入相应专业高水平教师队伍,逐步建立国际化师资团队,我校先后派出 5 位专职且有相关专业背景和教学管理经验的教师赴该机构任教和参与管理工作。(M7)

我们的境外办学项目师资配置情况,主要教师共有 15 人,境外办学点常驻人员 4 人(包括 3 名常驻汉语教师和 1 名项目负责人)。派遣教师方式主要是根据整体的专业课程设置和当年的教学大纲与越方合作单位协商后按学期派出具体的课程,我校承担的部分再派出相应专业的教师前往越南进行一个学期的教学。(M8)

本校派出师资,不仅是从质量保障的角度,有些学校还谈到是从办学成本的角度来考虑的。

从学校派教师到境外办学的项目,有一个好处是国内工资加海外教学工作补贴的薪酬模式能减轻境外办学机构(项目)办学过程中的人力成本压力。(M20)

一些有较长时间办学经验的学校,在选拔优秀教师方面,已经制定了一套比较完善的选拔流程和审核机制,对境外办学的教学质量起到保障作用。

我们选派师资到我们的境外机构教学的方式是,按照教学安排制定并公布教学需求计划,严格按计划选派教师赴海外任教。有意赴海外任教的教师向学校提出书面申请或境外办学机构向国际工商学院提出人选,国际工商学院本科教学指导委员会对申请者进行审核,并将审核结果及时通知申请者。(M12)

从上述材料分析可以看出,本校派出教师及管理人员具有以下特点:(1)派出本校选拔出来的优秀师资和管理人员承担专业教学及行政管理工作,既能够有效保证教学质量,也能够有效实施境外机构或项目的日常管理;(2)完全在境外或全球招聘师资,人工成本带来的压力是巨大的,而派遣本校教师,国内工资部分大大缓解了这个压力;(3)当合作机构是高校时,共同制订教学计划,共同安排师资,派遣师资的压力减少的同时,也会带来师资力量掌控自由度下降,从而产生对教学质量保障的担忧。

2.招聘本土教师及管理人员

通过访谈,许多学校纷纷反映,根据输入国(地区)高等教育政策规定,境外办学机构(项目)开设专业基础的通识基础课更适合采用当地语言授课,于是一部分境外办学机构(项目)的师资是从当地大学或当地聘请部分兼职教师承担教学工作。

我校境外办学的师资分国内派遣师资和境外本土化师资,在缅甸当地培养了大批本土汉语教师,部分已获我国的学士、硕士、博士学位,这些本土教师能承担语言教学任务,专业及技能的教学任务由本校选派,部分实操性很强的教师由校企合作的"双师型"教师选派。(M9)

我校境外办学的师资是充分利用国内及柬埔寨的优秀师资和管理人员承担专业教学及行政管理工作。(M15)

从上述材料分析可以看出,当地招聘教师及管理人员具有以下特点:(1)当地教师主要承担符合输入国(地区)要求的通识课程,或者非专业课程,核心专业课程由本校派出教师承担,以保证教学质量。(2)当地招聘常驻的管理人员,有利于减轻本校派遣教师常驻当地的压力。

3.全球招聘和培养教学团队

根据教学科研及办学管理工作的需要,从全球高校教师或研究生中招聘和选拔素质优良的青年教师担任境外办学机构(项目)的教师,并积极打造培训平台,根据海外办学教学及管理岗位的专业技能需要组织参加国内和国际高校交流培养,充实境外办学师资队伍。就目前来讲,采用这种方式招聘师资的学校属于凤毛麟角,一般只有境外分校形式存在的境外办学机构才有此能力和吸引力。

北京大学汇丰商学院英国校区在英国组建了一个教师团队,聘有英国校区的教务主任,师资队伍接近40%是全球的外国教师,像有意大利老师、有土耳其老师、有美国老师等通过全球招聘的教师队伍;厦门大学马来西亚分校的师资构成情况是我国招聘的教师占到1/3、输入国(地区)当地招聘的教师占到1/3(教授马来西亚历史、马来文等课程)、从其他国家(地区)招聘的教师占剩余的1/3,至少80%的人需要拥有博士学位。(JDFT-YN-2018.5.17)

从上述材料分析可以看出,全球招聘教师具有以下特点:(1)母体高校需要在国际上有一定的知名度,没有知名度吸引不到优秀教师;(2)全球招聘教师成本相对较高,必须是具有一定经济实力,资金充足,具备一定资金自由度的高校才能够实现。这里提到的两所学校,一是北京大学汇丰商学院英国校区的管理学校是北京大学深圳研究生院,它下属的公司提供了必要的资金支持。二是厦门大学马来西亚分校,其在校学生人数2019年4月已达4600人的规模[①],2021年1月增加到5799人的规模[②],稳定的生源使得该校在资金上较为充足。表3-1是江苏省高校境外办学的师资来源情况。

表 3-1 江苏高校境外办学的师资来源情况

高校名称	师资来源
南京中医药大学	校内选拔、培养当地师资
苏州大学	校内选拔、培养当地师资、聘请输入国(地区)大学教师作为兼职教师
南京晓庄学院	校内选拔、培养当地师资
常州信息职业技术学院	校内选拔

---

① 方晓.厦门大学马来西亚分校:中国高等教育走出去的先行者[C]."一带一路"高等教育论坛,厦门,2019.

② 厦门大学马来西亚分校简介[EB/OL].(2021-01-05)[2021-04-01]. https://edu-fair.fsi.com.my/xmumalaysia.

续表

高校名称	师资来源
江苏工程职业技术学院	校内选拔、与当地大学合作
无锡商业职业技术学院	校内选拔、公开招聘
江苏建筑职业技术学院	校内选拔、培养当地师资
江苏经贸职业技术学院	校内选拔
南通航运职业技术学院	校内选拔、企业技术员
江苏海事职业技术学院	校内选拔
南京工业职业技术学院	校内选拔

资料来源:高校境外办学研究课题组.省厅组调研报告[R].北京:中国高等教育学会,2018-07-22.

表3-1反映了江苏省境外办学的高校师资来源情况,全部11所高校都有派出本校师资,占到100%;有5所高校除了派出本校师资,还积极培养当地师资,占其中的45%;有1所高校的师资除了校内师资,还聘请了企业技术员,占9%;有1所高校的师资除了校内师资,还实施了全球公开招聘的方式,占9%。江苏省的案例,反映了本校教师是主要师资力量来源的现实情况。

(二)师资派出方面存在的困难

高校境外办学研究课题组的调研结果显示,有33所学校同意或完全同意"我校境外办学机构(项目)师资力量总体良好",占总比例的78.57%。其中,有25所学校表示"与国内本部相比,我校境外办学机构(项目)师资力量基本相同",占总比例的59.52%。这就说明,约有40%的学校认为,师资力量与国内高校的师资力量水平有差异。这一差异不仅体现在质量上,也体现在数量上。仅有24所学校表示,"我校境外办学机构(项目)师资充足",这就意味着另有42.85%的高校面临着师资数量的问题。有21所学校表示,"我校境外办学机构(项目)师资队伍建设存在一定的困难",占总数的50%。

可见,在师资队伍建设上,开展境外办学的许多高校面临这诸多问题,主要呈现出师资匮乏、政策障碍、经费不足、机会成本高等困难。

1.师资匮乏

能担任境外办学机构(项目)授课的师资缺乏,师资队伍建设压力大。高校境外办学全英文授课对教师语言能力要求比较高,同时具备较高专业素养和英语表达能力的教师本身数量就不多,因而师资缺口是各核心能力中最为突出的问题。大多数学校均表示向境外办学机构(项目)派遣教师的压力比较大。

国内派一个老师出去的机会成本太高。如果能够全英文授课,说明老师水平很高,他去外面国内的人脉、资源就没了。所以境外办学虽说主要靠教育情怀,但继续走下去还是需要靠市场经济机制,也就是说教育情怀加经济相结合的方式激励老师。但是这很难,因为毕竟还有家庭的因素,即长期离别不现实等很多因素,所以我们现在就会理解,老外到我国为什么这么难,所以未来我们还是积极培养当地的师资。(M19)

这些原因,导致高校教师赴境外参与教学工作的动力不足,师资的选派较为困难,高校境外办学一线工作人员往往面临人力资源不足的问题。主要原因有二:一是拟赴办学国家经济实力相对较差,条件比较艰苦,且安全环境恶劣,教师赴该类国家授课的意愿不强;二是学校相关专业教师在学校已有固定的授课课时和教学任务,并且在国内就可认定专业资格评职称,对赴境外授课缺乏积极性。

2.政策障碍

由于出国管理政策的严格,教师签证困难,缺乏适量的自主权,教师无法按照教学安排及时派出,并且自愿申请驻外的教师较少,一些省级外事管理部门对地方高校教师出境的管理比较严格,对学校年度出境教师总人次、教师年境外出差天数和次数都做出了过于严格的规定,导致一些高校教师申请不到签证或多次往返签证,出国授课困难。例如,云南财经大学提出教师出境困难是境外办学面临的最大难题,2017年该校曼谷商学院由于派遣不出教师而停办一年。

目前,高校境外办学工作人员和教师的出入境手续办理非常烦琐,对高校境外办学造成了一定的障碍。一方面,公立高校的教职工作为事业单位成员,凡出访人员因工作或学习需要,使用国家或单位、个人或邀请方经费赴国外参加会议、任教、访问、合作研究、学习等相关公务活动的,均应按因公出国管理,按因公出国办理审批手续。《关于进一步加强因公出国(境)管理的若干规定》(中办发〔2008〕9号)和《因公临时出国经费管理办法》(财行〔2013〕516号)规定了因公出国(境)的计划报批、任务审批、预算管理、联合检查制度,强调了因公出国的经费预算、经费管理与经费监督。各个高校又根据中央文件要求,制订了各自的因公出国(境)审批与管理规定,对因公出国的条件、出国时长、出访团规模、审批程序等都做出了较为严格的限制。这导致境外办学相关人员出国(境)报批与审批程序往往非常烦琐且周期较长,在境外的停留时间、高校内部因公出国人员的数量等方面也受到诸多的限制。此外,高校办学外事自主权的不足也是影响境外办学发展的因素之一,因为签证管理的严苛,有时申请不到签证或多次往返的签证,导致无法顺利派出教师。

为深化国际交流,中共中央办公厅、国务院办公厅转发了中央组织部、中央外办、外交部、教育部、科技部、财政部在2016年联合发布了《关于加强和改进教学科研人员因公临时出国管理工作的指导意见》的通知,提出对高校和科研院所的特定对外学术交流合作实施区别化管理,优化审批程序。然而,文件将学术交流合作限定为"开展教育教学活动、科学研究、学术访问、出席重要国际学术会议以及执行国际学术组织履职任务等",并未覆盖参与高校境外办学的教职工人员。

3.经费不足

很多学校反映,师资问题其实归根结底是资金的问题,高校常常面临师资派出的经费困难。因为,多数学校都是自费派出专业教师,随着学生人数的增加,专业的拓展,资金来源问题凸显。资金不足的问题是掣肘高校境外办学发展的一个重要因素,在本节第四部分重点探讨,此处略过。

4.教师的机会成本高

高校教师到设在发展中国家的境外办学机构(项目)授课或担任管理工作,出国期间的收入一般会低于在国内工作的总收入,经济上的潜在损失导致教师外派的积极性不高。此外,教师在境外工作时,其职称晋升、生活待遇方面也存在制度性障碍。2005年教育部、财政部发布了《国家公派出国教师生活待遇管理规定》(教财〔2005〕16号),为在境外工作的教师提供了各种优惠与扶持,例如:实行国外工资,在医疗、住房、交通等各方面提供补贴,提供工作安置费,参与国内职称评定,且在国外期间的教学工作量按国内满教学的工作量计算等。但这仅仅适用于"根据中国政府对外文化、教育交流协议和双边协议选派出国长期任教(指在国外工作两年或以上)并由中国政府提供资助的出国教师"。目前尚未有建立完善的外派教师相关的生活保障或与职业发展相关的管理制度,不利于激励教师的积极性。教师面临工作、职称晋升和家庭责任的压力,出国任教或管理的积极性不高,有的学校不得不做出一些学科的教师如果要晋升职称必须有一定期限的国外任教经历的规定。

虽然,高校要想境外办学,师资派出方面存在诸多困难,但是有的学校还是表现出了乐观的态度:

我认为师资不是问题,主要还是机制没有建起来。关键在于行动,我们现在的老师没行动。一旦老师遇到在科研和教学之间取舍的时候,是要先自我培养,不是培养学生而是培养自己。像高校的老师首要的任务是培养自己,自己职称上去了,自己文章出来了,自己课题拿到了,再谈培养学生。所以在这个过程当中,就是先培养学生还是先培养自己这个问题实际上是困扰我国高等教育很大的一个困惑,现在的老师考核机制没有给他培养自己的这种空间。但是,环境允许你不培养自己吗?你不培养自己你就落后了。那就只好培养自己,培养自己时你能去培养学生吗?你没时间、精力以及感情投入。(M19)

所以完善针对师资的激励机制才是关键。需要学校高度重视师资队伍建设工作,学校领导亲自部署和主持师资队伍建设工作。积极开展教师的培训工作,特别是加强现代教育技术、实践能力、创新能力的培养,提高教师在教学中主动利用现代教育技术、积极创新的意识,为提高师资水平,激励教师积极性实施必要的措施及努力。

(三)影响师资力量的因素

从师资来源分析,我们已经知道本校的师资水平代表了高校境外办学的办学水平,而办学水平又会影响办学主体实现预期收益,影响境外办学体的稳定性和发展趋势。因此,分析影响师资力量的因素是至关重要的。

1.个人能力

高校境外办学对外派教师的要求高且复杂,之所以复杂,是因为能够担任境外办学教学及管理任务的教师,不仅需要有过硬的专业知识,还需要有跨文化交际能力,尤其是要有独立适应新环境、发现新问题、提出新办法的应变能力,同时最需要的是强烈的使命感和责任感。因此,为了保证境外办学的办学水平,母体高校往往都要选派高学历高职称、双语能力强、专业水平过硬的教师前往,然而,这一类的教师职业生涯已经饱和,往往对业务上升的需求低,出去的意愿也低。愿意出去的老师,往往是还处在上升期的中青年教师,在有意愿的优质教师师资匮乏的情况下,高校常常会做出妥协,从而会影响到整个境外办学的师资力量。

　　2.师资待遇

　　根据访谈资料分析,高校境外办学师资的待遇基本上是采用国内工资加上境外生活补贴的模式,但是,由于目前国家针对这个问题,暂时还没有出台相关规定,导致高校往往难以把握境外生活补贴的尺度,很多学校只好参照孔子学院的标准制定生活补贴额度。表3-2是江苏省境外办学高校的境外办学教师待遇的一览情况,外派教师的待遇基本采取保留国内工资的基础上外加境外生活补贴的方式,境外生活补贴从3000元/(人·月)到20000元/(人·月)不等。①

表3-2　江苏省高校境外办学的师资待遇、规模及驻外时长情况

高校名称	师资待遇	师资规模及驻外时长
南京中医药大学	国内工资＋境外生活补贴(按双方签订的协议执行,按项目、职称)	短期:20～30人/年
苏州大学	国内工资＋境外生活补贴	5～10名行政人员,3～5名汉语教师,同时聘请老挝籍人员8名
南京晓庄学院	国内工资＋境外生活补贴(境外补贴参照国家公派人员标准)	长期:2人/年
常州信息职业技术学院	国内工资＋境外生活补贴[人民币3000元/(人·月)]	短期:1～2人/年
江苏工程职业技术学院	国内工资＋境外生活补贴[人民币8000元/(人·月)]	短期:4人/年
无锡商业职业技术学院	国内工资＋境外生活补贴[人民币5000元/(人·月)]	长期:10～15人/年 短期:10～30人/年

---

　　①　高校境外办学指南调研组.高校境外办学研究课题调研报告(江苏省)[R].北京:中国高等教育学会,2018.

续表

高校名称	师资待遇	师资规模及驻外时长
江苏建筑职业技术学院	国内工资＋境外生活补贴	长期:3 人/年 短期:6～8 人/年
江苏经贸职业技术学院	国内工资＋境外生活补贴[人民币6000 元/(人·月)]	短期:20～30 人/年
南通航运职业技术学院	国内工资＋境外生活补贴[人民币20000 元/(人·月)]	短期:10 人/年
江苏海事职业技术学院	国内工资＋境外生活补贴[人民币20000 元/(人·月)]	短期:5 人/年
南京工业职业技术学院	国内工资＋境外生活补贴[人民币10000 元/(人·月)]	短期:10 人/年

资料来源:高校境外办学研究课题组.省厅组调研报告[R].北京:中国高等教育学会,2018-07-22.

　　如果想吸引优秀的师资,去做这个事情的话,你一定要在后勤保障、待遇,包括职称的竞争,方方面面都要体现出学校层面支持的力度,这样才能够鼓励优秀的老师出去。如果老师去了以后,发现课程教学完成不了任务,科研又被耽误了,结果回来以后发现很多事情都被耽误了,那么后续还会有人再跟进吗?（M3）

　　师资待遇的高低直接关系到能否激发教师的积极性,教师到境外教学,会产生一定的机会成本,教师对可能获得的待遇是否能超过机会成本的衡量,将直接影响教师做出是否参与境外办学活动的选择,以及教学质量的保障情况。

　　3.驻外时长

　　根据访谈资料分析及表 3-2 的数据,外派教师的驻外时间都是以短期为主,长期为辅的派出模式。异国他乡环境的不适、跨文化的差异、家庭的羁绊等因素使得教师们不愿意长期驻扎在境外,只接受短期的外派模式。短期驻外模式使得教师交替频繁,从而会影响到整个师资力量和水平的稳定性。调研发现,需要派往亚洲和非洲国家的院校,目前普遍反映严重缺乏愿意长时间驻外办学的师资。因为这些国家与我国城市比较而言,整体经济及基础设施相对落后,高水平教师不太愿意前往,即使增加了境外生活补贴标准吸引力也并不明显。

二、课程质量

课程是高校开展境外办学的重要载体,是另一个重要的"核心能力",课程质量建设是保障教学质量的关键点和突破口。然而高校境外办学的课程质量建设面临更复杂的内外部环境,从内部要受到母体高校教学水平发展的影响,因为母体高校的教学水平直接影响了境外办学机构(项目)的水平;从外部要受到当地国政策法规、市场、社会文化等的制约,因此,境外办学活动不是简单的课程复制输出过程,需要考虑很多内外部的影响因素。本书的目的就是通过分析质性研究资料,探索影响课程质量建设的关键因素,从而提高高校境外办学运行的稳定性。根据研究结果,影响课程质量的主要因素有:学科专业的选择、培养方案的制定方式、教学方法的选择和课程质量的保障措施等方面。

(一)学科专业的选择

长期以来,境外办学的专业集中在汉语教学及中医教学,我国文化和我国传统医学很受欢迎。究其原因:一是由于我国高校境外办学除中医外,起步均较晚。二是高等教育"走出去"过程中,具有比较优势的一方向另一方输出的可行性更大。总体来看,我国的高等教育与发达国家相比暂时不具有明显的比较优势,而与发展中国家相比,比较优势相对明显。随着我国经济实力的增强、高等教育的能力不断提高,我们境外办学的专业类别慢慢地不再局限于语言类,其他专业类学科也越来越受到输入国(地区)的欢迎。图3-2是《高等学校境外办学指南》课题调研组对现有高校境外办学机构(项目)的办学专业情况的调查问卷结果。[①]

结果显示,现阶段高校境外办学的专业,语言类(汉语推广)专业占29%,而专业类专业占到71%,我们的境外办学专业不再局限于汉语和中医的状态了。究其原因,随着中国产业转型升级加快、科技创新能力的不断提升,随之高等教育质量也不断提高,越老越受到国际上的认可,除了传统的汉语和中医境外办学专业以外的专业对境外的吸引力逐步增强。同时,随着"一带一路"倡议的提出,我们有越来越多的中国企业赴国

---

① 高校境外办学研究课题组.高校组调研报告[R].北京:中国高等教育学会,2018-12-07.

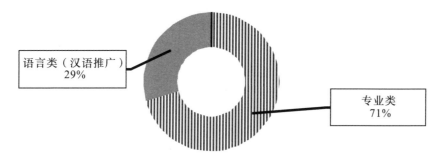

图 3-2　我国高校境外办学举办专业类型

资料来源:高校境外办学研究课题组.高校组调研报告［R］.北京:中国高等教育学会,2018-12-07.

外投资,这样的情况下,高校境外办学倾向于解决在境外中资企业的人才需求,因此专业设置就要和企业的人才需求结合起来。例如:江苏省高校境外办学的项目或机构主要涉及的专业类别分布情况为:中医药学(50％)、工学(17％)、管理学(11％)、经济学(8％)、文学(8％)、教育学(3％)和理学(3％),如图 3-3。[①]

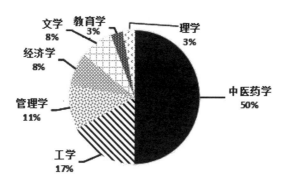

图 3-3　江苏省境外办学的项目或机构主要涉及的专业类别(2018 年)

资料来源:高校境外办学研究课题组.省厅组调研报告［R］.北京:中国高等教育学会的报告,2018-07-22.

---

①　高校境外办学研究课题组.省厅组调研报告［R］.北京:中国高等教育学会的报告,2018-07-22.

从图 3-3 可以看出,中医药学作为我国的传统优势学科在境外办学中始终保持着较大的吸引力。工学则随着输入国(地区)的经济发展需要,我国的企业和技术越来越受到当地的认可而得到较大幅度的增长。可以预计,未来工学领域还将随着"一带一路"沿线国家的经济发展需要,以及我国"走出去"企业的进一步增加而持续增长。管理学、经济学等学科和专业也会随着经济的发展而同步逐步增加需求。

如何选择合适的境外办学专业学科,专家认为:

高校境外办学专业设置应充分综合考虑学校自身办学专长、教育输出国(地区)人才培养与专业设置需求以及当地境外办学专业设置情况,合理设置专业。(P2)

根据访谈资料整理,目前主要基于以下几个考虑因素做出选择:

一是,举办契合于当地经济社会发展急需的人才培养方向,而当地相关教育层次和水平比较弱的专业。如昆明理工大学的清洁能源专业、云南交通职业学院的轨道交通专业等。输入国(地区)当前的经济社会的发展阶段很大程度上决定了他们对于引进教育的需求类型和层次。例如:江苏高校境外办学比较集中的输入国(地区)都处于工业化早期或中期,这些国家第一产业和第二产业占国民经济的发展比重较大,制造业大多处于起步阶段,需要大量能直接服务于生产、经营、管理一线的技术技能人才,因此对于先进职业教育资源的需求比较明显。

二是,举办中方办学经验丰富、教育教学体系成熟、具有比较优势的专业。如大连海事大学的航运专业、云南财经大学曼谷商学院的财经管理类专业等(如表 3-3)。

表 3-3 境外办学机构(项目)中比较优势专业的例子

学校名称	境外办学机构(项目)	与专业相关境外办学经验总结
大连海事大学	大连海事大学斯里兰卡分校	学科专业实力是办学关键,当地需求是基础
北京语言大学	北京语言大学东京学院	北京语言大学在汉语国际教育领域的资源优势是其在境外办学的基础所在

续表

学校名称	境外办学机构（项目）	与专业相关境外办学经验总结
江苏经贸职业技术学院	柬埔寨实训中心	我们学校电子商务专业是全国唯一的国家级教育。我们也是移动商务的教学资源口径学校。我们10年前的课程在"一带一路"国家就已经是先进的了
青岛科技大学	泰中国际橡胶学院	我们学校的专业强项是橡胶机械、橡胶化工。泰国因为生产橡胶，所以他们有很多这方面的需求。我们学校原来就是橡胶起家，称为橡胶黄埔
云南财经大学	云南财经曼谷商学院	我们财经大学的优势在管理学和经济学等专业

资料来源：笔者根据访谈资料整理而得。

可以看出，比起学校的综合实力，一些具有特色专业的学校更容易开展境外办学，因为，它们的专业品牌直接对境外带来了吸引力，而学科的优势也决定了学校的品牌。

我国电力的优势是安全，电力供应是最安全的，而且全国这么大一个国家联网，充分证明了它的安全性。所以尽管电力大学不如清华北大那样世界知名，但是它具有很强的优势学科，这就是我们境外办学的核心力量和竞争优势，是发展学校品牌，打响国际声誉需要认真思考的问题。(JDFT－CD－2018.5.22)

我校开展境外办学有一定的基础，我校的高等海事教育是被国际海事组织认定的世界上少数几所"享有国际声誉"的海事院校之一。2008—2010年，学校被推选为国际海事大学联合会轮值主席单位，彰显了我国高等海事教育的国际影响力，也彰显了本校品牌力。学校办学特色鲜明，是目前国际海事相关学科专业体系最为完整的大学之一。境外办学的输入国斯里兰卡是一个岛国，对航运、物流等领域的高级人才需求量很大。但斯里兰卡的高等海事教育水平却较低，因此它们引进高水准航海教育的需求特别强烈和迫切，我校的学科实力正好可以填补斯里兰卡高等航海教育的空白。合作也变得水到渠成了。(JDFT－CD－2018.5.22)

分析这些材料可以看出，综合实力强、世界知名大学固然具备境外办学的天然优势，然而世界知名度不高的特色专科学校，在契合了境外教育市场的需求的情况下,同样具有很强的境外办学优势。归根结底,需要解决的是教育供给和教育需求匹配的教育市场运行规则,到境外办学就要遵循这个运行规则。

三是,举办体现中国文化特色、联系当代中国经济和社会发展经验的学科。如北京大学牛津分校提供的聚焦于中国经济发展、企业管理和金融体系的 MBA、EMBA 项目,北京语言大学的中文和中国文化项目等。

四是,举办配合中国产业在海外的发展,为中资企业提供企业发展所需要的人力资源的相关专业。例如,南京工业职业技术学院与中国有色矿业集团总公司在赞比亚共同举办的相关专业等。

综上所述,从学科专业的选择来实现优质课程质量的方式,基于刚才分析的四个因素,可以归纳出在选择专业的时候,就是要做到"突出优势、匹配需求"的原则。首先认清自己的优势,不能出现农科院校到国外去办管理学专业的项目,即使是国外急需专业,也是不合适且不能保证课程质量的;此外,在认清自身优势的基础上,做到市场匹配,教育供给符合教育需求,做出正确的专业选择进行境外办学,才可获得长足的发展。

(二)培养方案的制定方式

在人才培养方案制定方式上,存在完全移植、结合当地需求修订和双方联合制定的三种情况。

我们学校的教学大纲、课程教材、教法以及考试体系都非常成熟,可以完全移植到海外,实现国内国外课程及教学的同步。通过输出完整的课程体系、严格把控生源、严格教学管理、选派优秀师资等措施,切实保障了境外办学的质量。(JDFT-YN-2018.5.17)

开展"物流管理"理学学士学位本科"2+1+1"教学项目,其教学计划、教学大纲及教材均按照我校的教学模式和体系制定。(M11)

虽然,完全移植对课程质量能够起到保障作用,然而,完全移植的情况还是非常少见的。一般都要遵守输入国(地区)教育法规的要求,以及结合目的地国(地区)人才需求特征等因素来进行专业课程的设置调整。

这两种情况都有,其实主要看当地的需求。比方说我们的汉语教师培训的内容和课程培养体系,我们就是完全照搬过去的,而经济管理类的,可能就会融合当地的一些情况,比方说会考虑当地的经济跟我国之间的关联,发展经济等这类课程可能就会做一些改良。(M22)

教学计划肯定要调整,不可能直搬。因为,我们这边教育部规定基础课程、通识课程在境外完全不需要开,柬埔寨教育部有他规定的通识课程需要放进去,因此必须调整。当然专业核心课程,都是我们来制定的。(M16)

因为我们这边是双学位的境外办学项目,我方提供的是金融专硕,对方高校提供的是 MBA,两边的课程要对接融合,因为虽然都是商学院,两个课程在学术上其实各自偏向性不同,我们是比较偏向于经济、金融,对方比较偏向于管理方面,其实两边合作在课程上也是一个新的开拓吧,课程设置本身就是一个挑战,很多的课程不是照搬以前的课程模式,要重新设计。(M20)

此外,研究结果表明,某些学校联合"走出去"的中资企业共同建立了联合招生机构,共同制定招工招生方案、培养方案、权益保障等一条龙制度;企业在境内承担实习实训任务、在境外落实人员的就业,创新面向外国学生的现代学徒制度,即"招生即招工,毕业即就业"。

从上面的分析可以看出,影响人才培养方案制定方式的因素主要是:(1)遵守输入国(地区)教育法规的要求。各国的教育法规对通识课程等都有一定的要求,必须遵守输入国(地区)教育法规的要求,以及结合当地人才需求特征等因素来进行专业课程的设置调整。(2)依据人才培养的目标。人才培养目标决定了制定方式,例如,如果是为培养走出去的优势产能企业需要的一线熟练技术技能人员,那么培养的人才方案必须具备三个特征:懂当地语言也懂汉语,熟练掌握所需技术技能,理解中国思维和中国文化。为了培养这样的人才,最好的人才培养方案的制定就必须是高校和企业合作共同制定课程,才能保证人才培养的质量。在双方联合制定人才培养方案模式下,高校与合作机构之间共同制定课程标准、培养方案,使得合作基础打得更牢,互相信任度更高,高校境外办学系统更为稳定。

(三)教学方法的选择

高校境外办学的教学方法对课程质量的影响,主要从授课方式、教学语言和学习时间等方面去分析。

1.以集中式、讲座式授课方式为主

由于受签证政策、师资不足等因素的限制,我国大多数高校境外办学是采用集中授课,根据课程设置 2 周到 1 个月不等。此外,有少部分的高校采用讲座式的形式,不限于本校名师专家,在全球范围内聘请名师专家,以讲座的形式授课。

我们派出 3 位老师到境外办学项目所在国加纳进行授课,课堂教学安排 4 周,每位老师每日授课半天,各自完成 72 学时的授课任务。(M11)

我们不是派老师,不属于排课性质,完全是邀请名师,通过讲座方式授课。作为工商管理科目的老师,普通老师是不缺的,但是非常缺精英级别的好老师。我们为了保证教学质量和学校声誉,邀请在国际上比较知名的经济学、管理学等专家为我们境外办学机构授课。(M20)

跨境高等教育接收方输入国(地区)常常抱怨的"飞行教师"的问题,在我国高校境外办学的过程中也是存在的。

2.教学语言的掣肘

以汉语实施课程教学,是最能保障教学质量的方式,然而由于汉语的通用性的限制,高校必须根据输入国(地区)的实际情况,采取相应的语言进行教学。研究结果表明,从主要授课语言分类上来看,有英语汉语双语教学、本国语汉语双语教学、纯英语教学和纯汉语教学等四类。

学校与俄罗斯相关高校共建境外办学机构,在实际教学过程中主要以俄语和汉语为教学语言。但由于学生汉语基础较差等原因,教学效果大打折扣,也为课程体系、教材选用和翻译等带来一定难度。(JDFT-BJ-2018.6.8)

教学上,我们在柬埔寨的大学也涉及语言的问题,因为柬埔寨人的英语也不怎么样,我们去办学涉及教学用什么语言,如果用英语,我们这边可以派老师过去,或者在全球招聘英文授课的老师都可以,但是柬埔寨入学的学生英文并不好,我们用汉语教学的话,他们汉语不行,听不懂用柬埔寨语教学的话,当地人没问题,但是我们缺乏这方面的老师,小语种的师资,语言也是一个大问题。(M15)

因此,我国高校境外办学还面临着语言障碍问题。汉语教学和英语教学的师资相对来说,能够保证高学历高质量的教师实施课程教学,然而,一些国家的现实情况,需要用当地语言进行授课,要求教师既要懂当地语言,还要具备高水平专业知识,这成为保障课程质量的一个难点。

3.非全日制教学的影响

由于受到是否有校园或固定教学点的限制,很大一部分访谈中的高校在境外开展的教学活动,通常学习时间都是非全日制(part-time)的教学方式。

我们又不是全日制项目,因为全日制对校园的环境要求高,我们是做非全日制(part-time),如果想要做成全日制(full-time),必须有校园,所以项目的话,常常是非全日制的,比如我们在新加坡的项目,现在是跟别人一块儿做的。另一方面,如果是全日制教学的话,在当地收到的监管要求会更多。(M10)

综上所述,影响境外办学教学方式的关键问题主要是:(1)师资储备。师资力量的不足导致教学方式只能采取集中授课的方式,邀请名师的方式或许是提高教学质量的一个解决方法。(2)政策障碍。输入国劳务签证政策、我国出入境政策等政策障碍导致了教师只能以旅游签证等形式出境,只能短期内完成工作。各国的教育法规对通识课程等都有一定的要求,必须遵守输入国(地区)教育法规的要求,这就要求我们如何把握好师资、政策和质量保障之间的平衡。(3)教学平台。境外分校的形式是最有利于实施开展课程教学的办学平台,其次是有教学点化,如果是没有校园或固定教学点的,甚至是虚拟教学平台的情况,对课程授课质量的保障存在一定的影响。

(四)质量建设方面存在的问题

通过研究发现,高校境外办学还处于刚刚起步的阶段,在质量建设的诸多问题上,尚待形成"能复制、能推广"的成功经验,还存在一些需要克服的问题:

(1)人才培养模式滞后。境外办学的高校在管理海外分支机构(项目)的过程中忽视了国际市场的人力资源需求,继续使用本校的人才培训模式,仅凭借"资源定位"来确定境外办学的专业,这无法满足设在境外的机构(项目)对学生进行培训的目的,从而削弱了我国高校境外办学的吸引力和竞争力。此外,还存在在办学过程中,对人才培养模式进行反复"试错"和"探索"的情形。正是由于人才培养模式的滞后,一些境外办学机构(项目)呈现办学质量不高、生源不足,办学活动难以维持的现象。①

金华职业技术学院、云南财经大学等座谈高校反映,我国高校境外办学的学科专业优势不明显,学科专业分布及特色专业不平衡,学科专业团队建设不够。以金华职业技术学院为例,目前该校境外办学工作中面临的两个主要问题就是境外办学专业分布和特色专业不均衡、境外办学专业团队建设不够。对此,他们希望高校境外办学能够加强顶层设计,统筹国内外资源;高校境外办学专业能够精准对接本土需求,采取多样化办学;将东道主需求与学校优势相结合。所以,需要对输入国(地区)的政策有精准的把握。

(2)学分互换学历互认制度亟待完善。学历教育关系到颁发文凭的问题,主要存在颁发中方学历学位、境外学历学位、中外双方学历学位等几类。不同国家对高校入境办学学历学位认证的规定存在较大差异,对高校境外办学造成一定困难。这里存在两国之间学分互认、互换,协议达成的问题,目前我国与许多国家之间没有达成相关协议。就连一些老牌的境外办学分校或机构也纷纷反映,已经开展多年的境外办学项目也将面临学位互认问题。截至目前,教育部与58个国家和地区签署了学历学位互认协议,深入实施共建"一带一路"教育行动,加强同共建国家教育领域互联互通,建设了23个鲁班工坊,启动了海外中国学校建设试点②,此举进一步强化了我国与其他国家教育的互联互通与合作。但是,仍然有许多国家和地区尚未与我国达成学历学位互认协议,这影响了我国高校境外办学的发展。由于各国学位制度的差异,我国高校无法授予与目标国家相对应的学位,这也造成了许多问题。

---

① 李淑艳.我国高校境外办学:特点、问题与推进策略[J].高校教育管理,2019,13(1):98-103,124.

② 郝孟佳.教育部:我国已与58个国家和地区签署了学历学位互认协议[EB/OL].(2022-09-20)[2022-09-29]. http://www.moe.gov.cn/fbh/live/2022/54849/mtbd/202209/t20220920_663310.html.

三、学生情况

我国高校大部分境外办学机构(项目)的学生规模从几十人到几千人不等,规模整体偏小。图 3-4 所示,在读学生规模为 100 名以内的机构(项目)超过六成。

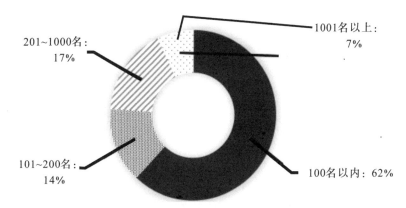

图 3-4 我国高校境外办学机构(项目)在读学生人数情况

资料来源:高校境外办学研究课题组.高校组调研报告[R].北京:中国高等教育学会,2018-12-07.

图 3-4 显示,高校境外办学学生规模 100 名以内的占到 62％;101～200 名之间的占到 14％;201～1000 名之间的占到 17％;1001 名以上的占到 7％。[①] 本部分主要从学生生源、影响生源的因素、学生方面的困境等方面进行分析。

(一)学生生源构成

研究表明,高校境外办学的生源主要类别有:面向输入国(地区)招生、主要招收境外学生同时又吸收我国学生到输入国(地区)学习、主要招收国内学生同时招收当地华人以及周边国家学生等三种,表 3-4 列举了三种生源类别的代表学校。

---

① 高校境外办学研究课题组.高校组调研报告[R].北京:中国高等教育学会,2018-12-07.

表 3-4 高校境外办学的生源类别

生源类别	代表学校
面向输入国(地区)招生	老挝苏州大学
主要面向输入国(地区)学生,又吸收中国学生来目的地国学习	北京大学英国校区
主要面向国内招生,同时也招收当地华人,以及周边国家学生	厦门大学马来西亚分校

资料来源:笔者根据访谈资料整理而得。

访谈对象提到的最常见的生源类别是面向输入国(地区)的招生,这也是符合我国教育部对境外办学对象学生的定义。最新的《高等学校境外办学指南(试行)(2019 年版)》明确指出了,高校境外办学是以境外公民为主要招生对象,录取标准应不低于母体高校对来华留学生的招生要求。若与境外教育机构合作的,应不低于该机构所在地相应教育层次的新生录取标准。此外,前面分析了高校境外办学的动力,也清晰地认识到了我国高校境外办学的特殊性,除了培养一批高层次亲华爱华的境外专业人才,配合中国外交大局和"一带一路"倡议等做出了积极贡献之外,同时也要面向国内的学生,为国内学生提供扩大国际视野,培养能处理国际事务能力的平台,实现国际化人才储备的目的的动力。《高等学校境外办学指南(试行)(2019 年版)》也指出可以招收我国公民,但是应参加我国普通高校招生全国统一考试或者研究生招生考试。因此,我国高校境外办学生源类别呈现出不同的形式。

大多数高校境外办学的学生规模还比较小,不得不思考标准学生人数和教育成本对境外办学可持续性的影响。所谓教育成本是对学生进行培养期间消耗的教育资源,不仅包括以货币支出形式的资源,还包括由于参加教育活动而无法参加其他经济活动而蒙受的损失。教育成本包括教学成本、人员支出和专业成本三个方面。教学成本=教学人员支出+教学公用支出+教学对个人和家庭补助支出+教学折旧与摊销;人员支出=教育人员支出+科研人员支出;专业成本=人员支出+公用支出+对个人和家庭补助支出＋折旧与摊销。[①]

在核算教育成本时,一般会考虑核算办学的标准学生人数,根据我国《高校教育培养成本监审办法(试行)》的相关规定:"各类学生折算为标准学生的权数为:本科、专科、第二学士学位、在职人员攻读博士和硕士学位、高等职业技术教育学生、成人脱产班学生、预科生、进修生为1,博士生为2,硕士生为1.5,来华留学生为3,函授、网络教育生为0.1,夜大等其他学生均为0.3。"标准学生人数(S)＝本科生等人数×1＋博士生人数×2＋硕士生人数×1.5＋留学生人数×3＋函授学生数×0.1＋夜大学生等人数×0.3。[②]

然而,从图3-4显示的学生规模,和访谈材料呈现的情况来看,我国高校境外办学呈现出教育成本高、学生人数少,处于教育收入不能覆盖教育成本的阶段,也就是入不敷出的阶段。为了改善经营困境,高校积极开拓思路,以无锡商业职业技术学院为例,该校主要采取以下方法努力增加生源:

1.企业订单培养

无锡商业职业技术学院契合柬埔寨西港特区企业人才需求,开展"工学结合"订单班项目进行招生,为企业订单式培养急需的基层管理及专业技术人才。无锡商业职业技术学院西港培训中心校企联合培养对象主要是输入国(地区)本土高等职业技术技能人才。根据特区发展需要,利用学校专业优势和优质的培训资源,针对园区企业员工开展市场营销、会计、计算机、英语、国际贸易、报关、机械加工、服装加工、电子技术等方面职业培训,每年培训5000人次以上。

2.政府计划

无锡商业职业技术学院西港培训中心是学校和西港特区企业联合设立专项奖助学金,由柬埔寨教育青年和体育部或劳工与职业培训部每年从优秀的柬埔寨应届高中毕业生中完成招生。类似的高校,例如,北京大学汇丰商学院英国校区主要针对英国及欧洲企业家,部分是我国企业家

[①] 任伟,杨莉,李雨阳.再谈公立高校教育成本核算方法[J].财会月刊,2017(31):56-61.

[②] 国家发展和改革委员会.高校教育培养成本监审办法(试行)[Z].2005-06-08.

进行金融学、经济学、工商管理学等的在职教育;昆明理工大学老挝国立大学博士联合培养项目接受学生均为政府官员,毕业后返回原工作单位;复旦经济学院布达佩斯办学点的学生都是政府机构里有职务的人员,两国之间有一个合作,葡萄牙政府高层人员需要具备中国背景的相关专业知识,有利于未来进一步晋升或者拓展职业发展的机会。

3.合作方负责或友好部门推荐

无锡商业职业技术学院就是该校在柬埔寨西哈努克港孔子学院教学点和多所友好中学推荐优秀学生完成招生的。类似的高校,例如,南京科技职业学院印尼德龙学院的生源面向印度尼西亚留学生,这也是由它"外国留学生现代学徒制"项目的特征决定的。

(二)影响生源的因素

高校境外办学生源方面存在的主要困难表现为生源缺乏或不稳定,根据访谈材料的分析,其原因主要呈现为:学生管理制度、就业情况、学费奖学金制度、宣传力度以及输入国(地区)的经济水平等因素影响。

1.学生管理制度

高校境外办学机构(项目)对学生管理非常重视,加强学生管理制度。研究表明,"严格规范管理、加强文化体验"成为境外办学学生管理的特色。

一方面,对学生的出勤率、作业和课堂表现都和国内一样的要求,丝毫不放松。当境外办学项目的学生来到中国学习期间,我们的做法是把学生插到中国学生的班级里去,没有另外开班,真正的国际接轨,就是境外学生要融入我国学生的课堂,就像我国留学生到国外留学,也不会给你开小灶,你的英语必须过关。所以培养境外学生在我国学习的阶段,就应该融入我国学生中,不需要特殊对待。实践证明,在这样的逼迫下,境外学生比我国的学生还用功,毕业后汉语与专业知识都很强,留学生可以代表学校参加国赛。

另一方面,重视让境外学生了解中国文化。老师们在授课之余,利用休息时间会向学生们介绍中国的传统故事和中国文化。也会在我国传统节日的时候,与境外组织和学生一起庆祝,举办活动,加深当地对中国文化的理解。

一位教师说道:

我上课会提前十几分钟进入教室,教学生们常用的汉语,介绍中国的风土人情,学生们都很感兴趣,热切期待未来的中国之行。从学生们的谈论中能感觉到他们非常热爱中国。(T1)

境外学生来华期间,老师和学生志愿者们利用节假日带领他们参观上海地标性建筑和风景。为了加深理解中国文化,学校会开设中国历史文化、汉语等课程。学生们还积极体验武术、龙舟等具有中国文化特色的项目。(JDFT－YN－2018.5.17)

研究表明,越严格规范的学生管理制度,越能吸引学生,越能提高高校的国际声誉。在条件允许的情况下,尽可能齐心协力、整合资源提供良好的学习环境和生活环境,并配备高水平管理人员,努力使其成为全方位高水平的境外办学机构(项目),吸引更多的境外学生。积极创造条件进行文化交流的做法,可以让学生有机会加深对我国文化的理解,培养了境外学生的我国情怀,增进文化上的理解和认同,有利于提高学生的归属感和认同感。

2.学生就业前景

高校境外办学机构(项目)培养的学生在中外人文交流方面有着复合性优势。这种优势给学生带来美好的就业前景,既给境外当地学生带来实惠,也对国内学生有着很强的吸引力。研究表明,根据当地的需要整合我们的专业设置,以满足学生需求,毕业生就业情况非常乐观。

我们培养的学生,毕业后的薪酬待遇相较于其他人增幅高达50%,而且就业机会也会大大提高。在工作中学生表现出来的才能,已经得到当地用人单位的认可。(M6)

针对在中资企业上班的境外员工的培训,培训出来的人员,尤其是汉语得到提升的员工,他在企业里面直接受惠的幅度很大。假如说他不懂汉语的时候,他只能承担操作工的工作,收入是100多美元,当他接受了我们两三个月汉语的初期培训,会一些简单的日常汉语交流,他就可以在工厂里承担小组长和管理者的工作,他的收入马上就是200多美元;如果能参加培训半年以上的,能做一个初级翻译的话,收入就是300美元以上了,根据掌握的技能收入会翻几番。很多人看到学了汉语以后,用处这么大,收入能提高很多,所以就有很多人都来参加这个汉语的培训。甚至很多没有接受过高等教育的,将来我们增加专业教育,他们的就业前景将是

非常好的,会有更大的作为和发展。(M15)

整体来说,培养的学生在中外人文交流方面有着复合性优势,学生们不仅能接触到两国的优秀师资,通过贯通中外、产学研融合等教学方式,这种复合性优势是其他学校不能比拟的,自然也给学生带来良好的就业前景。

3.学费与奖学金政策

学费与奖学金政策也是影响高校境外办学生源的因素之一。目前国家没有出台相关的学费管理文件,针对留学生的奖学金制度还没有覆盖到境外办学的学生。许多高校是参照来华留学生的标准,在实施的过程中形成自己的特色和办法。

作为留学生,他们很关心教育成本的问题,一位卢旺达的境外学生表示:

在选择出国留学还是选择当地国外大学的时候,我会从教育成本的角度考虑,如果有一所国外大学在我生活的当地办学,那起码生活成本会很低,我觉得很多人都会像我一样选择去。(S1)

我们境外办学项目招生的市场策略是,第一年提供学费成本一半的奖学金,第二年提供1/3的奖学金,第三年提供更少的奖学金,在这种奖学金政策下,我们的招生第一批来9个,第二批来15个,第三批估计就会来30个,生源发展过程就会慢慢有起色,我们的教育市场慢慢地打开了。(M19)

我们第一批学生签了32个,学费是12000元一位。为了保证生源,我们答应提供15名奖学金的名额,基本上相当于就是6000元一个学生。因为这个措施,我们招满了学生,原本是打算招30个,后面还追加了2个。因为是自费学习,这些学生非常用功,很有要报效祖国的想法。(M17)

境外办学机构招收的外籍学生无法获得任何政府奖学金,因受限于办学经费,多数高校也很难自主提供奖学金,这降低了项目吸引力。例如,老挝苏州大学办学资金不足,基础设施建设停滞,并且老挝人均国内生产总值较低,大多数学生难以负担高昂的学费,又不能获得奖学金资助等多种原因叠加起来,导致入学率低,生源严重短缺。

研究表明,高校境外办学对于境外学生,特别是家庭情况不足以支付高昂的留学费用的境外学生来说,是具有相当吸引力的。然而,针对境外办学的潜在学生人群特性,需要制定合理的学费和奖学金政策。目前为了吸引境外学生,这个教育成本转嫁到了高校身上,这对本已实施境外投资办学、经费拮据、不堪重负的高校来说,无疑雪上加霜。因此,政府层面出台奖学金等政策的倾斜,成为亟待解决的问题。

4.国际营销宣传力度

高校境外办学,面向的是境外教育市场,面向的是与其他高等教育输出国(地区)的竞争,相当于对一个跨国公司的运作管理。国际营销战略是跨国公司发展战略不可或缺的重要组成部分。[①] 在生源上与输入国(地区)高校、欧美国家高校的境外合作办学项目或留学项目激烈竞争,而新成立的境外办学的知名度相对较低,缺乏生源竞争力,要提高和保持我国高校境外办学的知名度需要付出较大的成本,也需要时间和经验的积累。例如,厦门大学马来西亚分校规模较大,投入巨大,该校在境外办学过程中最关心的问题是如何保障充足、稳定的生源。据访谈了解到,厦门大学马来西亚分校的招生工作比较困难并且竞争激烈,一方面,由于该校办学时间不长,马来西亚的民众对该校还不大了解,需要一个接受的过程;另一方面,马来西亚高等教育入学率较高,吸引了英美等发达国家高校也前往马来西亚办学(如英国诺丁汉大学马来西亚分校)。又如,上海交通大学在新加坡举办的MBA项目也面临与新加坡本地高校以及其他国家高校的生源竞争。

根据访谈材料研究表明,现阶段,我国高校在营销宣传上的力度稍显不足。

我们被通知招生到开学,就一两个月的时间,连项目都没有宣传,就开始招生了,招生的过程非常困难,希望今后能够有一个有力的宣传,成为招生的一个助力。(M20)

因此,高校境外办学适当的营销宣传是必不可少的,高校必须重视国际市场营销,推动境外市场对我们的机构(项目)的认识,把握不同国家不同层次的需求,积极拓展生源市场;在境外办学国际营销过程中,加强市

---

① 聂元昆,吴健安.论本土化营销的经济学意义[J].云南财贸学院学报(社会科学版),2005(5):86-88.

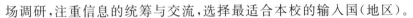

场调研,注重信息的统筹与交流,选择最适合本校的输入国(地区)。

5.输入国(地区)方面的掣肘

输入国(地区)经济发展或相关政策的不稳定导致生源渠道不稳定。因为输入国(地区)方面生源渠道不稳定,加上市场竞争激烈,导致招生困难,生源不足的现象。仔细分析输入国(地区)方面产生掣肘的原因在于:一是输入国(地区)社会教育水平较低,教育落后和贫困相互交织造成符合录取条件的高中毕业生源基数不足,例如:柬埔寨 2016—2017 年完成高中学业的学生比例仅有 20.16%。二是输入国(地区)经济发展水平低,贫困造成虽满足录取条件但无力承担学费和生活费等学习费用,导致学生无法求学。三是输入国(地区)跨境高等教育监管的相关政策不稳定。例如,上海交通大学在新加坡举办的 MBA 项目受新加坡加强对该国境内跨境高等教育监管、收紧政策的影响,有一年不得不停止招生。北京语言大学提出生源受政治的影响,受经济发展高低起伏的影响,导致生源不稳定。

6.我国学籍管理相关政策的掣肘

境外办学机构针对在境外生活的中国籍学生的学籍管理规定、研究生入学政策规定等尚未出台,境外办学机构在境外只能招收外籍学生,无法招收中国籍学生,限制了招生来源。例如,北大汇丰商学院牛津校区作为自有产权、自授学位、自作管理的境外独立办学研究生项目,面向全球招收优秀学生,但是他们表示在招收中国籍学生方面面临制度障碍。中国籍学生想要进入境外办学机构必须走国内考研、保研的道路,所以对于本科在海外就读的优秀的中国籍学生来说,就没有任何畅通渠道可以进入境外办学深造。

目前,境外办学是以境外学生为主要招生对象,针对这一点,专家指出:

境外办学人才培养战略,不只是考虑境外学生的人才培养,也是考虑我们自身人才培养过程中,怎样能让他们接触更多不同文化背景的人,能够了解不同国家的国情,这样他们未来的就业和发展可能会有更加宽阔的视野,或有更加强的能力来适应变化的市场及社会,这是从学校角度,学校发展和人才培养的战略来考虑境外办学的。(P2)

然而,现实情况是中国在外务工人员的子女,目前是不能就读我们的境外分校的。

厦门大学马来西亚分校面临的问题是,马来西亚的华人占比是人口比例的23%,还有我国很多的分公司开到了马来西亚,中国在外务工人员的子女,在马来西亚初中、高中读下来,却不能申请我们的大学在境外的分校,必须回到中国参加高考,但由于从小受的教育体系不同,没有办法适应高考。(JDFT－YN－2018.5.17)

很多学校也提议希望我国政策上能够有所突破,考虑可以招收在境外的中国人,在招生政策上,导向性去吸引在境外的中国人。例如,清华大学的境外办学项目做出了尝试,如果学生拿的是国际护照,可以通过申请审核制进入清华的境外办学项目读本科。

高校境外办学在招生方面的相关规定,一定程度上限制了高校境外办学规模与社会影响力。在海外,对于我国高校境外办学感兴趣的有相当一部分是目前拿中国护照的华人、新侨民等,他们是重要的境外办学生源对象群体,因此,通过调研他的家庭状况,判定在当地的居住年限、接受基础教育的地点等,既能避开高考移民的弊端,又能切实地解决在外中国籍学生的入学需求,是亟待解决的问题。

四、运行资金

(一)资金来源构成

办学需要投入,而且是一项投资大见效慢的长期投入。高校境外办学的投入包括场地、校舍、师资、教材、设备等硬资源投入,还包括因地制宜的教师提升、人力资源需求调研、课程研发、教学方法改进、评价体系优化等软资源投入。每一项投入都跟资金紧密联系。例如,北京大学汇丰商学院英国牛津校区建筑面积是3600平方米,有6万平方米大的校区,一共花了880多万英镑,因为汇丰商学院是独立法人,投入的资金是商学院的自有资金,一共1.3亿人民币。[①]

项目或机构落地只是一个起步,资金而且是可持续可循环的资金投入是每所高校必须考虑的最重要因素之一。根据课题组调研数据,我国

① 高校境外办学研究课题组.高校组调研报告[R].北京:中国高等教育学会的报告,2018-12-07.

高校境外办学机构(项目)的经费主要由以下四部分构成:

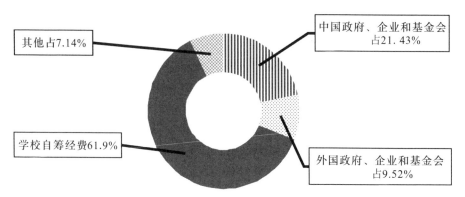

其他占7.14%

中国政府、企业和基金会占21.43%

学校自筹经费61.9%

外国政府、企业和基金会占9.52%

图3-5　我国高校境外办学机构(项目)经费主要来源情况

资料来源:高校境外办学研究课题组.高校组调研报告[R].北京:中国高等教育学会,2018-12-07.

从图3-5可知,我国高校境外办学经费主要来自学校自筹经费,占总数的61.9%;来源于中国政府、企业和基金会的占总数的21.43%;来源于外国政府、企业和基金会的占总数的9.52%;其他来源占总数的7.14%。

根据这个比例,可以看出超过六成的高校都是自筹经费,一些办学成效显著的境外办学机构(项目)也面临着生存困境。例如,老挝苏州大学由于合作伙伴的撤离导致资金不足,从而无法按计划进行基础设施建设,没有足够的教学空间以获取充足的学生人数进行培养,面临生存和发展的危机;武汉纺织大学因为缺乏足够的资金支持师资薪酬、往返旅费、境外补贴等,所以教师赴境外参与办学的意愿和热情较低;大连海事大学斯里兰卡校区由于境外办学还处于入不敷出,母校一直为分校校区进行经费补贴,导致过大的财政压力;即便是清华大学、厦门大学等年度决算经费比较充裕的"双一流"高校,也各自面临经费紧张的困难,因此,为了高校境外办学的可持续性发展,获得政府实质性经费支持成为关键因素之一。

(二)影响运作资金的因素——经费管理刚性

目前高校境外办学面临办学资金来源单一、资金短缺、境外办学不盈利甚至"赔钱赚吆喝"等现象。通过访谈发现,境外办学如果要进一步发展,需要克服的最大困难就是经费管理刚性。经费管理刚性导致高校境外办学面临办学经费不足、国内经费"走不出去"以及境外合法收益"走不回来"这三大财务问题。

1.办学经费不足

办学经费不足这一问题,高校一致认为,经费不足是制约高校境外办学可持续发展的主要瓶颈。目前,高校境外办学没有充裕固定的办学经费,用以购买教学设备和资料以及维持境外办学可持续发展。北京中医药大学反映,国家对留学生的经费支持目前仅面向来华留学生,不包括参与境外办学的海外留学生。中国人民大学反映,目前高校境外办学经费均需依靠募集社会资金,以保障境外办学的师资配置、教学设备配置等各项需要的费用,如果无法保障境外办学经费,高校可能面临巨大损失,甚至被迫终止境外办学项目。老挝苏州大学反映,学校土建完成后,缺少装修费用,但按照学校原有办学设想,23公顷的境外校园至少还需投入2亿人民币。老挝苏州大学反映,市相关领导拟同意拨付3000万元支持老挝苏州大学境外办学,但财政厅反应在会计项目上没有相应支出内容无法拨付,因此该笔经费最终没能拨付。

政策障碍是导致运行资金不足的原因之一,由于境外办学入不敷出,高校即使想要补贴经费,但事业单位资产不能境外投资的限制,阻碍了境外办学高校的进一步发展,许多学校因为缺乏足够的资金支付师资薪酬、往返旅费、境外补贴等,所以教师赴境外参与办学的意愿和热情较低,即便是决算经费比较充裕的"双一流"高校,也各自面临经费不足的困难,希望得到政府的财政支持。境外办学原有投入使用完毕后,高校都即将面临去哪里找钱的问题,虽然国家鼓励学校发动社会力量参与办学,但困难和压力仍然比较大。

2.国内经费"出不去"

针对国内经费"出不去"的问题,一些高校表示,即使它们有能力对境外办学进行投资,也因为管理规定的刚性,国有资金、资产的出境困难而阻碍了境外办学的顺利运行及可持续发展。例如,清华大学全球创新学院反映,该院教学场所建设经费等境外办学经费难以从国内正常出境,已成为制约学院发展的长期难题;北京交通大学也反映,受限于国内经费"出不去"这一问题,难以将举办境外办学实体机构的意愿变现。

因为没有针对性的管理规定,也没有前人的经验可以借鉴,高校的境外办学之路都是摸着石头过河,常常在"试错"中,耗费更多的精力财力物力,同时也让高校的积极性受挫。

作为公办院校,不太敢冒经济上的风险,因为作为一个学校投资,不管是硬件的还是人力的,各方面的投资出去,如果说办失败了怎么撤资、怎么退出都不知道,是一种很大的风险。(M15)

专业建设、工资福利等费用主要由国内拨付,国内无法代为拨付的其他境外办学经费,学校通过校办企业账号拨往国外,但被审计查为违规,目前不敢再采取这种方式,经费也难以"走出去"支持境外办学。(M6)

高校为了保证最基本的境外办学机构运作,积极寻找开源节流的渠道,例如由对方院校提供基础性资产、引入企业投资大型实训实验设备、开办经管类低投入高回报专业,可以做到收支平衡等。

一些基础性的资产是对方院校要提供的,但是一些方便携带的资产(手提电脑等)是作为我们学校的固定资产,摊在我们的人上使用的,如果没有到折旧期、没有报废,那么我们是会带回来的,如果到了报废期,那我们就留在当地……至于实验实训设备等大型固定资产,它是跟专业教学相关的,在我们还没有在当地立足的时候,我们不会投入,也不会放在那里,就算有一天我们要投进去,可能我们也会以共建实验室、共建实训中心的方式引入企业来投资。(M13)

从经济角度来说,经济管理这样的专业最容易做到收支平衡,而且各个国家都比较需要。"一带一路"沿线国家很多都需要训练他的政府官员、银行职员等。从各方面考虑,经济管理是一个很好的抓手。(JDFT－YN－2018.5.17)

总体来看,高校关于境外办学处于谨慎的状态,不敢迈开步子,也因为经费管理的刚性问题迈不开步子。虽然,低成本高回报专业是一个很好的抓手,然而并不适用于所有输入国(地区)的需求,境外办学的专业设置是要根据输入国(地区)需求开设才为合理,例如,"一带一路"国家更多地需要我们去帮助培养如机械制造、基础设施建设等方面的专业技术人员,因此政策上的突破才是我们亟待解决的关键问题。

3.境外办学合法收益"收不回来"

针对境外办学合法收益"收不回来"这一问题,一些境外办学高校反映,学校通过境外办学获得的学费收入,面临"钱怎么回来"的困难。为解决这一问题,学校花费诸多周折。也有高校反映,其境外办学合法收益面临税务系统没有相关税收类目导致钱款无法进账的情况;相较于国内,高校境外办学的财务风险也更高。

国家对外援助项目未考虑境外办学。中国政府、各级省政府均有对外援助项目,对于"走出去"企业有项目资助经费的政策,但是教育作为一种服务贸易,"走出去"办学的高校理应也享受一定的扶持和资助。目前,教育援外项目主要面向非洲和"一带一路"沿线国家,也未向职业院校开放。在中国政府来华留学奖学金中未设立职业教育专项,不能有效地吸引大批境外生。

关于办学经费来源及财务可持续性,有一些高校的经验可以借鉴。资本和财务运营比较好的境外办学机构(项目)都能够充分利用各方资金和渠道、积极开拓市场,完善运营管理,如复旦大学与香港智权教育中心在香港合作举办中文工商管理硕士项目,充分开发市场,能够实现财务运营独立。复旦大学在匈牙利布达佩斯项目充分利用匈牙利央行的资金和政策支持,财务运营预期也比较乐观。南京工业职业技术学院与中国有色金属行业的资本合作、北京大学充分运用深圳研究生院的资本平台和深圳市政府灵活的境外投资政策和校友捐赠、厦门大学马来西亚分校充分吸收当地华商和华侨的资本资金开展办学等,上述多渠道资金筹措保障了办学的资金投入和运营持续性,也决定了我国高校境外办学的办学模式。

五、高校境外办学核心能力发展及存在的问题分析

办学主体核心能力的发展影响着办学主体各自拥有能力强弱的不同,进而影响模式的选择和系统运行的稳定性和可持续性。根据前面的访谈材料分析可以得知,高校境外办学系统的核心能力,主要有师资、课程、学生和资金等四个方面,进一步分析提炼出这四个方面发展存在的激励因素和阻尼因素,以期高校境外办学运行可以实现均衡、稳定的可持续发展,如表3-5所示。

表 3-5　影响高校境外办学核心能力发展的因素

核心能力	激励因素 a↓	阻尼因素 a↑	亟待解决问题
师资	福利待遇（国内工资＋海外补贴）； 拓展国际视野； 提高自身国际化教学水平； 海外经历	没有科研平台； 不与职称评定挂钩； 长时间离家； 输入国各种潜在风险； 福利待遇与付出不匹配； 保障福利待遇资金匮乏	国家层面需出台针对境外办学外派教师待遇与保障的文件； 学校层面需出台针对境外办学外派教师待遇与保障的实施办法； 需要对师资力量的资金投入
课程	"双一流"高校国际影响力； 特色学科的国际影响力； 对发展中国家具备学科比较优势； 科技创新能力在不断提升； 符合中资企业境外人才培养需求； 符合当地人才培养需求	高校国际影响力较低； 与当地人才需求脱轨； 高校特色专业发展不均衡，比较欠缺； 专业团队建设不够； 输入国教育主管部门对办学资格的认证、备案等管理严格	如何设置符合当地市场需求的合理课程； 如何解决母体高校课程特色和课程本地化的矛盾； 如何与输入国高校优势课程结合； 如何成功获得输入国资格认可； 国家和高校层面建立质量保障体系
学生	学校和学科的吸引力； 政府计划项目或高校内部提供专项奖助学金； 企业订单式培养方案； 合作方及友好部门推荐； 毕业生因具有复合优势，就业前景好	输入国高中毕业生源基数不足； 输入国因贫困无法支付学费； 与欧美国家相比缺乏生源竞争力； 不能招收中国籍学生； 外籍学生无法获得政府奖学金； 研究生入学政策受限	国家层面需出台境外办学学籍管理、奖助学金管理规定； 生源不足的问题； 如何提高境外办学机构（项目）知名度和吸引力； 如何处理既能招收海外优秀中国籍学生，又能防止高考移民问题
资金	高校有能力自筹资金； 企业资金投入； 基金会资金投入； 政府资金投入； 募集社会资金投入	资金投入是长期的，且短期无法实现经济效益； 境外办学机构（项目）不盈利； 国有资产不能出境等政策的管理刚性； 钱出不去回不来等财务管理刚性； 资金来源单一，投资风险大	国家层面需出台针对境外办学高校国有资产的管理规定，解决资产管理刚性问题； 国家层面需出台针对境外办学的财务管理规定，解决经费紧张的问题； 保障合作方的预期收益

资料来源：笔者根据访谈资料分析整理而得。

从师资的角度分析,影响高校境外办学的激励因素主要有:可以获得较好的福利待遇,在保障国内工资不变的基础上,额外发放海外补贴;可以拓展教师的国际化视野;可以提高自身国际化教学能力和水平;可以拥有海外经历,为下一步发展打下基础等因素,围绕待遇、个人能力提升和机遇等激励因素促使教师积极参与到境外办学活动中来。此外,还存在一些不利于鼓励教师参与的阻尼因素,主要呈现为:没有科研平台,短期集中纯教学的情形较多;海外工作经历不与职称评定挂钩,因此会产生一些机会成本;长时间离家,给家庭生活带来困扰;输入国(地区)各种潜在风险,例如疾病风险等;福利待遇与付出不匹配,普遍认为待遇较低;保障教师福利待遇的资金匮乏,现有资源约束下,无法提供更好的福利待遇等。因此,从这些因素中,可以总结出师资力量保障方面亟待解决的问题,主要是政策和资金问题,因此国家层面和高校层面需要出台针对境外办学外派教师师资待遇与保障的文件和具体实施办法,以及用于培训教师和能力提升的资金投入。

从课程的角度分析,影响高校境外办学的激励因素主要有:"双一流"高校的国际影响力带来的对境外的吸引力;某些特色学科在国际上的影响力;不具备国际影响力的高校,但对发展中国家具备学科专业的比较优势;我国科技创新能力在不断提升带来的积极作用;符合中资企业境外人才培养需求;符合当地对人才的需求等因素使得我国的高校的课程有机会走出去,展现中国高校的能力和中国方案的品质。此外,尚还存在一些不利的阻尼因素,主要体现为:我国高校国际影响力整体较低;因没有做好前期调研工作,有些课程与当地人才需求脱轨,没有生源无法继续;特色专业发展不均衡,能打响的、拥有特色专业的学校比较少;对专业的团队建设实施不够;输入国(地区)教育主管部门对课程的认证,对办学资格的审核等管理严格等,这些因素影响了课程的输出。从上述分析可以看出,课程是高校境外办学的核心能力:一是教学质量的好坏;二是是否符合市场需求成为至关重要的问题点。因此,如何设置符合当地市场需求的合理课程、如何解决母体高校课程特色和课程本地化的矛盾、如何与输入国(地区)高校优势课程结合、如何成功获得输入国(地区)资格认可、如何建立质量保障体系成为亟待解决的问题。

从学生的角度,影响高校境外办学的激励因素主要有:母体高校和学科的影响力和吸引力;政府计划项目或高校内部提供的专项奖助学金;企业订单式培养方案;合作方及友好部门推荐;毕业生因具有复合优势,带来好的就业前景产生的影响等因素,促进境外学生等积极选择到境外办学机构(项目)就读。此外,导致生源不足的阻尼因素,主要存在:输入国(地区)本身因为贫困,高中毕业生的基数很少,能够升入高校接受高等教育的学生人数不足;输入国(地区)因为贫困无法支付境外办学机构(项目)学费;与欧美国家高校相比缺乏生源竞争力;研究生层次的境外办学,入学政策受到限制;外籍学生无法获得政府奖学金等支持,以及不能招收中国籍学生的限制等,这些因素导致生源不足或不稳定的现象。从这个分析,可以看出主要要从打通政策障碍和提高高校吸引力方面去克服问题,因此,国家层面需要出台境外办学学籍管理、奖助学金管理等规定;如何提高境外办学机构(项目)知名度和吸引力,解决生源不足问题;如何处理既能招收海外优秀中国籍学生,又能防止高考移民问题成为需要深入思考的问题。

从资金方面分析,影响高校境外办学的激励因素主要有:高校有能力自筹资金;企业投入资金;基金会投入资金;政府投入资金;向社会募集资金等渠道获得资金,成为境外办学实施的保障。此外,导致高校境外办学运作资金不足的阻尼因素有:收益周期长,因为办学资金投入是长期的,短期内无法实现经济效益;我国高校境外办学(项目)以公益性为主,不以营利为目的,这可能无法满足企业等办学主体的预期;国有资产不能出境等政策的管理刚性;钱出不去也回不来的财务管理刚性;办学主体多元化的合作模式目前较少,因此资金来源比较单一,投资风险大等,这些因素导致了高校境外办学运作资金匮乏的现象。资金的充足与否对师资、课程和学生的问题改善有着重要的影响,因此,认真分析资金方面存在的亟待解决的问题,主要是国家层面需要出台针对境外办学高校国有资产的管理规定和财务管理规定,以解决资产管理和财务管理的刚性问题;另外,要保障办学主体合作方的预期收益。

第二节　融资构成模式类型及现状

高校境外办学是我国在当今高等教育国际化发展时代背景下的一种战略选择,也是地方和高校寻求新突破的重要途径。然而这当中也存在国家与国家、政府与高校、高校与市场等之间的多方动态利益博弈和不同的运作逻辑关系,具体表现为对境外办学的出资比例和运作管理形式的不同,形成不同的行为模式。根据梳理访谈资料发现,我国高校境外办学的办学模式分为三种:母体高校独资办学模式、中外高校联合办学模式以及政府、企业和社会团体提供办学条件模式。

一、母体高校独资办学模式

这种模式是由母体高校完全承担投资经费,或者借款投资的方式修建海外校园,母体高校对学校的运营承担全部责任。资料显示,我国独资办学的境外分校目前只有厦门大学马来西亚分校和北京大学汇丰商学院英国校区。

案例分析:厦门大学马来西亚分校

厦门大学马来西亚分校(Xiamen University Malaysia)创办的历史渊源:一方面是厦门大学有较长的境外办学经验,在 20 世纪 50 年代,成立第一个海外函授学院,为海外华侨提供远程教育,到本世纪初,厦门大学与马来西亚的最高学府马来亚大学结成姊妹学校,互相成立研究所,这种学术互动,提了厦门大学在马来西亚的知名度;另一方面,随着我国高等教育质量的提高,对海外学生吸引力的上升,在厦门大学就读的马来西亚籍在校生已近千人,是该校人数最多的学生群体之一,说明马来西亚学生对我国高等教育的需求日益增大。厦门大学前校长朱崇实表示,马来西亚华侨陈嘉庚先生创办了厦门大学,经过 100 年之后,厦门大学回到马来西亚创办分支校园,这是历史的回馈。[①] 这些因素成为厦门大学在马

---

① 吴倩.穿越百年的中马教育回响:厦门大学马来西亚分校的办学故事[N].人民日报海外版,2017-05-24(11).

来西亚开办分校的渊源和契机。2011 年,受马来西亚政府的邀请,厦门大学总投资 13 亿马币,在马来西亚首都吉隆坡建立分校。分校占地约 150 亩,规划总建筑面积 47 万平方米,建成后可容纳 10000 名学生。[①] 厦门大学马来西亚分校是我国高校境外办学第一所母体高校独资的境外分校,被媒体誉为"镶嵌在'一带一路'上的教育明珠",它将厦门大学的特长专业与马来西亚当地的人才需要相结合,补充并完善了马来西亚高等教育的格局,成为两国高等教育合作的里程碑。

在马来西亚实施母体高校独资办学的有利因素在于:首先是两国政府的支持。除了两国的历史渊源外,马来西亚国家文化多元,具有开放、包容精神,马方希望成为东南亚的教育中心,积极引入世界知名高校开设分校(例如英国诺丁汉大学马来西亚分校),马来西亚政府希望有我国高校能够入驻马来西亚,对厦门大学在该国办学十分支持,此外我国教育部也对该项目给予了政策上的支持。其次是华人华侨的支持。马来西亚分校成立的消息得到了当地人和海外华侨团体的广泛关注及慷慨解囊,例如,马来西亚首富郭鹤年先生捐赠了 2 亿元人民币建设图书馆大楼,对于公办学校的厦门大学,解决了经费上的掣肘,可以独立投资办学。[②] 最后是马来西亚政治经济局势。因为马来西亚政治经济是比较稳定的,人民和谐共处,对在该国投资办学的机构来说可谓是一颗定心丸。

影响母体高校独资办学模式稳定性的激励因素体现为:这种模式下,办学主体只有一个,可以看成单体模式,母体高校具有完全的办学自主权、具有完全自主管理权、具有完全自主授予学位权,不存在合作方撤资带来的风险问题等激励因素,成为高校在实施境外办学时最理想的模式,母体高校在境外办学活动中获得的预期收益大于投入,就是可持续发展的。但是,这种模式下需要注意的阻尼因素体现为:由于密度和阻尼是成反比的关系,这种模式的弊端在于,只有一个办学主体,密度最小,因此它的阻尼就比较大,也就是困难就越多,在办学过程中能量损耗的程度就越

---

① 方晓.厦门大学马来西亚分校:我国高等教育走出去的先行者[C]."一带一路"高等教育论坛,2019.

② 吴倩.穿越百年的中马教育回响:厦门大学马来西亚分校的办学故事[N].人民日报海外版,2017-05-24(11).

大,风险也就越大,高校需要独立完成人财物的投入,需要巨大资金,资金链一旦断裂则带来后续风险;需要独立开拓教育市场等,这些因素阻碍了这种模式的发展。一旦母体高校不能负荷办学运转,境外办学机构将不可持续发展。

二、中外高校联合办学模式

中外高校联合办学模式,形成二元模式。这种模式由中方高校与境外教育机构进行合作,采用"X+X"办学形式,学生大部分时间在境外学习,一部分时间在中国学习或实习。此类模式的代表学校有清华大学全球创新学院、北师大-卡迪夫中文学院、大连海事大学斯里兰卡校区等。

在目前的情况下,除非有特别大的政府资金,或者是企业的投入,才可以考虑独立办学。但是,整体上而言,要让高校用自己的资金到海外去独立办学,高校可能还没有准备好。就负担来说,我们希望每一个项目都能做到收支平衡。(JDFT－YN－2018.5.17)

因此,中外高校联合办学模式是目前我国高校境外办学比较可行的合作形式,也是采用较多的形式。

案例分析:大连海事大学与斯里兰卡科伦坡国际航海工程学院联合

大连海事大学与斯里兰卡科伦坡国际航海工程学院联合办学项目,是我国大学与境外高校联合开展的以提供中国学历教育为主的境外合作办学项目。其办学渊源是:大连海事大学先后与斯里兰卡等 34 个国家和地区的 127 所国际知名大学和机构建立正式的合作关系,在教学、科研等方面一直保持着合作与交流,随着交流的深入,合作领域与合作层次(例如,与世界海事大学合作举办了"海上安全与环境管理硕士班")也在不断地加深与拓宽。[①] 这些经历为大连海事大学实施境外办学积累了经验,奠定了基础。2007 年 6 月,教育部批准大连海事大学与斯里兰卡科伦坡国际航海工程学院在斯里兰卡合作实施航海技术、轮机工程和交通运输专业本科学历教育。2007 年 9 月在斯里兰卡开始招生,实现了中国高等航海教育的首次输出。2008 年 7 月,大连海事大学斯里兰卡校区揭牌。

---

① 赵彤.走进名校:大连海事大学[EB/OL].(2018-03-20)[2019-11-05].http://edu.hebnews.cn/2018-03/20/content_6816666.html.

2009年下半年,科伦坡国际航海工程学院投资兴建的大连海事大学斯里兰卡校区专用教学楼竣工,占地面积600平方米,楼高两层,设有16间教室、1间办公室和1间计算机室。

该项目的特色主要为:从管理机制上,合作项目具体由科伦坡国际航海工程学院负责实施和日常管理,大连海事大学每年派出代表团赴斯里兰卡进行政策及业务指导,对教学质量进行监督和检查,并按照学校《境外办学管理规定汇编》对校区所有教师进行资格认定,举行教师聘任仪式,以此加强质量管理。从经费来源上,由科伦坡国际航海工程学院负责经费保障,并收入学费。科伦坡国际航海工程学院按每位学生300美元的标准向大连海事大学支付管理费,以及负责提供大连海事大学外派教师在当地的食宿费用。此外,大连海事大学负责提供外派教师的国际旅费和工资,较其他高校具有优势的一点是,中国交通运输部每年通过车购税给予大连海事大学一定的经费补贴。从生源来源上,斯里兰卡当地高校入学机会十分有限,每年有20万高中毕业生,但是能够入读当地大学的只有2万人,相当于只有1/10的入学机会,因此,该项目的生源比较充裕。在当地以大连海事大学的名义进行招生,学生注册为大连海事大学来华留学生。

该项目取得的成果:大连海事大学斯里兰卡校区弥补了斯里兰卡高等航海教育的空白,目前已开设9个专业,如航海技术专升本、轮机工程专升本、航海技术本科、轮机工程本科、交通运输本科、交通运输规划与管理硕士、海上安全与环境管理硕士、交通运输规划与管理博士、MBA等,涵盖专升本、本科、硕士和博士四个层次。截至2021年,已培养300余名毕业生从这里走出,成为南亚地区航运事业发展的中坚力量,极大提升了中国高等航海教育的国际影响力和知名度。[1] 其生源主要来自斯里兰卡、印度和孟加拉国,学生在实习阶段就被订购一空,供不应求,获得当地很高的认可。10余年间不断摸索,国际化办学道路越走越宽,为开创中外教育合作新模式进行了有益尝试,也成为"一带一路"国家境外办学的典型。

---

① 大连海事大学. 填补空白,开创第一! 辽宁"国际范儿"大学把校区开到美洲、南亚［EB/OL］.（2021-03-30）［2021-05-25］. https://baijiahao.baidu.com/s? id＝1695657193418199401&wfr＝spider&for＝pc

该项目的主要问题有:(1)教学管理权不够。大连海事大学在该项目教学介入不够深入,由于全英文授课的限制,派出的教师数量有限,而且没有开展较广泛的汉语教学,学生基本上全程在斯里兰卡当地学习,来华学习时间比较少,远程监管存在局限性。(2)项目稳定性不高。大连海事大学对该项目的主导权不大,长期发展存在较大风险。目前的合作方在当地属于非学历私人教学机构,其主要是想借助大连海事大学的资质与力量,该校同时还与英国、澳大利亚、新西兰等英语国家的高校合作,在这种情况下,一旦对方发展壮大,是否还与大连海事大学继续合作,存在不确定性,大连海事大学存在被替代、被选择的风险。

通过上述分析可以看出,中外高校联合办学模式,虽然我方的投入减少,很大程度上减轻了中方高校的资金负担,然而正因为投入少,反而导致大连海事大学存在教学介入无法深入、对合作项目的没有主导权等问题,这也是导致中外双方高校建立的关系不够密切、不稳定的根本原因。因此,在中外高校联合办学模式下,归根结底,要处理好办学自主权的问题,不能都是对方说了算,不利于项目本身的稳定性。

影响中外高校联合办学模式稳定性的激励因素主要有:高校之间优势学科可以进行强强组合;教学资源、师资等可以实现共享;教室、教学楼等物理设施可以实现共享;资源的共享带来的人财物投入小的优势;可以打造良好的科研合作平台;当地对外事务可以由当地合作高校处理,提高工作效率等,这些因素促使我国高校在境外办学时,倾向于采取这种模式。此外,这种模式也有阻碍其发展的阻尼因素,主要表现为:具有不完全的办学自主权;对合作的境外办学机构(项目)管理权的所属问题;因为都是高校之间的合作,以公益性为主,运作资金上无法保证充足;不能满足境外高校的诉求;高校合作的类型、层次、能力等不匹配的情形等,这些因素阻碍了这种模式的发展。在这种模式下,亟待解决的问题表现为:如何处理好办学的自主权问题、如何保证办学资金充足问题、如何满足境外高校的诉求问题。需要平衡的关键点就是既要注意维持办学自主权,又要均衡各办学主体的收益诉求。

三、政府、企业和社会团体提供办学条件模式

这种模式是由政府、企业和社会团体提供场地和相关教育设施吸引

我国高校到输入国(地区)建立境外分校或海外教学点的模式,中方高校负责教师教学相关事宜,投资方负责教学场所、办学运营等事宜。此类模式的代表院校主要有:无锡商业职业技术学院在柬埔寨举办的全日制学历教育的西哈努克工商学院和开展非学历教育及技术技能培训的柬埔寨西港特区培训中心,它们都是依托中国红豆集团;南京工业职业技术学院依托中国有色矿业集团在赞比亚开展技术技能培训。

案例分析:无锡商业职业技术学院和红豆集团合作

无锡商业职业技术学院(下文简称无锡商院)与红豆集团联手合作,2012 年在柬埔寨西哈努克港经济特区(简称"西港特区")建立了职业培训中心,面向中资企业管理人员和当地工人,开展职业技术及中文培训,为中资企业在海外的发展提供智力支持和人才保障。无锡商院的境外办学项目开创了联合中资企业走出去,培养输入国(地区)本土高等职业技术型人才的先河。

该项目的历史渊源:西港特区始建于 2008 年,占地 11.13 平方公里,是红豆集团作为大股东联合无锡、柬埔寨两地的 4 家企业在西哈努克港投资建设的柬埔寨最大的外资经济特区,也是我国首次批准的 6 个"境外经济贸易合作区"之一。西港特区受到中柬两国政府首脑、商务部、江苏省等各级政府部门的关心和支持,现拥有企业 95 家,区内从业人数 1.2 万名,根据规划西港特区未来将建成容纳 20 万人的新城,常驻 300 家左右企业,带动 10 万人规模的就业。[①] 特区入驻企业中 80% 以上是中资企业,需要大量通晓两国国情和语言的管理型人才和技术技能型人才,为此,无锡商院与红豆集团发挥各自的资源优势开展合作办学,协同共进谋求发展,于 2010 年 5 月 10 日,双方签订了共建境外分校——南洋红豆学院(柬埔寨)的合作意向书,同年 8 月,确定了"三步走"战略目标:第一阶段双方共建西港职业培训中心,无锡商院提供职业培训;第二阶段面向当地学生开展学历教育;第三阶段共建境外分校南洋红豆学院(柬埔寨),成为集学历教育、职业培训、语言培训和文化交流"四位一体"的综合性学院。

该项目的主要特色:从合作基础上,基于多年校企合作打下的坚实基

---

① 赵丽."一带一路"背景下高职院校境外办学实践:以无锡商业职业技术学院为例[J].职业技术教育,2019,40(9):64-68.

础,双方建立起相互信任、相互依赖的深厚感情,经济全球化的当下,"走出去"不仅是发展方式,也是生存方式,无锡商院在支持我国企业海外发展的同时,努力提升高职教育国际化水平,实现从"借船出海"到实现资源输出的三步走发展目标,由此无锡商院踏上了跨国办学的新征程。从管理机制上,根据功能定位和实际需要,校企双方联合组建大学董事会及校务委员会,实行董事会领导下的校长负责制,由政府、高校、企业和相关利益部门代表组成大学事务最高管理机构,负责大学发展各项重要事务的决策。这种模式是我国高校与走出去企业联合办学首家混合所有制海外大学,实施学校、企业"双主体"办学,由学校下属企业江苏省教育超市和西港特区有限公司共同成立柬埔寨西港教育发展有限公司,校企双方共同出资,各持50%股份创办"西哈努克工商学院",作为独立的办学实体。该学院将采用公办院校与民营企业联合投资、共同经营、收益与风险共担的混合所有制。在经费来源上,在商务部援建西港特区培训中心校舍和设施的基础上,无锡商院主要投入师资、知识产权、部分教学设备等教学资源,并对教学和学生进行日常管理;西港特区公司主要投入大学校舍设施、日常工作的经费、特区派出的管理人员工资津贴,负责安排学生实习和就业。运营收益由双方根据"利益共享、风险共担"原则,按照一定比例分配。大学将加强与中柬企业合作,开展订单式、学徒式培养项目,同时加强与柬埔寨华人界的联系,扩大办学的影响力,拓宽经费来源渠道。在专业设置上,校企双方还共同确定开设专业。共同制订人才培养方案、教学计划,共同加强学生实习和实训等环节的管理。

该项目取得的成果:(1)为特区提供了有力的人力支撑。培训中心先后已培训员工22000人次,经过培训许多员工能够承担更具有技术含量的岗位,以及担任中层管理职位等,保障了企业的良性发展。(2)促进了中柬两国文化交流。无锡商院的入驻,为整个"西港特区"注入新的活力和动力,促进了当地高等职业教育的发展,打造了中柬两国文化交流的新平台。(3)提升了校企合作双方的社会影响力。作为校企合作开展国际化人才培养的创新尝试,西港特区培训项目在本省乃至全国高职教育界产生了积极的影响。作为在国外建立的十几个经济特区中最早,也是唯一拥有正规高等院校提供职业专门人才培养基地的项目,该项目为企业发展产生的重要作用正在得到广泛认可。尤其是习近平主席在2015年

4月23日万隆会议60周年纪念活动期间会见柬埔寨首相洪森时强调，要运营好西哈努克港经济特区的谈话，引起两国政府和东盟各国的更多关注，为该项目的发展带来更广阔的发展空间。

该项目存在的困难：(1)后续资金能否保障的问题。高职院校的境外办学本身就是跟随"走出去"的我国企业一同出海，并主要为这些"走出去"行业企业提供专业方面的人力支撑。但是令人忧虑的是，当"走出去"企业的用人需求得到满足后，境外办学的后续资金来源如何解决。(2)不具备独立办学的优势。在世界教育市场中，独立举办境外分校的常常是世界知名大学，而高职院校的人力资源结构也导致学校很难在海外，特别是"一带一路"等政治经济安全形势复杂的区域，单独举办境外分校的优势。(3)针对高职院校特有的政策障碍。比如我国政府奖学金，高职院校很难得到。国家出台的国际口政策，高职院校非常难享受到，例如，一些中非的20+20项目、教育援外基地项目，这些项目都不对高职院校敞开，它仅限于本科。然而落实"一带一路"倡议，真正能够为产业为企业走出去服务的，实际上还是那些能够培养大量一线技术技能人员的高职院校。

通过上述分析，高校与企业合作模式的优点很多：一是可以形成"行、企、校"三方联动工作模式；二是资金方面可以实现"借资源出海"，得到企业等机构的大力支持，缓解高校资金短缺和资金投入政策障碍的困难；三是整合企业等合作机构既有的教育教学资源和设施，面向合作区内企业的当地员工提供职业教育和技能培训；四是跟着大企业走出去，可以减少和对方教育部谈判的难度，缩减认证时间。然而这种模式下，受企业等合作机构的掣肘也比较严重，如果过于依赖企业等合作机构，选择权将在对方，高校将失去对项目主导权和话语权，这将导致校企建立的关系不够密切、不稳定等问题。因此，在高校与企业等合作机构联合办学模式下，归根结底，还是要处理好办学自主权的问题。

这种模式是多元的办学主体，它的合作机构提供的不是资金而是校舍、教学楼等教学资源，高校不具有完全的办学自主权。为了关系的稳定发展，必须满足的条件是，所有利益相关者在境外办学活动中获得的预期收益大于投入的所有资源，就是可持续发展的状态。例如政府提供了校舍，它的收益是获得人才，只要母体高校能够满足它的期望，这个关系就是稳定的。反之，如果培养的人才不能满足政府的需求，那么政府可能将终止合作,收回教学楼等影响关系维系的行为。由于密度和阻尼是成反比的关系,这种模式的优势在于,密度变大,因此它的阻尼比起母体高校独资模式变小,但是由于办学资金还是要自己筹措,所以比起外部机构资金投资模式的阻尼要大,在办学过程中能量损耗和风险比独资模式小,因为有场地校园、校舍等支持,有利于快速建立境外办学机构(项目),减轻投资规模,进入输入国(地区)教育市场难度较小。弊端是不利于对境外办学机构(项目)的控制和运作管理,有租金上涨的风险等,同时,要均衡办学自主权和办学主体利益诉求的关系。

影响政府等办学条件投入模式稳定性的激励因素主要是:这种模式是多元模式,办学主体不仅是高校,还有政府、企业和社会团体参与其中的多元化模式。政府、企业或机构提供人财物支持,很大程度上能缓解高校资源不足,受约束的状态;借助"靠船出海"优势,减少与当地管理部门谈判难度,缩减认证时间;高校中心可放在教学质量建设,有利于提高高校的能力建设;与企业合作还有利于培养毕业生的就业;多元合作,可以产生协同效益;共同管理、共同承担风险等,这些因素使得高校在境外办学活动中,投入最小即可获得收益,因此是目前高校积极探索和采用的模式。另外存在的阻尼因素是:投入小,存在母体高校对境外办学机构(项目)的介入不够深入的问题;具有不完全的办学自主权;共同合作管理,存在管理权博弈问题,不利于对境外办学机构(项目)的控制和运作管理;没有更多的自由度,高校自身发展也会受到限制;不能满足合作方的诉求带来的问题等,这些因素为这种模式的发展形成障碍。因此,亟待解决如何处理好办学自主权问题、如何保障办学质量问题、如何均衡办学主体的收益分配问题等成为必须关注的点。

下面通过表 3-6 列举江苏省高校境外办学的办学主体情况,可以更加深入地了解我国高校境外办学三种模式的现实情况。

表 3-6 　江苏省高校境外办学的办学模式情况

高校名称	境外办学的合作办学模式
南京中医药大学	境内政府、境内学校、境外学校、境外非政府组织
苏州大学	境内学校
南京晓庄学院	境内学校、境外学校

续表

高校名称	境外办学的合作办学模式
常州信息职业技术学院	境内学校、境外政府
江苏工程职业技术学院	境内学校、境外政府
无锡商业职业技术学院	境内学校、境外行业企业
江苏建筑职业技术学院	境内学校、境内行业企业、境外学校、境外行业企业
江苏经贸职业技术学院	境内学校、境内行业企业、境外学校、境外行业企业
南通航运职业技术学院	境内行业企业
江苏海事职业技术学院	境内学校、境内行业企业、境外政府
南京工业职业技术学院	境内学校、境内行业企业、境外行业企业

资料来源:高校境外办学研究课题组.省厅组调研报告[R].北京:中国高等教育学会,2018-07-22.

目前从江苏省11个境外办学高校的资金投入模式来看,资金来源完全由母体学校独立出资的只有苏州大学1家,占9%;由境内外合作院校共同出资的有南京晓庄学院1家,也占9%;4家高校的境外办学由政府或非政府组织参与出资,占36%;行业企业参与出资的共6家(其中有1家同时有境外政府出资),占55%,均为高职院校的境外办学。在访谈中发现,完全由学校独立出资的老挝苏州大学,因为从办学场地、设施等的基本建设都是自己出资,因此现在遇到的最大瓶颈就是建设资金短缺。有境外高校或境外政府合作出资的项目,基本都是输入国(地区)合作学校或所在地政府解决了场地问题,国内学校主要投入教师、教材等教学资源,且境外办学的内容主要是语言教学,因此资金并不是当下最大的困难,但相关学校都希望有其他资金来源以便能够在地扩大规模、进一步开展专业教学、提高人才培养质量。可喜的是,数据显示有境内外行业企业参与出资的超过半壁江山,全部都是高职院校的境外办学项目或机构。这主要是因为这些高职院校的境外办学本身就是跟随"走出去"的我国企业一同出海,并主要为这些"走出去"行业企业提供专业方面的人力支撑。但是这类境外办学院校共同的忧虑是,如果这几家"走出去"企业的用人需求得到满足后,境外办学的后续资金来源如何解决。

综上所述,根据资金来源和管理模式的状况,不同建校模式下的境外办学机构(项目),其特点也不尽相同,所得到的好处和坏处也不尽相同,各有千秋。至于选择何种模式开展境外办学机构(项目),既要对输入国(地区)的政治、经济、文化、习俗等各方面进行充分了解的同时,也要对输出国(地区)自身的优势与劣势进行仔细分析,在综合评价的基础上,采取最优的决策。

第三节　教学界面模式类型及现状

所谓教学界面是办学主体之间知识、研究成果和信息等传播的媒介、平台或载体。笔者基于对我国高校境外办学的各种形式分析基础上,根据是否有实质性和是否有独立性教学平台等依据,尝试把境外办学的教学界面分为三大类型,即境外分校(international branch campus,IBC)、海外前哨(foreign education outposts,FEO)和非实体跨境高等教育其他形式(Non-physical cross-border higher education form,NC-BHEF)(如图 3-6)。办学主体凭借自己的核心能力(即拥有的资源和能力),通过不同形式的教学平台(境外分校、海外教学点、虚拟教学平台等),伴随着人员流动、项目流动和机构流动,实施教学活动,实现预期收益。

图 3-6　高校境外办学的三大类型

资料来源:笔者根据自己的理解绘制而成。

一、境外分校

美国教育委员会（American Council on Education，ACE）提出，境外分校是设立在母校以外国家实施面授教育的教育机构。该分校拥有实体建筑，包括教室、图书馆、餐厅，以及娱乐设施和学生宿舍等；以母校的名义运营并授予母校名义的学位证书；提供不止一个学习领域的课程，有长期的行政人员及学术人员。[①] 英国无国界高等教育观察组织认为，境外分校是一家至少部分由外国教育机构拥有的实体教育机构；完全或实质上以外国教育机构的名义经营；从事面对面的教学活动；提供整个学术计划的课程教学，而不仅仅是部分或其他短期学术经验；完成学业后获得由外国教育机构颁发的证书。[②] 日本文部科学省（Ministry of Education，Culture，Sports，Science and Technology，MEXT）对境外分校定义为：所有高等教育机构都可以在国外设置学部、学科、研究科、预科等作为该校的一部分，但其设立必须符合《大学设置基准》《大学院设置基准》及《短期大学设置基准》等日本法律规定；在国外设置的分校必须是该校的学部、研究科等实质性与学位挂钩的组织机构（语言学习的课程班等不属于境外分校范围）；根据《大学设置基准》等法律规定的标准，配有相应比例的专职教师、校园、校舍等设施。[③] 虽然不同国家权威机构所给出的定义表述不一，但其核心要素是一致的，即境外分校是在输入国（地区）有实体校园和建筑、采取面授教学、有超过一门学科的课程以及完成整个学位的能力、提供母校学位证书，由输出国（地区）高校独立运营或与输入国（地区）高校及机构联合运营、受输入国（地区）管制最严的办学模式。根据美国跨境高等教育研究小组（C-BERT）最新统计结果，截至 2020 年 11 月，

---

① WILKINS S，HUISMAN J. The international branch campus as transnational strategy in higher education[J]. High education，2012(64)：627-645.

② Garrett R. Indian Business School Becomes Australian?! The latest on international branch campuses of Indian universities［EB/OL］.（2015-01-22）［2018-03-25］. http：//www.obhe.ac.uk/documents/view_details? id＝1021.

③ 文部科学省高等教育局.学校教育法施行规则等の一部改正について（通知）［EB/OL］.（2005-04-01）［2018-03-25］. http：//www. mext. go. jp/b_menu/hakusho/nc/08070410.html.

境外分校数量仅为 305 家。[①]

因此,所谓境外分校是指在输入国(地区)有实体校园和建筑、采取面授教学、有超过一门学科的课程以及完成整个学位的能力、提供母校学位证书,由输出国(地区)高校独立运营或与输入国(地区)高校及机构联合运营、受输入国(地区)管制最严的办学模式。这种模式是中方高校在海外独立办学,拥有独立校区,具有实质性和独立性的特点。采取此类模式的有厦门大学马来西亚分校、苏州大学老挝分校等,约占我国高校境外办学总量的 10% 等。

加拿大著名高等教育国际化研究学者简·奈特对跨境高等教育的流动性做出了综合性的阐述:跨境高等教育指的是人员、项目、机构、政策、知识、观点以及服务等要素的跨越国境的自由流动。境外分校就属于机构流动,所谓机构流动就是教育提供者的流动实施主体(包括教育研究机构、非营利性与营利性组织、公司和企业等),合并或收购当地院校以及独立教育机构的建立,在教育输入国(地区)实现实体性质的存在。机构流动是我国高校境外办学努力向往的组织模式,其界面呈现为境外分校的形式,其特征具有一体化关系。高等教育机构流动相当于高等教育机构的外国直接投资。最有成就的机构流动形式是高校在境外开办分校校园(如厦门大学马来西亚分校),或者部分或全部收购境外教育机构(如北京大学汇丰商学院英国校区),或者建立一所与原籍机构无关的全新的高等教育机构。如办学所在国政府条例禁止外国高校独资办学,则可以选择与当地机构建立伙伴关系(如上海交通大学新加坡校区),开设校园以实施境外办学活动。

(一)案例分析

伴随着国外教育机构敲响中国大门的同时,中国本土的高校也不失时机地把触角伸向世界。在近现代史上,高等教育在境外的合作机构,主要有莫斯科中山大学和中法大学海外部,其中以里昂中法大学最为著名。[②] 虽然我国高等教育很早就有走出去的意识,但由于境外分校模式是

---

① C-BERT. International Campus Listing 2020[EB/OL].(2020-11-20)[2021-05-20]. http://cbert.org/resources-data/intl-campus/.

② 兰军.跨境教育研究[M].北京:中国社会科学出版社,2012:312.

受输入国(地区)管制最严、投资最大、风险最高的办学模式,根据 C-BERT 最新数据,今天我国已建成的有实体校园的境外分校仅有 4 家(如表 3-7)。具体为:上海交通大学、苏州大学、厦门大学、温州大学等高校凭借自己的综合实力和学科优势,进军海外教育市场,建立了实体校园。

表 3-7　部分境外分校机构及输入国(地区)

序号	中国境外分校机构名	输入国(地区)	学校类型
1	上海交通大学新加坡研究生院 SJTU Asia-Pacific Graduate Institute	新加坡	"双一流"高校
2	老挝苏州大学 Lao Soochow University	老挝	"双一流"高校
3	厦门大学马来西亚分校 Xiamen University Malaysia	马来西亚	"双一流"高校
4	同济大学中意学院 Sino-Italian Campus	意大利	"双一流"院校
5	温州大学意大利分校 Wenzhou University Italy Campus	意大利	普通院校

资料来源:笔者根据访谈资料整理而得。

　　"双一流"高校因为具有较强的办学能力和一定的国际影响力,在建立境外分校方面具备优势。而列举的 5 所境外分校中,普通高校也成功地在境外举办了分校,其经验值得总结和推广,这里列举该高校的境外分校概况。

　　案例:温州大学意大利分校

　　温州大学作为侨乡温州唯一的地方综合性大学,积极响应党的十九大报告中提出的建设社会主义文化强国和"一带一路"倡议,学校"十三五"发展规划中将"境外办学"工程作为国际化战略重要举措,于 2016 年在意大利佛罗伦萨大学揭牌创建温州大学意大利分校(普拉托校区),与意大利锡耶纳大学签约创办温州大学意大利分校(阿雷佐校区),是国内高校境外办学的落地化创新尝试和对"中华文化走出去"的努力实践。温州大学与锡耶纳大学合作的项目获得了意大利教育部的支持,锡耶纳大学已向意大利教育部申请于本科学历课程中新开设 3 门同中国语言与文化相关的课程,已完成首届招生。意大利第一媒体 Nazionale 报道,温州大学意大利分校阿雷佐校区设立面向整个欧洲的汉语教师教育培训中心——温州大学意大利分校欧洲华文教师培训学院。温州大学作为国务院侨办首批全国华文教育示范基地,10 余年来一直致力于开展海外华文教育教学及学术研究工作,此次成立欧洲华文教师培训学院契合国务院侨办在第四届世界华文教育大会上深化华文教育"三化"建设,大力弘扬中华优秀文化的主题,符合国家战略意义。[①]

可以看出,能够建立独立境外分校的国内高校,都是"双一流"高校或者有特长的高校。而高职院校却不具备这样的优势,因为高职院校的人力资源结构等因素导致学校很难在境外单独举办分校。

(二)境外分校模式的优劣势

境外分校的优势:研究发现,境外分校是一体化模式,由于它拥有自己独立的海外校园,这种模式与其他模式的根本差别在于办学主体之间形成了一种独特的界面,最大特点是办学主体与环境交流必须通过这一界面进行。不像海外教学点等教学前哨,它还具有一定的灵活性,可以做出另外的选择,但是境外分校由于投入巨大,无法轻易舍弃,所有的境外办学活动将在这个界面完成,具有唯一性、固定性特点。这种模式的优势,阻尼明显较低,降低了办学主体的搜索和选择成本;内部交流具有较好的平台,可以降低环境因素的干扰和影响,减少知识、教学成果等传递的损失。相对而言,在境外分校这种稳定的界面,高校可以施展的空间更广,办学的时间也可以更长,办学的层次也可以更为多样,不再停留于某个专业的合作,而是建立若干个学院的正规高校,实施全面的高等教育的办学模式。比起其他几种模式是更为理想的办学模式。因为,随着境外分校的举办,母体高校可以完全实现自主管理、自主办学,不再需要依赖当地合作伙伴,并且有机会在输入国(地区)建立全面而独特的形象,也有利于高校品牌的提升,有利于竞争优势的增强。[②] 例如,英国诺丁汉大学

---

① 温州大学意大利分校概况(http://italy.wzu.edu.cn/xxgk1/xyjj.htm)及访谈资料整理而得。

② VERBIK L,MERLEY C.The international branch campus:models and trends [J].Report,2015(46):1-31.

于 2005 年在我国开设的校园吸引了人们的广泛注意。因此,被访谈的很多高校都纷纷表示,建立境外分校是他们的终极目标,例如,无锡商业职业技术学院希望在建立的"西哈努克港工商学院"为了有效保障办学质量,提出逐步实现中柬教育政策与文化互通、办学定位与人才需要互通、中柬两地"实体—虚拟"双校园共享互通;同时实现人才培养模式与体系互通共享、教学资源共享、人力资源共享、生源互派共享等目标。

境外分校的劣势:随着高校境外办学的发展,基于稳定性的角度,从人员流动到项目流动,最终趋向于发展成为机构流动的组织模式,因为这种模式的关系是最为稳定的,在有条件的前提下,我们要清楚地了解并充分利用境外国家或地区提供的这种机会,建立境外分校。但是,全世界范围内建立的境外分校非常少,英国无国界高等教育观察组织在 2019 年提供的数据显示,仅为 263 所。① 究其原因,可以分析出不是所有发展中国家都有可能提供这种接受外国教育机构来建设本国的高等教育的能力,因为还受到两个先决条件的影响:一个先决条件是该国有足够的资源和机会吸引外国高等教育机构[为了确保外国高等教育机构的活动符合输入国(地区)高等教育政策的目标和需求,需要建立适当的监管框架];另一个先决条件是学生及其父母有需要的意愿并且有能力支付全部学费。例如,非洲的许多国家在短期内将无法执行这种政策。而具备这两条能力的东道国主要集中在东南亚、东北亚和中东地区。因此,境外分校模式由于涉及更大的办学风险,机构的流动不如人员和项目那样普遍,高校机构的流动性仍然有限。

二、海外前哨

海外前哨(foreign education outposts,FEO)是指高校在海外设置办公室、机构等具有实体教学场地,用于提供面向当地的教育、培训、招生以及科研等活动,可以不与取得学位挂钩,是比境外分校概念外延广的一种

---

① MEROLA R. International branch campuses:OBHE coverage focus for 2019[EB/OL].(2019-05-10)[2019-11-28].http://www.obhe.ac.uk/documents/view_details?id=1104.

办学形式;[①]我国高校境外办学搭建的教学平台海外教学点、海外培训中心、海外科研中心等都属于这类组织模式。其特点在于,有实体、固定的,但非独立拥有的教学场所。

根据简·奈特的理论框架,海外前哨属于以项目流动为主的教学平台。所谓项目流动,是指流动的主体是教育项目,主要类型包括课程、副学位、学位和研究生等层面相关的项目,流动的形式主要采用结对、特许专营、互嵌、联合学位、双学位等。

(一)案例分析

我国高校境外办学海外前哨模式已经初具规模,是高校境外办学最常见组织模式之一,占全国 128 个境外办学机构(项目)总数的 90% 左右。海外前哨模式的特征是有实体、固定的,但非独立拥有的教学点。一般而言,教学点由合作高校、政府、企业或社会团体等提供。笔者将列举一些具有代表性的案例,以便深入了解这种组织模式的特征(如表 3-8)。

表 3-8　我国海外前哨组织模式(部分)

序号	我国海外前哨机构名	类型	界面提供机构
1	云南财经大学曼谷商学院	教学点	合作高校
2	南京工业职业技术学院赞比亚分院	教学点	中资企业
3	金华职业技术学院卢旺达穆桑泽培训中心	培训中心	卢旺达政府
4	河海大学海外中心(老挝)	海外中心	企业

资料来源:笔者根据访谈资料整理而得。

案例:金华职业技术学院卢旺达穆桑泽培训中心

金华职业技术学院(简称金职院)的境外办学模式是高校与政府合作开办的境外教学点的典型代表。该校本着服务国家"南南合作"战略和"一带一路"倡议的宗旨,积极推进"引进来"与"走出去"并重,从建立技能培训中心、汉语言学习中心——筹建境外分校,分两步走的高等教育国际化办学策略。国家主席习近平 2018 年 7 月访问卢旺达,在当地媒体发表的署名文章中提到"穆桑泽职业技术学校成为卢旺达北方省最大的职业

---

①　大森不二雄.国境を越える大学の認可·評価に関する豪州の政策[J].教育社会学研究,2005(76):225-244.

技术培训中心",该校是我国政府援建的"交钥匙"工程,也是金职院在非洲开展海外合作办学、输出高职教育的对象学校。金华职业技术学院自2013年以来就已开始与卢旺达在国际教育等方面开展积极合作,2014年7月18日,金华职业技术学院卢旺达政府委托培养班正式开班,首批学生共有32名,其中13名学习汽车检测与维修技术、12名学习通信网络与设备专业、7名学习酒店管理专业。2016年起接收卢旺达政府委托培养班的学生来校留学。2017年6月7月与穆桑泽职业技术学校合作成立了穆桑泽国际学院。至此,该校共有卢旺达政府委托培养班学生78名,采取"1+3"培养模式,"1"指一年汉语言及中国文化教育,"3"指三年学历培养,学制为4年,要求留学生在一年之内拿到HSK4级,以满足专业学习的语言需求。待进入专业学习之后,以现代学徒制方式要求师带生,同时安排英语较好的同学与留学生结对互助学习,并成立留学生汉语学习小组和技能学习小组以促进学习。学历学习期间,以课程教学、文化活动与文化体验等方式积极推进中国文化的传播。

金职院的境外项目顺利进行的经验为:一是与政府保持着良好的合作状态。卢旺达青年领袖诺贝尔应该校分管外事工作副校长的邀请考察学校,拉开该校与卢旺达政府教育合作的序幕以来,与卢旺达政府保持密切的合作关系。二是与企业及第三方机构保持良好的合作状态。该校已与金华爱司伯机电科技有限公司、北京恒华伟业科技有限公司、中国非洲妈妈联合集团、江西汉腾汽车有限公司、上海容大教育、中教丝路等多家企业进行了洽谈并达成不同程度的合作意向;与中非民间商会、浙江省服务贸易协会、金华市服务贸易协会等积极磋商洽谈,申报了南南合作基金项目1项,金华市国际教育服务贸易重点建设项目2项等。三是注重当地市场需求和劳动力资源状况。2018年起,为了摸清当地的专业需求状况,积极开展当地劳动力资源状况调查、联合招生布点工作及生源摸底、紧缺劳动技能培训项目调查和培育摸底。

(二)海外前哨模式的优劣势

通过访谈了解到,境外教学点(海外前哨模式)的优点是体量小、动作快,对于学校来讲,铺设这些海外教学点更方便。由此可见:

海外前哨的优势:(1)投资小见效快。研究发现,教学点、培训中心等海外前哨这种组织模式有场地校园、校舍等支持,有利于快速建立境外办学机构(项目),减轻投资规模,进入输入国(地区)教育市场难度较小,这种模式的优势,阻尼明显较低,降低了办学主体的搜索和选择成本。(2)稳定性较好。由于它拥有固定的实体教学点,该界面平台具有内在必然性和较强的稳定性,能充分展现办学主体互补优势和环境支持,为连续性办学提供必要条件。例如,无锡商业职业技术学院选择在西哈努克港海外教学点办学,符合它办学主体双方的需要。(3)灵活性较好。具有一定的灵活性,可以在预期收益不能实现时,迅速做出另外的选择。连续模式的界面往往比点和间歇具有更高的稳定性。毕竟有固定的教学点、可以互补的办学主体等,这种优势是显而易见的。

另外,海外前哨也存在一定的劣势:海外前哨与其他组织模式的差别在于界面因具有实体性但非独立性的特征,使得整个办学模式呈现出间歇式和连续式,也就是说,办学模式的稳定性不如境外分校高,因为教学点等不是独立拥有的固定资产,决定权在合作方,随时有可能收回。不利于对境外办学机构(项目)的控制和运作管理,有还款、利益回报等压力,因此要均衡办学自主权和办学主体利益诉求的关系。

三、非实体跨境高等教育形式

非实体跨境高等教育形式(Non-physical cross-border higher education form,NC-BHEF)是指学生和教师围绕课程的跨境流动的办学模式,包括虚拟教学平台、远程教育、网络教育等非实体教学场地的境外办学方式。根据学者简·奈特的理论框架,非实体跨境高等教育形式属于以人员流动为主的非实体教学平台。

(一)案例分析

教学界面既有有形的,又有无形的。非实体跨境高等教育形式就是通过非实体教学平台,实施境外办学的模式,例如,一些校际的人员或者课程项目的线上授课流动等。因为非实体的特征,没有办法具体统计出我国这种模式的实际数字。笔者将列举一些具有代表性的案例,以便深入了解这种组织模式的特征(如表3-9)。

表 3-9　非实体跨境高等教育组织模式——非实体案例（部分）

序号	非实体跨境高等教育形式机构名	类型
1	云南交通职业技术学院泰国邦帕空分校	虚拟教学
2	厦门大学海外函授学院	海外函授
3	上海海事大学远程教学平台	远程教学

资料来源：笔者根据访谈资料整理而得。

案例 1：云南交通职业技术学院泰国邦帕空分校

云南交通职业技术学院泰国邦帕空分校是培养交通类的国际化人才为目标，因为交通类国际化教学资源匮乏，学校将进行双语虚拟仿真专业课程教学平台的建设，包括合作办学专业课程资源库建设、国际双语网络课程平台建设、虚拟仿真实训项目建设等，该双语平台除了能满足全国成人教学活动的需求，也能够逐步培养国际化教师、积累国际化教学资源。此外，很多学校也反映，境外办学的目的地国（地区）由于教学资源条件太差，很难达到国内的水平，因此建立这种虚拟教学平台是一种境外办学机构（项目）的选择。

案例 2：上海海事大学远程教学平台

上海海事大学为其境外办学项目建立了远程教学平台，举办"非洲物流管理班"。在中西非本土学习的学生可以通过该平台，接受上海母校教师的在线授课、与母校管理人员进行在线互动，同时还可以进行在线选课、提交疑问、查看成绩、确认通知等。[①]

（二）人员流动的趋势分析

人员流动主要是指学生流动和教师流动，是高等教育国际化最常见的流动形式。学生流动从中国留学生的发展趋势和来华留学生的发展趋势分析，教师流动从在华外籍教师的规模和我国外派教师的规模分析，可以看出我国高校境外办学具有巨大潜在的市场，拥有良好的办学经验和基础。

1.中国留学生

这里所指的中国留学生是广义的，不仅包括传统意义上的到国外高

---

① 胡荣山.上海海大办"非洲物流管理班"[N].中国水运报,2013-06-26(6).

等教育机构学习的中国留学生,也包括派出到我国高校境外办学点学习一段时间的中国学生的人员流动。我国在海外设立大学的开端,是在境外设置的高等教育合作机构里昂中法大学(1921 年创建),它是由吴稚晖、李石曾、蔡元培等凭借个人之力,联合法国名流学者创立的。[①] 里昂中法大学创办的目的就是为我国培养一批高级学者、研究人员及合格的高校师资,该校第一批招收的学生共有 138 人,其中从我国招收了 127 名,从法国招收了 11 名。[②] 可以看出,最早的境外办学主要以培养中国学生为目的。根据教育部统计数据,1978—2018 年底的中国出国留学高等教育阶段的总人数已接近 600 万人次,其中国家公派约占 6%,单位公派约占 4%,自费留学约占 90%;40 年间出国人数从 1978 年 860 人,到 2018 年 66.21 万人,人员流动实现了跨越式增长。[③] 从中国留学生出国人数的不断增加,可以看出我国高校学生希望到国外实地学习和体验生活,感受其他国家的风土人情,建立国际友好关系网的愿望是非常强烈的。

2.来华留学生

来华留学生的规模,是我们高校境外办学潜在的生源市场。从 2002 年到 2017 年,我国高等教育对境外学生的吸引力越来越大,来华留学生接受我国高等教育的人数翻了 4.1 倍之多,如图 3-7。[④]

进一步分析来华留学生的经费来源,主要有五类:国际组织资助、中国政府资助、留学生本国政府资助、学校间交换以及自费等。从 2002 年到 2017 年间,分析每一类经费来源占所有经费来源的构成比例趋势,可以得到图 3-8 的结果。

结果显示,中国 2001 年加入 WTO 之后,一方面可以看出中国政府对来华留学生资助的力度显著增长,同时,学校之间留学生交换的力度也

① 兰军.近现代中外高等教育跨境合作办学的历史考察[J].高校教育管理,2010,4 (3):87-92.

② 胡晓.中法大学与中法文化交流[D].成都:西南交通大学,2003.

③ 教育部.出国留学:培养有家国情怀国际视野的建设人才[EB/OL].(2019-09-27) [2020-04-27].http://www.moe.gov.cn/jyb_xwfb/s5147/201909/t20190927_401309.html.

④ 刘昌亚、李建聪.高等教育 外国留学生情况.中国教育统计年鉴[M].北京:中国统计出版社,2002—2017,年鉴.

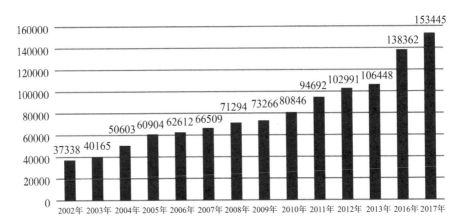

图 3-7 来华留学生接受中国高等教育人数趋势图

资料来源:中国教育统计年鉴(2002—2017 年),其中 2014 年和 2015 年数据缺失。

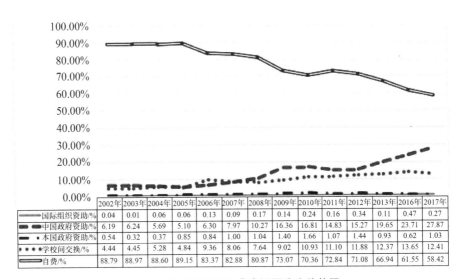

	2002年	2003年	2004年	2005年	2006年	2007年	2008年	2009年	2010年	2011年	2012年	2013年	2016年	2017年
国际组织资助/%	0.04	0.01	0.06	0.06	0.13	0.09	0.17	0.14	0.24	0.16	0.34	0.11	0.47	0.27
中国政府资助/%	6.19	6.24	5.69	5.10	6.30	7.97	10.27	16.36	16.81	14.83	15.27	19.65	23.71	27.87
本国政府资助/%	0.54	0.32	0.37	0.85	0.84	1.00	1.04	1.40	1.66	1.07	1.44	0.93	0.62	1.03
学校间交换/%	4.44	4.45	5.28	4.84	9.36	8.06	7.64	9.02	10.93	11.10	11.88	12.37	13.65	12.41
自费/%	88.79	88.97	88.60	89.15	83.37	82.88	80.87	73.07	70.36	72.84	71.08	66.94	61.55	58.42

图 3-8 来华留学生经费来源百分比趋势图

资料来源:中国教育统计年鉴(2002—2017 年),其中 2014 年和 2015 年数据缺失。

在稳步呈现增长趋势;另一方面,虽然来华留学生人数增长了 4.1 倍,但是,来华留学生自费的比例显著下降,从原来的 88.79% 降到了 58.42%,这说明来中国留学的成本是相当高的,越来越多外国学生没有办法支付来中国学习的昂贵学费和生活费。被访谈的境外学生也反映,如果中国的大学在当地开设分校的话,基于教育成本的考虑,会倾向于选择在当地的中国大学就读。

3.在华外籍教师

1978年以来,中国恢复了聘请外国教师来华任教或短期讲学的做法。1998年教育部出台了《面向21世纪教育振兴行动计划》,该文件大大鼓励了全国高校设立"特聘教授"岗位,通过公开招聘方式,不局限于国内外教师,扩大吸引外籍教师的力度。按照中外合作办学相关管理办法的规定,担任核心课程教学任务的外国教育机构教师占所有核心课程比例不得低于1/3,这个规定使得外籍教师人数不断攀升,为我们积累跨境教育的经验和拓展人脉打下基础。

4.中国外派教师

我国高校境外办学的师资主要依靠我国外派教师积累的能力和经验。从1952年到2001年期间,我国派遣了1100多名汉语教师到70多个国家。官方派遣记载学者出外讲学始于南北朝时期,有《毛诗》博士被梁朝政府派遣,前往朝鲜的百济讲学。[①] 由此传统,我国高校创设各种条件,利用各种机会选派我国的教授、学生出国考察、讲学、出席学术会议和进修学习。通过充当外国大学师资、出国进修、出席国际学术会议等渠道,解决了我国高校初期国际化水平师资匮乏的问题,对高校的整体学术研究水平的提高、为高校学科建设的发展起到了很大的推动作用。同时,通过推行教师、学生的人员流动,为我国高等教育和学术思想的对外传播奠定了良好的基础。

(三)非实体跨境高等教育形式的优劣势

非实体跨境高等教育形式的优势:(1)办学成本低。通信技术可以以更低的成本和更大的灵活性提供新的教育机会,虚拟平台、远程教育等不需要物理教学设施的大量投入,通过利用人工智能、互联网、大数据等现代教育技术手段,实现"互联网+教育"的组织模式,随着信息技术的日新月异,对"互联网+教育"潜力的认识得到日益增长,远程教育可以作为未

---

① 兰军.跨境教育研究[M].北京:中国社会科学出版社,2012:301.

来高校境外办学的选择项。(2)学生覆盖面更广。信息和通信技术使虚拟国际化成为可能,可以增加学生获取和选择知识的机会,这种模式可以有效地撬动更多的境外学生接受我国的高等教育,有利于走出去办学的推动和普及。(3)灵活性高。受政策、市场等环境影响,办学条件发生变化时,容易迅速做出调整或退出的选择。

非实体跨境高等教育形式的劣势:(1)稳定性低。由于没有实体、固定的教学平台,以人员流动为主的办学模式,常常伴随着随机性、间断性、偶发性的特征,相较于境外分校和海外前哨两种形式,稳定性较低。(2)校园体验感差。没有校园、校舍等支持,合作机构之间内部交流不具有较好的载体和稳定的边界,学生的课堂和校园的体验感较差,从而受环境因素的干扰和影响较大,远距离教学也会导致信息传输损失或不准确。

第四节 高校境外办学模式存在的主要问题

高校境外办学模式是由融资构成模式和教学界面模式进行组合得到的。融资构成模式侧重揭示境外办学系统中各办学主体之间收益分配等相互作用的行为类别,包括寄生收益、偏利收益、非对称互惠收益和对称互惠收益等四种行为模式。教学界面模式侧重反映办学主体之间信息传递等相互作用的组织方式,包括点合作、间歇合作、连续合作和一体化合作等四种模式。[①] 通过前面的分析,高校境外办学的行为模式主要有母体高校独资办学模式、中外高校联合办学模式以及政府、企业和社会团体提供办学条件模式;而组织模式主要有境外分校、海外前哨和非实体跨境高等教育其他形式。

办学系统进化原理认为对称互惠是系统进化的方向,是其本质追求,形成对称互惠系统是最有效率也是最稳定的系统。本书中对称互惠性收益分配指高校及其他办学主体实现各自的预期收益,达到最理想的状态,实现协同增益的目的。围绕办学主体预期收益实现的最大化的原则,模

---

① 袁纯清.共生理论:兼论小型经济[M].北京:经济科学出版社,1998.

式的选择原理主要体现为盈亏均衡机理。母体高校应按照最有利于自身的资源条件和发展规划来决定办学模式和选择合作伙伴,当选择与其他机构合作办学时,存在与多个办学主体建立关系,由于办学主体之间存在个体差异性,难免会产生利益上的博弈,而寻找到互相之间盈亏均衡点是解决冲突,实现境外办学合作关系可持续发展的关键因素。表 3-10 是高校境外办学模式的进化方向。

表 3-10　高校境外办学模式的进化方向

融资构成模式		教学界面模式				共生能量分配对称性提高
		海外分校、海外前哨、非实体形式				
		点共生 M_1	间歇共生 M_2	连续共生 M_3	一体化共生 M_4	
母体高校独资、中外高校联合、企业等机构投资	寄生 P_1	S_{11}（M_1,P_1)	S_{12}（M_2,P_1)	S_{13}（M_3,P_1)	S_{14}（M_4,P_1)	
	偏利共生 P_2	S_{21}（M_1,P_2)	S_{22}（M_2,P_2)	S_{23}（M_3,P_2)	S_{24}（M_4,P_2)	
	非对称互惠共生 P_3	S_{31}（M_1,P_3)	S_{32}（M_2,P_3)	S_{33}（M_3,P_3)	S_{34}（M_4,P_3)	
	对称互惠共生 P_4	S_{41}（M_1,P_4)	S_{42}（M_2,P_4)	S_{43}（M_3,P_4)	S_{44}（M_4,P_4)	

共生组织化程度提高，共进化作用增强M

资料来源:袁纯清.共生理论:兼论小型经济[M].北京:经济科学出版社,1998.及访谈材料分析整理而得。

从表 3-10 可以看出,系统状态变化有两个方向:一个方向是组织化程度提高,共进化作用增强,另一个方向是收益分配对称性提高。系统的基本状态是不断发展变化的。这两个方向也代表了进化的两个方向,M表示向一体化平台进化,P 表示向对称互惠收益进化。主要考察对角线矩阵的办学模式,关系形成初期,系统状态主要集中于 S11 和 S22 的模式,随着高校与合作机构之间合作程度的深入以及教学平台的稳定发展,如表 3-10 所见,办学系统状态会逐渐发展到 S33 和 S44 的模式状态。但是,稳定、平衡状态并不会一直存在,很快会被变化的外部环境或内部作

用所打破,重新调整关系形成新的稳定状态,如此循环往复。[①] 具体分析四种模式如下:

S_{11}是寄生性点合作模式,这种关系的办学主体一种为寄主高校,另一种为寄生高校(或企业、社会团体)。说明寄主高校实力很强,提供境外办学生存和发展所需的资源,而对寄生高校(或企业、社会团体)是一种帮扶作用,这种帮扶行为是建立在消耗寄主高校自身利益的情况下维持,因此这种关系只能是短暂的、临时性的,关系极其不稳定,随时解体。

S_{22}是偏利性间歇合作模式,这种合作关系具有一定的连续性和相互兼容性,办学主体之间或许存在一种帮扶行为。例如,我们对"一带一路"沿线欠发达国家的一些间歇式的合作项目,提供教育资助和教育帮扶的行为,这种支持有利于短期培训员工等。但对于提供教育输出的高校来说,这种模式对自身的收益(扩大国际化影响、提高办学能力等)没有多大的帮助,也不会实际造成损失。偏利性间歇模式有一定的延续性,但不具有很高的稳定性,因此这种模式很容易被打破,直至解体。

S_{33}是非对称互惠连续合作模式,这种模式是母体高校和合作机构(高校、企业、政府或社会团体)因各自诉求的收益建立起以相互间的较高信任度为基础的长期合作关系,其特点为不容易产生背叛或撤离行为。虽然,合作过程中难免出现对预期收益的满足程度存在差异现象,但这种差异常常源于办学主体教学资源投入的不同,因此,办学主体出现的差异具有认同感,没有抵触。根据访谈资料,我国高校境外办学系统,这种合作模式最为常见。例如,高校和企业一起走出去境外办学,签订了长期合作协议。高校希望从中可以扩大国际影响力和提升国际化办学能力,而企业希望能够从中获得企业发展的人才和经济效益。当双方预期的收益没有得到满足,呈现出非对称性状态,也就是说,短期内高校没有办法扩大国际影响力或者目前的条件并不利于提高办学能力,但是高校仍然会继续在境外实施人才培养的活动;另外,企业可能没有获得足够的人才满足需要或者短期内只有投入没有经济效益的产生,但是,这并不影响企业继续参与境外办学的活动,因为办学主体双方不会轻易破坏关系,因而这

---

① 董彬.基于共生理论的运输方式发展模式及机理研究[D].西安:长安大学,2017.

种关系具有较好的稳定性。

S_{44}是对称互惠一体化合作模式。这种状态下,办学主体不再是独立的个体之间合作,而是由独立的个体融合成为一个新的统一整体,具有法人资格。原来的办学主体之间不再是竞争合作关系,而变成分工合作关系,利益的分配由新的统一整体(组织机构),根据该组织机构的制度来安排,这种安排可以不偏颇地均衡地让各部门实现预期收益最大化,因此这是一种理想的稳定状态,也是不易实现的努力方向。

根据前面的分析可知,目前高校境外办学系统存在的问题是大多数并没有处于理想的状态,即 S44 对称互惠一体化办学模式。在其他状态下,高校境外办学系统表现为偶发性强、流动性强、收益分配不合理等因素,导致系统处于不稳定的、不可持续发展的状态。因而,遵循办学模式进化原则,就是遵循从偏利模式、非对称互惠模式的不均衡状态向对称互惠模式的均衡状态方向发展,是最稳定的,最有利于境外办学系统可持续发展的状态。

综上所述,本章分析了高校境外办学的办学模式,首先对影响办学模式的核心能力,即师资、课程、学生以及运行资金进行了分析,研究发现国家层面存在政策障碍,高校内部管理制度不完善、运行资金不足以及教师动力不足等成为制约因素。在教学资源的约束条件下,高校境外办学的办学模式,从融资构成模式角度分为母体高校独资办学、中外高校联合办学以及政府等其他组织提供办学条件等模式;从教学界面模式角度分为境外分校、海外前哨、非实体跨境高等教育形式等模式。高校境外办学的办学模式是行为模式和组织模式相结合呈现的办学模式,根据办学系统进化原理,对称互惠一体化办学模式是实现协同增益目的最理想的办学模式。

第四章　我国高校境外办学环境的掣肘之处

▶▶▶

　　办学主体是分析高校境外办学的起点,办学模式是关键,而办学环境是"协同增益"的办学主体关系建立及办学模式形成的重要保障。办学环境是指办学模式存在发展的外生条件,办学主体以外的所有因素的总和构成办学环境。本章对高校境外办学系统运行的办学环境,利用理论的分析工具,通过对质性材料呈现的现状分析,阐述办学环境中亟待解决的问题。

　　专家提出建议:

　　现在,我们正按国力的发展,在逐步把我国的高等教育推出去,在这个时候,如何能把境外办学做得更好,不是一窝蜂而上,而是更多地考虑可能遇到的风险和问题。如何更加规范地更加有效地来推进境外办学这项工作,在现阶段是尤其重要的。(P2)

　　关于高校境外办学环境的分析,需要考虑各个环境层面之间的最高协调或兼容性。在高校境外办学实践中,高校和外部环境要协调好,通常是一项非常艰巨的任务,很少有国家能够成功地将各种环境整合为协调一致的整体来发展跨境高等教育,为了努力改进和完善不协调不一致的现象,我们首先需要对存在的外部环境,做出理性的分析和保持清醒的认识。本节从访谈材料中影响高校境外办学稳定性的环境特征呈现为:中外国家的制度距离、政府顶层设计的缺失以及高校环境营造的不足。

第一节　中外国家的制度距离

　　根据制度距离理论,制度是制约人与人之间互动的约束条件,分为正式制度和非正式制度。正式制度涉及经济行为者必须遵守的规则；非正式制度是人们互动中自然而然形成的约束，这些约束与限制反映了社会中人们默认的规范、信仰和价值观（North，1990）。[1] 所谓制度距离，是指国家之间在管制、规范和认知制度环境上的差异或相似之处。[2]

一、管制制度距离

管制距离描绘了输出国（地区）与输入国（地区）之间由于规章、规则、法律等管制上的差异。[3] 这些具有差异的法律法规既限制了跨境高等教育的某些行为，同时又鼓励了某些行为，在输出高等教育知识体系时，母体高校可能会面临多重的、不同国家的管制制度压力，高校所要做的，就是了解差异，充分利用输入国（地区）鼓励外国高校在本国实施跨境高等教育的管制制度，以顺利举办并实施在该国境外办学活动。根据访谈材料分析，管制制度距离主要体现在：政治体制、法律法规、跨境高等教育政策、劳务签证政策等方面。

（一）政治体制

政治体制的差异带来的管制距离，常常表现为政权变换带来的不稳定性和风险性。政治的不稳定性使得境外办学的高校难以在境外顺利实施教育提供和教学活动。考察输入国（地区）政治体制的稳定性是决定是否在该输入国（地区）实施境外办学活动的一个重要因素。不稳定的政治环境，常常阻碍或终止高校境外办学的发展和运行。

我们谈了很多年，想在泰国做一个分校，但是它的政局变动、皇权更迭很快。后来，在他们总理改选的过程中，我们的项目就泡汤了，因为新总理不支持外国教育机构在当地开设分校。所以其实政策上的影响是很大的。（M22）

---

① NORTH D C. Institutions，institutional change and economic performance[M]. Cambridge：Cambridge University Press，1990：103.

② KOSTOVA T. Success of the transnational transfer of organizational practices within multinational companies[D]. Minnesota：University of Minnesota，1996.

③ 吴晓云，陈怀超. 基于制度距离的跨国公司知识转移研究[J]. 经济问题探索，2011（9）：17-23.

我们学校 2014 年的 5 月要去输入国(地区)挂牌,结果我们刚刚要出发的头一天,就是本来我们明天要出发了,结果头一天,他们国家正好政变,所以整个行程就推迟了,推迟到了 2014 年的 7 月,导致当年我们没有招生。(M12)

我们在跟美国办学的时候,就认真考虑了政治制度方面的因素,考虑双校、两国不同国情背景的差异,既要寻找共性也要考虑这里面可能存在的危机和风险,做好预防机制。(JDFT-BJ-2018.6.8)

这种管制制度差异的影响,就算是具有跨境高等教育丰富经验的高校也无法克服,2007 年 3 月 1 日,澳大利亚中央昆士兰大学(CQU)运营了 9 年后关闭了其在斐济的校园,该决定归因于该国不稳定的政治气候带来的国际学生入学率下降,进而导致财务亏损,难以为继。[①] 输入国(地区)的政治不稳定因素,是不可抗力的因素,唯有充分对国际局势、双边关系、国内政治经济变化等进行预判和评估风险,加强风险意识,做好应急预案,才能实现高校境外办学的可持续发展。考察政治稳定性,常常落脚于国别研究,列举被访高校对两个办学输入国泰国和卢旺达政治稳定性分析和判断,以说明高校选取输入国(地区)时的考量因素。

泰国,在 1932 年起确立了君主立宪制政体,此后,泰国对宪法作了一系列修订,以国王为国家元首完善了宪政体制,现行宪法于 2017 年 4 月 6 日经国王批准生效,系泰国第 20 部宪法。泰国政府虽屡经政变,但泰国民主政治根基牢固,法制观念深入民心,政局平稳,社会较为安定。1963 年起实施国家经济和社会发展五年计划,2017 年开始第十二个五年计划,该国致力于经济发展的举措,为中泰两国开展教育合作奠定良好的环境。(M12)

整个非洲形势还是好的,从全球来讲,非洲是全世界经济增长速度最快的一个大洲,卢旺达在整个非洲是最安定、社会治安最好的国家,官方货币是卢旺达法郎,汇率对比其他国家相对来讲还是比较稳定的(M17)。

---

① The Observatory on Borderless Higher Education. Too risky a territory? Australia's Central Queensland University closes its Fiji operation[EB/OL].(2007-03-05)[2019-11-16]. https://www.obhe.org/resources/too-risky-a-territory-australias-central-queensland-university-closes-its-fiji-operation.

从我们来说,要求办学环境一定要安定,我们联系的东道国非洲国家较多,但很多都不安定,晚上不敢出来,如果让学生晚上培训,担心发生意外。而卢旺达被人评价是"非洲的新加坡",因此我们选择在那里办学。(M18)

通过对泰国和卢旺达两个国家的分析可以看出,虽然两国政治体制不同,但是共同的一点是,两个国家的稳定性相对较高,促使这两个国家成为大家青睐的输入国(地区)。高校在实施境外办学的时候,政治稳定性是作为对输入国(地区)考量和评估的一个关键因素,政局稳定,政府管理经济文化等职能的环境就好,各方面的流动自然,有利于人文交流,自然有利于两国之间教育合作的战略。如果政局动荡,政府不能保证正常的跨境教育开展,我国高校的权益就会遭到极大的破坏,严重影响境外办学活动的进行。

(二)法律法规

境外办学过程中法律事务管理上的差异也十分明显,高校境外办学必须对输入国(地区)高等教育相关的法律法规进行深入分析。境外办学是在对实施所在国家和地区的政策法规深入了解和遵守的基础上开展的,需要专业化法律事务指导。高校作为境外办学实施的主体,要全面深入了解和运用实施所在国家和地区的法律法规存在很大的困难,组建应对与处置相关法律事务的专业团队难以实现,这也是高校在境外办学实施过程中面对的较为突出的问题。由于境外办学,涉及中国和境外两个不同国家(地区)的劳动法与劳动合同在某些规范方面,可能会出现不一致的地方,财务制度和生活水平也有差异,如何满足国内的政策要求同时不影响境外校区的发展,成为迫切需要解决的法律对接问题。

相较于境外合作办学,高校在境外开展独立办学的难度较大,审批条件极为复杂严格,包括必须提供多年的办学数据用于审核等。(JDFT-BJ-2018.6.8)

医药类高校开展境外办学还受到当地医疗体制的重要影响,比如当地是否对中医进行立法等。(JDFT-BJ-2018.6.8)

法律的国际适用性问题,可能会碰到和国内的发生一些冲突。就比如说,我们现在在境外要注册非营利机构的事情,我们在新加坡找的律师事务所,他觉得你可以申请私人公司,但我们学校的法务认为,学校章程里面明确写了我们是非营利的,还是要按照非营利的来注册,两边的法律体系基准是不一样的,以后应该还会再碰到类似问题。(M10)

对输入国(地区)法律法规的认识不清,将会出现当地办学的合法性问题,使得母体高校与国外合作机构之间难以进行协调和控制,从而阻碍教学活动的顺利实施。现实情况反映出,中方各有关高校对境外办学的管理中,存在比较松散粗糙的现象,对办学各环节的法律风险评估不足,尤其是法律服务接入不够,造成了境外办学抗风险能力较弱。可能在不知情的情况下触碰输入国(地区)法律法规,导致一些比较大的纠纷。

(三)跨境高等教育政策

专家提出,我们在国际化的同时需要注意要和当地的教育接轨,也就是教育目标、培养目标和教育模式,要和当地的教育体系能对接起来,人才队伍结构及教师也要能够和当地接轨,我国派出的老师也要能和当地接轨,才能顺利开展办学活动。

多数境外国家(地区)的政策规定,开办学校需要当地教育主管部门的审批和备案。例如,泰国政府规定,要经过严格的审批程序外国资本才能在本国独立设置高校,此外对开办学校的面积、教职工比例、股份比例、税收审计、人员签证等都有严格规定。[①] 国外大学若到泰国设立独立的高等教育机构,须经泰国高教委按等同于新办泰国教育机构程序审批,泰国高校与国外高校合作必须报经泰国高教委批准。根据泰国《外商经营法》的规定,教育是限制开放的行业,设立独立教育机构需要申请泰国投资促进委员会(简称 BOI)的许可,BOI 是泰国总理府直属机构中唯一负责政府招商引资和审批投资项目的机构。由此可见,泰国对跨境高等教育的管理政策比较严格,教育开放程度一般,迄今只有 2 所外商设立的高等院校,如泰日工业大学(由日本经济贸易与工业部、泰日科技促进商会投资设立)等。

又如新加坡,近年来,其跨境高等教育的监管政策发生了重要变化,若要在该国顺利办学,就应该及时了解这些政策的变化以便及时做出应对。

2017 年是新加坡教育部找到我们,我们一直是跟南洋理工合作办

---

① 蒋凯,夏红卫.高校境外办学的瓶颈问题与应对策略[J].江苏高教,2019(11):18-24.

学,一直以来没有正式在新加坡注册、备案,我们在新加坡教育部不属于任何公立大学办学,都属于私人教育,根据他们的管理规定,必须首先要注册一个公司,然后这个公司去申请办学资质,新政策出台后,申请变得困难了。(M10)

还有一些国家如乌兹别克斯坦等,由于政府更替,在上一任政府期间签署的办学协议或合作办学协议无法履行,一些办学机构和项目不得不中止。英国方面对外国大学在本国办学的唯一政策要求是必须有50%以上的课程在本国进行,所以形成一年在英国一年在中国的模式,课程的50%以上在英国进行,满足了政策上的要求。马来西亚的教育国际化相关法律规定,所有的教师都要办理工作准证,马来西亚政府要求必须在同一个领域里面任教几年才能办理工作准证,一些刚聘用的优秀教师就不能办理,所以这成为困扰厦门大学马来西亚分校办学的一个比较大的问题。有的高校主动出击解决问题,例如,无锡商业职业技术学院在申办工作开始前,学校成立境外办学工作组并对柬埔寨高等教育政策进行广泛深入的调研,2017年学校还邀请柬埔寨教育部高教司副司长尼丝·邦莱(Nith Bunlay)博士一行专题解读了柬埔寨高等教育政策。西哈努克港工商学院所有申办拟开设专业人才培养方案均完全根据柬埔寨大学本科教育的政策规定设置并经柬埔寨教育部高教司审核认可。

然而,管制制度上的距离,带来困扰和挑战的一面,同时也给高校带来了一种触动和激励,更是一种能力的提升。

在当地办学,需要有一个当地办学资质,所有的我国高校在欧洲办学,它都要通过欧洲高等教育认证中心的认证。我国的高校是没有走过(申报过)这种欧洲高等教育认证的,但是要在欧洲办学,这个流程必须走。因为要收集所有跟这个学位相关的信息,要联合整个高校的所有部门收集十几年的资料和信息,比我们国内学位评估还要详细,递交的表格当中洋洋洒洒40页,里面都是每个老师的详细信息,细到每个老师的出生年月等。(M20)

我们不能改变我们要面对的境外教育市场,那么只能去适应这个市场的"游戏规则",不断地要求高校改变自己适应环境。我们一边在完成当地政府要求的同时,一边也是对自身办学能力的提升、办学规范化管理的再塑造。虽然,过程是痛苦的,正如高校反映,几乎所有我国高校都感觉在当地办理这个流程很难,都做不下来,但是,当按照流程完成在当地的挑战和应对时,对高校国际化办学能力实现了质的飞跃,同时反哺国内日常教学规范管理,也起到了连带推动的作用。

(四)劳务签证政策

由于主权、国家安全和保护国内劳动力市场的原因,国际移徙和工作签证政策仍然受到严格的监管,并且常常是限制性的(对高技能移民有明显的豁免)。因此,办理工作签证前往输入国(地区)成为外派教师的一个困难点,我们常常退而求其次,办理旅游签证、过境签证等方式,采用集中教学的手段来完成教学任务。

有签证上的烦恼啊,像我们在印尼的苏门答腊大学,办了一个汉语专业,专业是办过去了,但是现在老师的签证经常会出现签证类型不同,或者说时间不够,这个会受到一些限制的。(M22)

印尼的签证现在有问题,因公签不下来,太复杂了,所以我们因私只能一个月。(M24)

表 4-1 是泰国过境签证、旅游签证和商务签证需要提交申请材料的清单[①],从这三类签证的对比可以看出,办理的复杂程度不一样,此外成功递交申请,签证获批准的概率也不一样,如果对工作签证持紧缩政策的国家,获批率低是可想而知的。

表 4-1 泰国过境签证、旅游签证和商务签证提交材料一览表

签证种类	访问目的	提交材料
过境签证	过境去第三国,参加竞技比赛,或船员	1.由申请人的单位或雇主出具的担保信(英文或泰文),加盖单位公章附担保人名片;担保信上注明申请人的姓名、职位、详细联系方式,以及赴泰国的目的和停留期限; 2.第三国有效签证(如有需要); 3.不少于 1600 元人民币的存款证明; 4.确认过的往返机票行程单; 备注:若申请人在一年之内有换发过护照,请提供旧护照原件

---

① 泰国驻华大使馆官网.泰国使馆签证申请提交清单[EB/OL].[2019-12-07].https://thaiembbeij.org/cn/thai-service/visa.

续表

签证种类	访问目的	提交材料
旅游签证	旅游	1.确认过的往返机票行程单； 2.不少于10000元人民币的存款证明（近1个月内的银行流水单或存款证明；存折或存单原件及复印件；不支持理财产品）； 3.证明文件：①由申请人的单位或雇主出具的担保信（英文或泰文），加盖单位公章附担保人名片；担保信上注明申请人的姓名、职位、详细联系方式，以及赴泰国的目的和停留期限（若有儿童随行家长请出示相关关系证明如户口本、儿童的出生证明或结婚证原件及复印件）；②已退休人员出示退休证明原件及复印件，并附上确认过的酒店订单详情（必须有申请人姓名）；③自由职业者出示在街道办事处或居委会出具的居住证明原件和英文翻译件，并附上确认过的酒店订单详情（必须有申请人姓名）； 备注：若申请人在一年之内有换发过护照，请提供旧护照原件
商务签证	进行商务活动	1.由申请人的单位或雇主出具的担保信（英文或泰文），加盖单位公章附担保人名片；担保信上注明申请人的姓名、职位、详细联系方式，以及赴泰国的目的和停留期限； 2.由泰方公司或泰方合作伙伴出具的邀请信（英文或泰文）；在邀请信上签名的人，其名字必须出现在公司的董事会名单中；在邀请信上签名的是外国人，附送他/她的工作许可证复印件）； 3.泰方公司今年注册文件复印件一套（股东名单、营业执照、公司简介、资产负债表和税单），以上文件每一页须盖单位公章； 4.往返机票复印件或确认的机票订单； 5.泰方的就业许可证书复印件； 若申请人担任泰国学校教师： 1.由申请人的单位或雇主出具的担保信（英文或泰文），加盖单位公章附担保人名片；担保信上注明申请人的姓名、职位、详细联系方式，以及赴泰国的目的和停留期限；由街道办事处或居委会出具的居住证明原件和英文翻译件； 2.由泰方学校出具的邀请信（英文或泰文）； 3.毕业证书； 4.工作合同； 5.校方学校的注册材料； 6.往返机票复印件或确认过的机票订单 备注：若申请人在一年之内有换发过护照，请提供旧护照原件

资料来源：泰国驻华大使馆官网.泰国使馆签证申请提交清单［EB/OL］.［2019-12-07］.https://thaiembbeij.org/cn/thai-service/visa/.

　　泰国《签证移民法》规定,过境签证申请者通常会获得 30 天的逗留期,在某些情况下,可以申请居留延期,但是延期通常不超过 10 天。中泰两国旅游签证费互免,中国公民最多可以逗留 60 天,经过申请入境事务处可以给予 30 天的延长期。来泰国工作或就职的外籍人员必须向泰国皇家大使馆或者领事馆申请非移民签证,陪同他们进入泰国的配偶和家属必须取得相同类型的签证。这种签证的首次逗留期通常为 90 天,但是可以延长至 1 年,并可以在下一年续签。持有这种签证的外籍人员可以申请工作许可证。根据《外国人就业法》规定,我国高校境外办学工作人员进入泰国应持非移民签证,特殊情况下,持旅游签证进入泰国后可转成非移民签证。境外办学工作人员要依托合作高校申请泰国工作许可,一般工作许可有效期为 1 年,到期后可申请延长。

　　有的国家为了促进本国跨境高等教育的发展,调整劳动政策和签证政策,以便成为吸引外国教育机构的重要手段。对于许多外国教育机构来说,输入国(地区)是否放宽限制,发放允许在输入国(地区)每周工作时间的工作许可证,和针对教师和学生等相关签证政策,成为重要的实施境外办学的判断依据和影响因素。

　　综上所述,管制制度的距离是不可避免的,每个输入国(地区)的想法不同,办学的门槛也不同,各国(地区)监管跨境高等教育的方式和力度差异较大。我国高校在实施推进境外办学过程中,要积极去了解,适应当地政策环境及法律法规等问题,以解决办学推进过程带来的诸多掣肘与障碍。

二、规范制度距离

　　规范制度反映了社会规范、价值观、信仰以及关于人性和人类行为的假设,描绘了"应该/不应该"开展的活动。[①] 从规范距离来看,组织在不同的环境中将不可避免地形成不同的标准和价值。[②] 在高校境外办学主

---

① KOSTOVA T. Country institutional profiles:concept and measurement[J].Academy of management proceedings,1997:180-184.

② 陈怀超,范建红,牛冲槐.制度距离对中国跨国公司知识转移效果的影响研究:国际经验和社会资本的调节效应[J].科学学研究,2014,32(4):593-603.

要体现为,对教育品牌价值的认识、市场差异的假设以及与其他国家争夺生源的能力。

（一）教育品牌价值的认识

输入国（地区）教育市场的力量,使得高等教育提供者重新审视和评价提供课程的形象和名声,重新认识自身教育品牌的价值,规范办学过程与世界接轨,这项工作变得越来越重要。著名学者简·奈特曾经判断,目前,实施跨境高等教育的高校相当一部分的投资都用于市场营销和品牌策略,以提高知名度和增加招生人数。[①] 然而,境外教育市场对我国高校的品牌认可度与我国高校提供高等教育质量之间的差距,将影响高校境外办学的可持续发展。

如果与发达国家开展教育合作,对于什么样的形式最合理、最可行这个问题,我认为必须在品牌上相匹配,要考虑学生为什么要到你的学校来上学,为什么做出选择的价值判断。（JDFT－YN－2018.5.17）

无论我们到发达国家还是发展中国家输出我们的高等教育资源,境外教育市场需要的都是优质高等教育资源,这就要求我国高校开展境外办学从一开始就要高标准严要求,必须走内涵式发展的道路,以打造我国高校的教育品牌,实现可持续发展的愿望。然而,针对高校境外办学质量保障体系缺失的现状,不得不担忧,在没有一个尺度来规范和衡量我们在境外办学的质量时,是否会导致中国教育品牌的"打折",鉴于此,质量保障体系的构建成为迫在眉睫的问题。

（二）市场差异的假设

市场差异指的是经济发展水平带来的市场对人才需求的差异,这个差异对高校境外办学来说是机遇。经济基础决定上层建筑,中国经济的腾飞带动了我国高等教育的发展,也带动了境外对我国高等教育的吸引力。

就我们境外办学的优势而言,我们的长项是经济,背后是中国经济的发展。我们办学的目的主要是吸收那些对中国感兴趣,对中国经济感兴趣的人,这是时代给予我们的机遇。（JDFT－YN－2018.5.17）

当我国与输入国（地区）在双边贸易、市场经济活动、资本国际流动与

---

① 简·奈特.激流中的高等教育[M].刘东风,陈巧云,等译.北京:北京大学出版社,2011:19.

境外投资等方面合作紧密,我国高校在选择教育投资输入国的时候,如果输入国(地区)在经济发展水平方面与我国存在较大的差距,将会导致输入国(地区)对我们的高等教育需求高涨,那么我国高校将会在这些输入国(地区)取得比较优势教育资源的地位,有利于境外办学活动的展开。这也说明了,为什么跨境高等教育最初的结构都是发达国家向发展中国家的流动趋势,而寻找市场差异是我们扭转发达国家异同跨境教育市场的有效途径。

认真分析输入国(地区)的市场人才需求信号,是进一步明确办学专业与方向的必要措施。

著名教育家潘懋元先生指出:我们要清楚地认识到,"一带一路"上的这些国家,它还不是很需要高科技的人才,高科技人才它的留学生回来就足够承担了,目前,它们最需要的是职业技能型人才。

被访谈的一些专家也提出:

办一所学校,不去考虑当地发展的需求,如果只考虑我们可以输出的东西,那肯定是个问题。我们到当地去办学,如果不能满足当地的需求,从当地政府的角度去思考,是不可持续的。(P1)

如何培养输入国(地区)需要的人才,要有更强的针对性。如阿拉伯,需要解决发电问题,这样的话,我们如果到阿拉伯国家办学就需要了解输入国的需求是什么。(P3)

一些高校也意识到对输入国(地区)当地人才需求分析的重要性,依靠自身的力量积极开展市场调研活动,为办学专业能够切实符合当地需要、境外办学专业的可持续发展提供了有力保障。

我们学校领导很有远见,在办学之初就提出要做一个输入国(地区)劳动力市场调研,要清楚知道对方到底缺什么样的人才。我们去年去的时候刚做了一个开展劳动力资源调查,获得了很多有用信息,取得一系列成效:第一是形成成果;第二是为招生以及专业设置进行了摸底;第三是开展紧缺劳动力培训项目调查,主要配合劳动力资源状况。(M17)

我们分析老挝的人才市场需求。2005年针对老挝刚刚革新开放,致力经济增长和减贫,走在工业化早期发展道路上,需求总结为三方面:第一,基础设施和工业建设上存在大量技能型人才的需求;第二是中国经济的成功转型和高速增长,对周边国家强烈的示范作用,让经管类人才备受需求;第三,"一带一路"进程中,有效利用中国资本的问题,高端金融要素上人力资源的需求也较大。(JDFT－YN－2018.5.17)

市场需求匹配度的检验是实施境外办学高校不断修正自身的必经之路。从目前举办的境外办学机构(项目)来看,有的高校对专业设置、人才培养规划的定位不够明确,仍然把境外办学仅仅视为国内师生海外培训基地或作为一个暑期学院的短期合作项目来运作,这对专业的长期规划与发展没有明确的计划,不利于可持续性,也会导致动力不足,这与我们高校境外办学最主要的目的有所偏颇。另外,当高校提供的高等教育资源不符合市场人才需求时,高校境外办学会面临不同的发展方向,有的项目可能惨遭市场淘汰,有的项目顺应市场需求,逐步发展壮大,甚至从项目发展成为境外分校等,市场是检验质量的最佳途径。因此,市场需求分析,建立供需匹配机制成为运行机制的一个重要环节。

(三)与其他国家争夺生源的能力

高校境外办学存在与其他国家生源争夺的情况。境外办学是一种教育服务,属于服务贸易的一种类型。服务贸易可以润物细无声地提升国家软实力,与此同时还可以获得一定的经济收益。教育服务贸易已经是不少发达国家重要的国家财政来源,既然是一种贸易形式,就需要在市场中参与竞争。当下,世界上几种较为成熟的职业教育模式(德国双元制、澳大利亚 TAFE、英国学徒制、加拿大 CBD、美国的社区学院等)均是我们强有力的市场竞争对手。我国高职院校的境外办学应该不断把握国内国外两个市场、利用国内国外两种资源,全球揽才育才。因而,掌握当前全球化教育市场的竞争规则,认识我们与其他国家实力上的距离,变得非常重要。

外部挑战主要是来自已经成熟的欧美职教模式的竞争,中国与欧美争夺不仅是教育培训领域的话语权,更是职业教育标准,而支撑职业标准的是背后行业企业标准、市场准入和市场占有率。国际知名企业的标准往往就是行业标准,比如西门子自动化设备。(M13)

目前,高校境外办学海外市场竞争激烈,境外办学同质化竞争显著。高校境外办学的市场竞争压力,主要来自两方面:一是来自作为教育输出国(地区)的发达国家举办的境外办学机构(项目)的竞争压力,如截至2020 年11 月,全球已有305 所可授予学位的境外分校,高等教育输出国(地区)达37 所,输出目的地有82 个国家和地区。其中,美国高校境外分校最多,有 86 所,英国其次,有 43 所境外分校;作为接受国阿联酋高等教育最开放,有 42 所国外大学在本地的境外分校。[①] 二是高校境外办学与当地教育机构之间的竞争压力,主要表现在我国高校境外办学,因境外办学学费的高昂,较之于当地教育机构(含第三方跨境高等教育机构)不存在价格优势。

三、认知制度距离

认知制度反映了人们在国家环境中分享的社会知识和认知结构,描绘了"能/不能"开展的事情。[②] 并常常采用文化距离作为认知距离的代理变量衡量国家之间的制度差异。[③] 文化距离主要体现在不同国家之间思维模式、价值观念、行为规范及语言等方面的差异,这些差异导致在高校境外办学过程中,需要进行跨文化的沟通与管理,正确处理好文化距离,将会扫清办学道路上的认知冲突和矛盾,积极推动高校境外办学向前发展,反之,将会阻碍其顺利发展。[④] 事实上,通过分析访谈材料,在高校境外办学系统,因为文化距离带来的多元文化冲突会抑制境外办学的发展,也常常会因为文化距离而相互产生的文化认同和欣赏促成境外办学的机会。

(一)多元文化冲突

文化距离带来的多元文化冲突会抑制境外办学的发展,主要表现在:宗教信仰矛盾重重、民族问题错综复杂、多元文化冲突加剧等的互不兼容等。

东盟国家对我们高校搞境外办学这件事情它是不太理解的,你说你想挣钱,但是,他们本国的学费水平非常低,而我们为了办学所要费用巨

---

① C-BERT. International Campus Listing 2020[EB/OL]. (2020-11-20)[2021-05-20]. http://cbert.org/resources-data/intl-campus/.

② KOSTOVA T. Country institutional profiles: concept and measurement[J]. Academy of management proceedings,1997:180-184.

③ GAUR A S, DELIOS A, SINGH K. Institutional environments, staffing strategies, and subsidiary performance[J]. Journal of management,2007,33(4):611-636.

④ 刘永松,段云龙,李银萍.基于属性测度的高等教育国际化文化距离测度模型研究[J].云南财经大学学报,2018,34(3):101-112.

大,食宿车马人工费用等等,靠学费的钱是不够的,因此他们不理解你到底想干什么? 这实际上就是文化差异问题。于是常常我们折腾了大半天,对方可能合作意愿也不强烈。(M23)

我们派过去常驻在那边的管理人员,有很多方面需要克服的,饮食不习惯,气候的问题,还有包括跟当地人沟通,语言方面都有障碍,都需要去克服的。(M16)

无国界高等教育观察组织的研究表明,沙特阿拉伯赞成外国大学在本国开设分校的人认为,需要为其公民提供更广泛的优质大学和更多的研究领域,特别是大量沙特人出国留学,经常会因为文化差距产生冲击,尤其是在学生回国时带来的文化冲击。然而,如果外国大学在沙特举办分校的话,对一些沙特的学生来说,可以更好地平衡国际接触和当地文化的冲突。[①]

对于多元文化冲突,一些有经验的现场管理人员还是保持乐观的态度,认为这种具体操作层面的困难都不算大,文化差距的困难就是刚开始的时候会存在,熟悉了解各方面的文化环境之后,就不算困难了,并且这些困难相较于资金、政策等困难,是可以慢慢克服的。

(二)文化认同和欣赏

互相的文化认同与文化欣赏成为高校境外办学的激励因素。面对全球文化差异,境外办学的高校的积极举措是不约而同地通过发展文化认同,创造机会促进不同文化之间的交流、理解与沟通,从而保证了高校境外办学活动的顺利进行。我国高校走出去到境外办学,就会存在和当地教育机构之间从不兼容到兼容的磨合过程,我们应该强调多元文化融合,首先承认客观存在的差异,然后我们的责任是寻求共同。跨境高等教育的相互文化理解,是高等教育国际化政策的共同历史基础。从文化距离的角度来审视高等教育境外办学,可以更有效地改善境外学生的学习条件和学习方式,丰富学生的知识和文化生活,并刺激学术课程和研究。更好地了解其他文化以及输入国(地区)和我国的跨文化差异,在理解的基础上个人之

---

① GARRETT R.Saudi Arabia funds and bans international branch campuses at the same time-what is going on? [EB/OL].(2015-07-20)[2019-11-04].http://www.obhe.ac.uk/documents/view_details? id=1005.

间加强联系(通过跨境高等教育获得)可以为今后加强政治和经济联系奠定基础,并在日益多元的文化社会中增进相互了解和社会凝聚力。

认知制度距离会影响境外办学高校是否能顺利进入输入国(地区)的教育市场,当两国间的认知制度差异比较小,母体高校实施境外办学就会比较顺利,办学的不确定性风险较小,投资办学的吸引力就越强;反之风险较大,吸引力也较弱。这也是为什么我国高校的输入国(地区)比较集中在具有地缘优势或同一个文化圈的国家的原因。

四、缩短制度距离的组织策略

一项研究结果表明,制度距离越远,跨国公司(境外办学机构)跨境转移知识(提供高等教育)越困难,并且,管制距离下更难于转移明晰性知识,而规范和认知距离下更难于转移默会性知识。[1] 为了消除国家之间的制度距离,政府以及国际组织都在发挥着积极作用,出台措施以减少国家之间因制度距离造成的阻碍跨境高等教育的协同发展。

(一)政府间的国际合作文件

经济基础决定上层建筑,近年来,中国一跃成为世界第二大经济体,并提出共建"一带一路"倡议,在全球治理中发挥更大的作用,世界对中国的关注越来越多,中国跨国高等教育发展明显提速。中国贸易经济的战略部署成为推动高校境外办学发展最有力的大环境支持。与"一带一路"沿线国家、国际组织签订的国际合作文件,国家之间贸易经济往来的稳步发展带动了我国高校境外办学的发展。回顾自"一带一路"倡议提出以来,我国与绝大部分"一带一路"相关国家均建立了经贸联(混)委会机构,截至2022年1月,与147个国家和32个国际组织签署了200余份共建"一带一路"合作文件。[2] 这些文件,既推动了经济的发展,也创造了两国之间的高等教育合作机会。通过推动与"一带一路"沿线国家的发展战略

---

① 吴晓云,陈怀超.基于制度距离的跨国公司知识转移研究[J].经济问题探索,2011(9):17-23.

② 孙自法.中国已与147国和32个国际组织签署200余份"一带一路"合作文件[EB/OL].(2022-01-22)[2022-02-14]. https://baijiahao.baidu.com/s? id=1722660477485405614&wfr=spider&for=pc.

对接,政府间常常制定一系列鼓励教育对外开放的文件,从国家层面打通了渠道,扫清制度距离产生的障碍,打造强有力的合作平台,为我国高校境外办学的顺利实施提供了有力支撑。

(二)国际组织出台有关跨境高等教育的法规文件

21世纪以来,跨境高等教育在世界范围内的快速增长使得质量保障和资格认证变得越来越重要。为了减少在国家之间学分互换学历互认的障碍,促进高等教育领域的国际合作,国际组织发挥了重要作用,其中最具代表性的就是联合国教科文组织和经济合作与发展组织。

作为重要的国际组织,联合国教科文组织面临的任务和挑战是制定新的国际政策框架,用以处理围绕高等教育国际化所带来的政治、经济、文化等方面产生的问题,积极协调政府之间、利益相关者之间的利益冲突和利益诉求,为此,联合国教科文组织在2002年发起了"高等教育国际质量保障、认证和资格认可全球论坛",提供了对话平台和沟通桥梁。[①]2005年联合国教科文组织和经济合作与发展组织联合发行《跨境高等教育质量提供指南》(Guidelines for Quality Provision in Cross-Border Higher Education)旨在加强人们对跨境高等教育质量重要性的认识,促进有质量的跨境高等教育的发展。[②] 该指南面向跨境高等教育中的利益相关者:政府、高等教育机构、学生团体、质量保障与认证机构、学术认可机构和专业机构等机构团体的国际行为规范和相互认可标准,提供了依据和指导。[③]

(三)区域公约

区域公约在减少制度距离,消除国家之间在学分互换、学历互认等方面的流动性障碍,促进高等教育国际合作等方面也发挥了重要的作用。20世纪60年代,联合国教科文组织发起了建立国家之间关于高等教育

---

① 孔令帅.全球化背景下的高等教育:联合国教科文组织的探索[J].徐州工程学院学报(社会科学版),2014,29(5):99-103.

② UNESCO.Guidelines for quality provision in cross-border higher education[EB/OL].(2005-01-01)[2019-11-08].https://unesdoc.unesco.org/ark:/48223/pf0000143349?posInSet=4&queryId=20c3c14b-be4d-463f-9c73-e491c3597600.

③ 王立生,林梦泉,李红艳,等.跨境教育及其质量保障的探究与实践[J].学位与研究生教育,2016(3):33-38.

学历、文凭和学位承认的区域公约活动,随后,拉丁美洲和加勒比地区(1975)、阿拉伯国家(1978)、欧洲(1979)、非洲(1981)、亚洲和太平洋地区(1983)等五个地区建立各地区相应的公约。1976 年 12 月通过了实现区域间合作的公约——《地中海公约》,它承认阿拉伯国家和地中海沿岸欧洲国家的高等教育学历、文凭和学位,实现互认互换。1993 年联合国教科文组织在第 27 届大会上通过了为实现世界范围通用公约的规范性文件《关于承认高等教育学历与资格的建议书》等[①],提出需要不断地对区域公约加以修订,以应对跨境高等教育的迅速发展,减少制度距离,保证流动性。从地区角度来看,从博洛尼亚进程的推进、欧洲高等教育区的形成、《欧洲地区高等教育资格互认公约》即《里斯本公约》的签订和实施,到《亚洲和太平洋地区承认高等教育学历、文凭和学位的地区公约》,以及新的《亚太地区承认高等教育资历公约》的签订;从 2001 年中方主导的亚欧教育部长会议平台上《北京宣言》的发布,到金砖五国高等教育合作进程的推进,进一步加强了区域间的互动与合作,进一步推动了区域内的高等教育一体化进程,成为各国和各区域伙伴的共同愿望。[②]

这些区域公约的政策、标准对跨境教育消除制度距离,起着重要作用。例如,国际本科工程学位互认协议《华盛顿协议》,旨在相互承认工程专业的国际教育学历,实现经过任一会员国认证的工程学学历基本相同,并建议会员国承认任何会员国培养的毕业生的学术资格。2013 年我国成为《华盛顿协议》预备成员,2016 年我国接受转正考察并成为正式会员,这标志着我国工程专业的本科教学质量获得了国际认可。

第二节　政府顶层设计的不足

我国针对高校境外办学的政策文件,因政府放管服的要求于 2015 年

---

① 孔令帅.全球化背景下的高等教育:联合国教科文组织的探索[J].徐州工程学院学报(社会科学版),2014,29(5):99-103.

② 王立生,林梦泉,李红艳,等.跨境教育及其质量保障的探究与实践[J].学位与研究生教育,2016(3):33-38.

废止了 2002 年发布的《高校境外办学暂行管理办法》(教育部令第 15 号)以来,经历了一段时间的政策空窗期。在教育部委托下,中国高等教育学会组织力量,由中国高等教育学会中外合作办学研究分会具体牵头,联合省教育厅、高校等众多力量制定《高等学校境外办学指南》,并于 2019 年9 月《高等学校境外办学指南(试行)(2019 年版)》正式发布,弥补了国家对境外办学的政策法规空窗期,对推动高校境外办学的发展预见将发挥重要作用。

随着经济全球化推动教育国际化的大背景下,政策制定的速度不足以支撑高校境外办学的发展速度;随着高校在境外办学活动的实施,许多具体实操层面的政策障碍纷纷浮出水面,成为亟待解决的问题。主要有:国有资产境外投资管理政策、境外办学财务管理制度、派出人员出国手续管理政策、学生学籍管理制度和质量监督保障政策等。

一、事业单位相关的资产与财务管理掣肘

研究发现,我国高校境外办学受到诸多财政制度方面的限制。一方面,公办高校属于事业单位,要严格遵守事业单位相关的资产与财务管理规定。2006 年财政部颁布的《事业单位国有资产管理暂行办法》(第 36号令)第 19 条规定:"事业单位国有资产的使用包括单位自用和对外投资、出租、出借、担保等方式。"[①]2012 年财政部颁布的《事业单位财务规则》(第 68 号令)第 44 条规定:"对外投资是指事业单位依法利用货币资金、实物、无形资产等方式向其他单位的投资""事业单位应当严格控制对外投资""事业单位不得使用财政拨款及其结余进行对外投资,不得从事股票、期货、基金、企业债券等投资,国家另有规定的除外"。[②] 由此可见,国家目前对事业单位的资产和经费的使用是严格控制的,高校作为事业单位,其在资产和经费的使用上较为受限。另一方面,高校作为事业单位法人,其境外投资行为也要严格遵守国家境外投资管理规定。2014 年商务部颁布了《境外投资管理办法》(商务部令 2014 年第 3 号)第 36 条规

---

① 财政部.事业单位国有资产管理暂行办法[Z].财政部令第 36 号,2006.
② 财政部.事业单位财务规则[Z].财政部令第 68 号,2012.

定："事业单位法人开展境外投资、企业在境外设立分支机构参照本办法执行。"①2018年发改委颁布的《企业境外投资管理办法》(发改委令2017年第11号)第61条同样规定："事业单位、社会团体等非企业组织对境外开展投资参照本办法执行。"②然而,参照并非依照。高校作为特殊类型的法人,其境外办学与一般企业的境外投资行为有所差异。因此,在参照境外投资管理办法时,在境外办学的申请、备案、核准、规范、服务、法律责任等各个方面均存在较大的不确定性与模糊性,与企业为对象的境外投资管理办法对高校境外办学的参考价值和投资价值较低。此外,高校境外办学也受到外汇管理制度的限制。根据国家外汇管理局关于印发《服务贸易外汇管理法规的通知》(汇发〔2013〕30号),对境内外的外汇划转、外汇境外的存放资格与期限、境外账户的外汇规模、提取外汇的境外金融条件等都有诸多严格的规定,限制了高校境外办学的经费使用与财务管理。③

某境外办学机构负责人反映：

目前国有资产采购和管理相关规定为高校境外办学环境建设和设备采购带来诸多掣肘。以教学设备采购为例,现有设备采购规定不支持境外办学机构在境外就地采购教学仪器设备。小型教学设备如笔记本电脑等尚可从国内采购携带出境,但机械操作的手臂等中大型教学仪器设备采购问题难以用同样方式解决。现在的政策管理规定其实对我们到境外有很多限制,我们是在夹缝中求生存。(JDFT－BJ－2018.6.8)

现有财务报销规定对高校境外办学掣肘颇多,难以在境外办学过程中提供较为成熟完善和便捷的办学条件与办学便利。(JDFT－YN－2018.5.17)

可以看出,在实施境外办学活动过程中,难免需要产生对外办学的投资行为,而目前尚未有针对境外办学投资单独的财务、投资、外汇等相关管理规定,参考现有的管理办法,都显现出不确定性、不灵活性和不适应

---

① 商务部.境外投资管理办法[Z].商务部令第3号,2014.

② 发改委.企业境外投资管理办法[Z].发改委令第11号,2017.

③ 高校境外办学研究课题组.高校组调研报告[R].北京:中国高等教育学会,2018-12-07.

性,资金不足和资产出境困难以及财务规定上的掣肘,成为大大阻碍高校境外办学发展的障碍因素。

我们自己的资金出不去,那我们只能以校企合作的方式,这就需要企业来支持,现在我们在和红豆企业再谈谈看。当然目前那个平房条件满足我们初期办学的需要是可以的,但是将来就涉及长远的可持续发展的话,就要加大规模需要造一个大楼,或者是这个就目前的体制政策学校是没法谈的,那就只能说看企业的支持,以及双方的合作。(M15)

研究反映出的问题是高校普遍存在的问题,实际上,要保障境外办学机构(分校、教学点)的建设、教师聘任、管理人员配备、教学设备资料购买等所需的经费,高校所面临的资金压力不小,高校在境外承担了巨大的财务风险,不能也不敢迈开步伐发展。目前,大多数高校在境外办学时所需经费常常选择依靠募集社会资本来提供,但当社会资本出现撤离或无法保障等状况时,高校可能面临办学危机或者停办风险。因此,鉴于高校与一般企业的区别,境外办学应该还是以公益性为主要目的,迫切需要政府部门针对公立高校的境外办学有相应的政策突破和经费支持。

二、派出人员出国手续管理掣肘

中共中央办公厅、国务院办公厅关于印发《进一步加强因公出国(境)管理的若干规定》(中办发〔2008〕9号)第5条明确指出,凡公费出国(境)的团组和个人必须通过因公出国(境)审批渠道办理手续,严禁持普通护照出国执行公务。因此无论是校领导还是普通教师,在境外办学过程中,严格来说均需持因公护照。目前高校境外办学的教师和管理人员因公出国(境)审批的程序相对比较复杂,周期比较长,办理手续烦琐且不得办理多次往返签证,教师不能及时派出,使境外办学点在教师选派方面受到诸多限制,造成项目实施与推进比较缓慢。

一些学校反映,出境手续办理烦琐已经成为该校在境外办学过程中除了资金、政策和学科优势不强等困难之外的第四大困难,高校境外办学工作人员和教师无法办理一定周期内不受次数限制的出入境签证,"每出必办"的签证规定严重阻滞了相关高校境外办学的顺利推进。公务签证次数限制与办理程序烦琐、办理时间过长等问题,也成为阻滞目前高校境外办学推进过程的主要问题。

每年报一次出国计划,次年三月份计划批下来以后,我们才可以出去。泰国是三个学期,其中有一个学期我们就去不了。而且老师持有因公护照,到了时间以后就要回来。去年我们之所以停止招生,就是因为老师出去几天以后就必须回来,不能一次性解决我们长期派驻老师和工作人员的问题。(JDFT－YN－2018.5.17)

高校境外办学相关参与主体的境外合法居留身份问题是目前高校境外办学过程中首先需要解决的重要问题之一,尤其是教师 J-1 签证和学生 F-1 签证。(JDFT－BJ－2018.6.8)

从上述分析可见,国家相关政策限制持因私护照出境,而办理因公出国手续繁杂且允许出境时间较短等,对高校境外办学机构(项目)的运行和管理都产生很大程度的影响,许多高校反映,出现难以及时对境外办学机构(项目)进行及时指导、管理和督促。政府部门对境外办学派出人员出国手续管理的适当松绑成为亟待解决的问题。

可喜的是,一些省份积极做出了探索,为解决政策束缚和扩大对外交流这个矛盾问题,积极出台对应政策,对本省高校境外办学发展提供有力支持。例如,安徽省针对因公出国的审批管理,出台了一系列具有较为灵活宽松的出入境签证规定,具体做法为:2019 年 9 月份起正式推行"同步办照","照随人走"、调整优化出境证明和签证办理流程、简化审批环节材料等多项因公出访便民新举措,着力解决办理因公出访时间长、材料多、来回跑、不方便等突出问题,为"走出去"提供更好的服务保障。简化了长期驻外人员在驻外期间因特殊或突发情况需回国并再次入境同一国家(或地区)执行同一任务的出访手续办理。① 又如,江苏省外办反映,江苏省目前已出台相关政策措施,帮助解决高校外派教师因公出国审批严格的问题,根据新近规定,除了南京大学、南京航空航天大学、东南大学、南京理工大学等已有外事自主审批权的高校以外,江苏省境外办学相关高校如有实际需要,可提供特殊情况说明,申请一年多次批件。此外,江苏省还规定,教师出境三个月以上可持因私护照出境。这些省份的举措,切实解决高校事业单位工作人员因公出国的严审和扩大对外交流交往之间

---

① 徐鹏.安徽省实行因公出访便民措施受到好评[EB/OL].(2019-10-01)[2021-04-05].http://www.cnr.cn/ah/news/20191001/t20191001_524801869.shtml.

的矛盾问题。

地方性法规文件在保障地方高校境外办学发展将起到积极推动作用，然而，停留在地方性法规层面的完善，最终会导致区域间高校境外办学发展不均衡的现象，因此政府层面应该重视这个问题，从顶层做好相关管理规定。

三、学籍管理掣肘

根据我国现有的学籍注册管理规定，境外办学机构（项目）招收学生存在注册困难的现象。一方面，目前高校处理情况均按照高校招收留学生的条件录取，但是，存在的问题是，这些学生的全部教学很多都是在境外完成的，准确的身份是国际学生，而不是来华留学生，所以，学籍注册如果登录来华留学生的注册系统，有的信息无法提供导致无法注册。另一方面，是针对中国籍海外学生的学籍注册问题。

有许多国际名校本科毕业的非常优秀的中国海外留学生有意来北大英国校区读研究生，但受限于目前只能招外国籍学生政策的限制，他们无法通过"保研"或考研渠道进入获得学籍学位，丧失了招收优秀中国海外留学生的机会。（M14）

希望允许在全球各地招收中国籍在外工作人员，包括国有企业外派的中高管和中国公民在外投资经商的子女。这是一件非常有意义的事情，可以培养我们的新华侨，促进广阔的国际发展新战略。有不少中国籍的学生在当地完成三年的高中教育，与其他马来西亚籍同学取得一样好的成绩，结果马来西亚学生可以进到我们学校，但是这些中国籍学生进不了，到最后只能选择西方的学校。如果能这样做的话，可以帮助全球各地在外务工的家庭解决他的下一代教育问题。（JDFT－YN－2018.5.17）

研究结果表明，无论是对境外学生还是中国籍境外学生，现阶段，在学生学籍管理上还存在学籍注册政策障碍的问题。如何避开"高考移民"，扩大生源的同时，又能实现培养通晓中外文化、具备专业素养的国际化人才的目标，从顶层设计上做好高校境外办学学籍管理规定，是需要突破的问题。

四、质量保障管理掣肘

对于办学输出国(地区)和输入国(地区)无论其跨境高等教育的动因是为了相互理解、技术移民、创收还是能力建设,政府和高等教育机构都非常关注跨境高等教育质量,在过去的 20 年中,国家质量保证和认证系统对于监控全国跨境高等教育的质量越来越有必要,已有 60 多个国家(其他国家处于开发阶段)建立了国家体系。① 无国界高等教育观察组织的专家认为,大多数国家质量保证和认证系统只专注于确保国内高等教育的质量保障,然而,与在国内相比,跨境提供劣质高等教育的风险更大,带来的不利影响也更为深远。

因此,质量保障的重要性在于:一方面,作为一种"品牌保护",对跨境高等教育输出国(地区)来说变得至关重要;另一方面,教育输出国(地区)采取质量保障的措施,可以确保提供的跨境高等教育质量符合输入国(地区)的需求和期望。为此,国家建立透明、清晰的质量保证和认证框架是跨境教育质量保障的关键之处。

我国政策法规的挑战主要还有未建立"国家学历资格框架"政策体系。因为我国尚未形成"国家学历资格框架",无法与美、英、澳、欧等国资格框架直接匹配。东盟国家正在积极构建统一资格框架,在这方面已经走到我们前面。(M13)

中外国家之间在教育理念、教学模式、人才培养体系和质量保障标准上既有相似点又有差异处②,如果缺乏政府层面的一级质量保障管理框架,高校境外办学质量保证和认证管理方面与世界教育市场将会造成差距,这会使学生和其他利益相关者容易受到跨境高等教育质量低下的困扰。因此,如何保证学生培养质量既符合我国高校的培养质量要求,又符合办学所在地国家高等教育培养质量要求,是我国高校境外办学需要解

---

① OBHE. Cross-border higher education:an analysis of current trends,policy strategies and future scenarios[EB/OL].(2004-11-01)[2019-11-11]. https://www.obhe. org/resources.

② 谢健.英国大学海外分校办学的风险规避机制研究及启示[J].高校教育管理,2019,13(5):82-91.

决的问题之一。

现阶段,我国高校境外办学的质量保障政策体系尚不明确,有学校表示,对我国高校境外办学的监管工作只能依靠教育部国际合作与交流司来进行,仅在教育涉外监管信息网上公布教育涉外活动的信息,这对境外办学质量的监控效果是十分有限的,没有健全的质量保障管理机构,出台完善的质量保障政策制度,这将不利于我国高校境外办学的长远发展。因此,我国高校境外办学从整体上看,办学活动还不尽规范,质量监督和监管体系还有待完善。

第三节　高校环境营造的不足

从高校内部来说,需要打造重视此项工作的相关举措,才能提高全校师生的关注与重视,才能顺利推动工作的开展。高校虽然非常重视这项工作,但是由于领导者执行力的欠缺、保障性政策的不完善以及专门部门的未落实等因素导致抑制了高校境外办学的发展。

一、领导者执行力的欠缺

大学领导者应是大学推进战略管理中的战略管理者(strategists),没有战略型的大学领导者,就不可能有成功的大学战略。[1] 毫无疑问,领导者的执行力是学校竞争力的核心,直接影响学校的办学理念和发展规划的落实,同时也是影响教职工成长和学生成才的关键因素。[2] 因此,领导者对实施境外办学的意愿及执行力,直接影响着是否实施境外办学的决策和如何开展境外办学的资源整合能力。然而,所谓真知灼见、勇于创新、明察秋毫、知人善任等断事识人的能力并不是每一位领导者都具备的。通过大量的访谈发现,一所学校到底是否开展境外办学,很大程度上还跟这所高校的决策者的眼界和意愿有很大关系。

---

① 刘向兵,李立国.大学领导者在战略管理中的重要作用[J]. 中国高教研究,2006(7):34-36.

② 孙艳华.论高校的管理执行力建设[J].生产力研究,2010(5):143-144.

我认为一个重要因素是管理者的意愿。校内最主要的就是领导想不想做这个事情,这件事对学校有什么意义,他考虑清楚了,是非常重要的因素。因此,决策管理者的个人背景,或者他做这个事的意愿,都很重要,就是他要考虑是不是符合我们学校发展的这个定位,对学校来说意义在哪里。(M1)

我们国际处/国际教育学院一直都是校长直管,从 2004 年开始,一直管到现在。所以说校长级的决策者,对境外办学工作的重视程度以及对推动工作的影响蛮大的。(M23)

是否实施境外办学和一个单位的领导人的目光和远见有着极其重要的关系。同时还要有一只给力的中层干部队伍,就是有一个团队能够有能力去运作。(M19)

因为校领导很重视,让我们使劲向前推,我们中层部门领导也使劲向前推,但凡放松一点,你就推不下去了。(M23)

因此,实施境外办学的高校,一个成功的领导者应该扮演的角色为:确立校内实施境外办学的办学目标和战略重点,建立预算以足够的资源投入境外办学工作中;建立一个有能力和资源力量的部门和中层干部队伍,去组织和开展具体工作,以成功地实施战略;创立一种支持境外办学工作的环境氛围,环境氛围越强,就越能获得教职工对境外办学工作的理解与支持;发挥带动境外办学实施所需要的内部领导作用,不断提高境外办学的办学水平;建立合理外派教师的报酬和激励机制,并将其与达到办学目标、以促进境外办学战略实施相联系。

二、高校保障性政策的掣肘

出台合理的外派教师福利待遇政策和建立有效的激励措施,对境外办学师资队伍的建设和办学能力的提升都起着重要作用。

如果想吸引优秀的师资,去做这个事情的话,你一定要在后勤保障、待遇,包括职称的竞争,方方面面都要体现出学校层面的支持的力度。这样才能够鼓励优秀的老师出去,你说老师去了以后,发现国内课程教学任务完成不了,科研也被耽误了,这种情况大家去一次可以,后续还会有人再跟进吗? 那这个事情就很可能出现中断和撤退。(M3)

正因如此,在高校实际操作过程中,大部分学校积极探索如何保障激励和保障外派教师和管理人员的相关措施,一些高校率先出台了生活待遇的管理规定,如《温州大学公派海外工作人员生活待遇管理暂行规定》(温大行政〔2017〕86 号)文件等,由于属首次执行,目前尚处于各执行部门的磨合阶段;一些高校为境外机构的常驻人员申请了事业单位的编制,如金华职业技术学院给境外办学机构,向市政府申请了一个院长和两个副院长的编制,走在了全国境外办学高校的前面;还有一些高校给外派教师或管理人员购买相关涉外的保险,例如南京科技职业技术学院为外派教职工购买了涉外医疗保险和旅行意外保险,解决教职员工在外生病无法就医的困境等一系列积极有效的措施。

外派教师和管理人员,因为没有相应的涉外医疗保险等保障,在境外都不敢让身体生病,因为治疗的成本是非常高的,虽然有的国家是有我们援外医疗队,但是条件还是很艰苦的。(T1)

从学校层面讲,出台校内保障措施,其目的就是要让外派教师和管理人员没有后顾之忧,让家人放心,才能更好地撬动外派教师和管理人员境外办学的教学及管理工作中,实现高校境外办学的可持续发展。

综上所述,本章分析了对办学主体和办学模式起着保障作用的办学环境。研究发现,我国高校境外办学环境主要呈现三个方面:中外国家制度距离、政府顶层设计的缺失、高校环境营造的不足等,分析了这三个方面对高校境外办学运行所产生的影响。从中外国家制度距离来讲,中外国家之间在管理制度、规范制度和认知制度方面都存在差距,当我们的高等教育实施跨境输出时,它可能不"适合"接受国的体制环境,成为高校实施境外办学的障碍,因此,全面掌握一个国家的政治体制、市场规范、文化习俗等变得非常重要。从政府顶层设计缺失方面来讲,在事业单位相关资产出境管理、派出人员出国手续管理、学生学籍管理、质量保障管理等方面都需要进一步实现政策松绑和突破。从高校环境营造不足方面,主要分析领导者的意愿、领导者的开拓精神等因素,以及高校内部保障政策对境外办学运行的影响。如何突破政策障碍、如何与世界规则接轨、如何对接输入国市场人才需求信号、如何克服文化差异带来的阻碍以及如何提高领导者的意愿和开拓精神,需要建立有效的协调治理机制和评价监督机制消除办学环境中的不利因素,提高系统的稳定性。

第五章 美英日印高校境外办学的特色

▶▶▶

随着跨境高等教育的发展,任何国家开展教育国际化都需要一套更为清晰的动因,以便配套政策、计划、监测及评估等一系列工作,否则它将是对数量巨大、情况驳杂的各种国际性机会的碎片式、临时性的简单回应。[①] 因此,基于不同国家的经济社会发展水平存在的差异,分析美国、英国、日本和印度等四个国家境外办学所负载的特定价值期望和历史使命,提炼影响该国高校境外办学运行过程中的最为核心的突出因素,为我国搭建合理的运行机制起到重要的借鉴意义。

第一节 美国高校境外办学运行机制的特色: 以教育强国地位为导向

美国跨境高等教育的发展在不同的历史时期和地区表现出不同的发展趋势和扩张重点,可以看出,美国高校在海外分支机构的建立不可避免地夹带着美国的战略意图和意识形态的输出,但全球竞争,经济利益和国家安全仍然是美国大学建立境外分校的最直接因素。[②] 美国的跨境高等

---

① 简·奈特.激流中的高等教育[M].刘东风,陈巧云,等译.北京:北京大学出版社,2011:30-31.

② 王璞.美国大学海外分校全球扩张历史和战略研究[J].比较教育研究,2017,39(1):17-23.

教育发展与美国国家的对外政策息息相关。2000年,克林顿总统发布了《高等教育国际化的备忘录》,其内容体现了美国发展跨境高等教育是为了保证继续维持美国在国际竞争中的霸权和领袖作用,尤其是在1970年左右,美国政府开始聚焦关注教育,利用美国国际开发署和高等教育社区之间的伙伴关系,来达成其广泛而雄心勃勃的全球发展目标。①"9·11"恐怖事件后,成为美国招收国际学生的转折点,对国际学生来美国读书签证的发放审查更为严格,实行签证背景审查机制,对申请人设置诸多障碍,导致国际学生下滑严重,例如,2003—2004学年度在美国际学生下降2.4%。从另一个角度来看,来美签证的紧缩性政策的实施,对美国高校走出去,开展境外办学起到了一定的推动作用。可见,美国发展跨境高等教育的首要目的在于国家利益的诉求,是国家外交途径的补充和政治的延续,目的之一是不断传播和灌输国家的政治价值观和意识形态。可以说,美国积极利用大学的无形力量创造国际优势。②

一、美国高校境外办学的发展概况

美国境外办学历史已经有200多年,最早可以追溯到19世纪早期。③美国高校境外办学的发展在世界范围内,无疑是处于领先地位。根据C-bert统计数据,截至2020年11月,全球已有305所可授予学位的境外分校,其中,美国高校境外分校最多,有86所,居世界首位。④美国通过以海外学习项目、海外基地建设、合作研究、建立境外分校等方式,在全世界范围内开展高等教育。发展到今天,美国已经是毫无疑问在世界上拥有最庞大的多层次、高水平的高等教育体系,是全球公认的高等教育中心。美国高校凭借其高质量的高等教育系统,努力营造吸引外国留学生的平

① USAID. USAID history[EB/OL].[2020-11-02]. http://www.usaid.gov/about-us/usaid-history.

② 亚伯拉罕·弗莱克斯纳. 现代大学论:美英德大学研究[M].徐辉,陈晓菲,译.杭州:浙江教育出版社,2001.

③ 王春玲.美国境外办学的历史及现状:对"一带一路"建设我国教育合作的启示[J].河北师范大学学报(教育科学版),2018,20(5):74-79.

④ C-BERT. International Campus Listing 2020[EB/OL].(2020-11-20)[2021-05-20]. http://cbert.org/resources-data/intl-campus/.

台和环境,积极投入世界范围内的办学竞争。

(一)人员流动

在人员流动方面,美国与国外师生之间的交流呈现出多渠道、多途径的发展格局。[1] 美国开始大量接受国际学生的时间在 20 世纪初。1946年,《富布赖特法案》颁布之后,美国的国际学生不断增加,从 1904 年2673 名学生在美国大学学习,发展到 1980/1981 学年,达到 311882 人,占美国高校学生总数的 2.6%。[2] 20 世纪 80 年代,美国经历了长期的经济停滞,又恰逢大学生适龄人口的减少,大学因生源不足面临关门的危机,在此背景下,美国鼓励公立和私立大学主动走出国门,从其他国家招收学生,并开设境外分校。[3] 经过美国政府、非政府机构和高校的共同努力,国内国外同时办学吸纳国际学生,全球国际学生市场占领了最大份额,居世界第一,成为当今世界上最大的教育输出国。

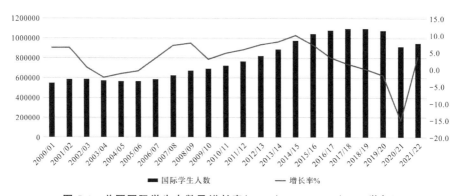

图 5-1　美国国际学生人数及增长率(2000/2001—2021/2022 学年)

2022 年,美国国际教育协会(IIE)发布的《美国门户开放报告》显示,受全球新冠疫情暴发的影响,在 2019/2020 学年度到 2020/2021 学年度,美国国际学生人数出现断崖式下滑,但是很快,在 2021/2022 学年度国际

① 刘晓亮,赵俊峰.美国跨境教育问题研究:基于简·奈特的跨境教育理论框架视角[J].教育科学,2014,30(4):81-85.

② 兰军.跨境教育研究[M].北京:中国社会科学出版社,2012:178-179.

③ 夏人青,张民选.高等教育国际化:从政治影响到服务贸易[J].教育发展研究,2004(2):23-27.

学生人数又迅速攀升到原来的体量,达到 948519 人,该学年度比 2020/
2021 学年度增加了 3.8%(图 5-1),占美国高校学生总数的 4.7%。① 美国
对于在境外开展教学活动吸纳的学生没有单列出来,全部按照国际学生口
径进行统计,从《美国门户开放报告》数据来看,总人数接近 100 万人,总体
呈现出正向增长的趋势,说明美国保持着对国际学生的吸引力及优势。

　　教师流动方式呈现出多渠道、多样化的发展格局,主要有五种交流计
划:一是由政府资助的国家计划,如著名的富布赖特计划等,支持和选派
美国学者和教师到外国进行教学、讲学和研究项目等;二是民间资助的全
国性计划,如国际研究与交流委员会发起的交流项目;三是美国高校与外
国大学之间的校际交流计划;四是高校系与系之间、研究所与研究所之间
的交流计划;五是围绕科研课题项目等进行的交流计划。②

　　美国国际外交咨询委员会在《21 世纪的国际外交》文件中明确指出:
"对外交流和培训对美国的对外关系有着直接的和多重的影响,是其最有
价值的工具之一。"2005 年,亚伯拉罕·林肯委员会发布了《全球竞争力
与国家的需要——百万人留学》报告,全面阐述了经济全球化与经济竞争
力、国家安全、美国的领导地位、留学的教育价值以及积极参与国际社会
等方面。③ 2007 年,美国国际教育协会提出:"美国依赖国际学科和技术
人才的事实,让国际教育交流关系变得更为复杂,现在美国的兴趣不仅是
培养国际学生让他们服务自己的母国,更大的兴趣是希望能够雇用这些
优秀的国际学生填补美国高新技术产业和研究机构的位置,希望这些人
才能够为美国工作几年之后再回国。新的形势需要美国制定新的国际教
育政策。"④因此,美国期望通过促进跨境人员流动,培养大量国际人才,
为美国赢得社会、文化、教育与政治等多方面的综合效益,并不断扩大美

---

　　①　Institute of International Education. (2022) International Student and U. S.
Higher Education Enrollment[EB/OL].[2022-11-20]. https://opendoorsdata.org/data/
international-students/enrollment-trends/.

　　②　聂名华,黄云婷.美国高等教育国际化发展战略分析[J].学术论坛,2011,34(6):
199-202.

　　③　刘晓亮,赵俊峰.美国跨境教育问题研究:基于简·奈特的跨境教育理论框架视
角[J].教育科学,2014,30(4):81-85.

　　④　李敏.教育国际交流:挑战与应答[D].上海:华东师范大学,2008.

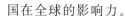

国在全球的影响力。

（二）项目流动

美国的高校、教育机构和各类商业机构通过远程距离教育、课程衔接（双学位、联合学位等）、特许经营、合作办学机构等方式开展项目跨境流动。自1989年美国凤凰城大学推出第一个以计算机为基础的教育教学系统，后来逐步发展成为凤凰城网上校园。学生从注册入学、教学研讨到毕业典礼等所有环节都在网上完成。目前有来自115个国家的海外学生在网上上学，不需要住在美国就能上凤凰城大学。① 该校是美国采用远程教育形式提供高等教育服务的成功代表。

此外，美国的境外办学项目方面起步也比较早。主要有两种方式：一种是在境外的有关高校开设某些专业与课程；另一种是与当地高校共同办学，使学生获得双学位。美国在我国开展的合作办学项目，例如，2001年中国对外经济贸易大学与美国马里兰大学合作举办工商管理硕士学位教育项目、2004年中国上海工程技术大学与美国劳伦斯理工大学合作举办电子信息工程专业本科教育项目等②，至今仍然在开办中。

美国一些大型跨国公司积极参与建立大学海外分支校园的活动，例如，摩托罗拉公司创办的海外培训机构中，有42%的课程是官方承认的学位课程。微软公司采取与世界各国大学合作的形式，授权这些大学开设微软课程。仅在英国就有约40所大学与微软签订协议，开设微软课程③。微软亚洲研究院还与北京大学、清华大学等多家我国"双一流"大学签署了有关软件学院合作的协议，并承诺在资金、人才、教材建设、学术交流、学生实习等方面给予大力支持。④

---

① University of phoenix. Complete your education from anywhere in the world [EB/OL].［2020-04-23］. https://www.phoenix.edu/admissions/international-students.html.

② 教育部中外合作办学监管信息平台.中外合作办学机构与项目（含内地与港台地区合作办学机构与项目）名单［EB/OL］.［2021-03-18］.http://www.crs.jsj.edu.cn/aproval/orglists.

③ OECD.教育政策分析［M］.北京：教育科学出版社,2006:107.

④ 聂名华,黄云婷.美国高等教育国际化发展战略分析［J］.学术论坛,2011,34(6):199-202.

（三）机构流动

美国的高校、教育机构和各类商业机构通过在海外设立专门海外前哨、境外分校等形式来开展教育机构跨境流动,这成为美国扩大海外教育市场的新组织模式。

二次世界大战后不久,美国就有多所大学在海外开设分校,例如在波兰开设商业人才培训中心,在日本开设分支校园等,最初的目的是本国学生在海外期间的学习需要,或者为了向输入国(地区)学生提供短期文化和教育培训。发展到今天,根据 C-Bert 在 2020 年 11 月最新公布的数据(剔除已经关闭的分校),美国高校和教育服务公司在海外的分校共有 86 所具有美国学位授予权的办学机构,居世界首位。例如,纽约大学(New York University)在上海和阿布扎比开办分校;乔治城大学(Georgetown University)在意大利和土耳其开办分校。图 5-2 显示当前美国前 9 的输入国(地区)。

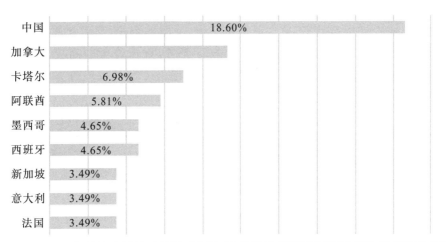

图 5-2　美国高校境外分校前 9 输入国(地区)及其所占总数比例

资料来源:C-BERT. International Campus Listing 2020〔EB/OL〕.(2020-11-20)〔2021-05-20〕. http://cbert.org/resources-data/intl-campus/.

从图 5-2 中可以看出,美国高校在境外举办分校,最大的输入国(地区)是中国,占到该国实施学历教育的境外分校总数的 18.6%,接近 1/5。

截至 2022 年 11 月,美国在我国举办的合作机构有 42 家,合作办学项目有 310 项,其中具有独立法人资格的办学机构有 3 家,分别是上海纽约大学、昆山杜克大学、温州肯恩大学。①

一些教育营利机构,从 20 世纪 90 年代开始就积极地发展参与境外分校的建设,如阿波罗国际已成功地在巴西、德国开办大学。鉴于许多国家禁止大学以营利为目的办学,美国教育服务公司通常采取的做法是,注册一家拥有学校土地和设施的公司,通过学校向公司支付高额的租金来避开输入国(地区)的规定,实现获利的目的。例如桂冠教育公司就是美国众多教育服务公司中的强势代表,该公司以 10 亿美元收购了位于巴西圣保罗市的一所大学,在 14 个国家已建有大学,学生总数达 19 万人。②

此外,美国高校还通过远程教育模式,推动境外办学的发展。1999年,美国学术评审(NCACS)认可的第一所网络大学正式开学;2004 年,美国麻省理工学院把它的全部课程公布于网上,对全世界学生公开。美国还有专门的互联网学院(Internet Institutions)设有常设教师,没有固定校舍,只提供虚拟教室,它们既服务学生,又服务企业,范围常常跨越国(境)界。③ 以远程教育形式提供高等教育服务,意味着美国高校对现代教育技术的充分利用和必然选择,终将成为绝大多数高校境外办学策略的特色。④

综上所述,美国高校境外办学机构流动取得了巨大成就,根据无国界高等教育观察组织的资料,整理了美国境外分校从最早 1955 年开始创办的境外分校情况,可以进一步考察美国高校境外办学有关输入国(地区)的变化趋势、办学模式的变化趋势、办学层次及开办学科的整体情况(详见表 5-1)。

---

① 教育部涉外监管网.中外合作办学机构与项目(含内地与港台地区合作办学机构与项目)名单(美国)[EB/OL].[2020-12-09].http://www.crs.jsj.edu.cn/aproval/orglists.

② 王伟.美国教育产业发展现状及其特点[J].比较教育研究,2002(5):51-55.

③ 兰军.跨境教育研究[M].北京:中国社会科学出版社,2012:202-203.

④ 魏奇,魏志慧.跨境远程高等教育的现状及发展趋势:访无国界高等教育观察组织首席执行官邓·奥尔科特博士[J].开放教育研究,2009,15(4):4-9.

表 5-1 美国境外分校输入国(地区)、模式、开办年份、层次及学科情况

高等教育机构	输入国(地区)	办学模式	开办年份	办学层次	开办学科
约翰·霍普金斯大学	意大利	?	1955	证书、硕士	国际关系、事务和公共政策
凤凰城大学	加拿大	独资	?	学士和硕士	技术与商业
德威大学	加拿大	独资	?	文凭、学士	IT 与商业
新奥尔良大学	牙买加	独资	?	硕士	商业
凤凰城大学	荷兰	独资	?	硕士	商业
凤凰城大学	波多黎各	独资	?	学士、硕士	商业与教育
芝加哥商学院	新加坡	独资	?	硕士	商业
联合国际大学	墨西哥	独资	1970	学士、硕士	多学科
波士顿大学	比利时	独资	1972	硕士	管理与行政
美国洲际大学	英国	外部投资	1973	学士、硕士	美术(传播、艺术、设计、时尚)、商业
韦伯斯特大学	瑞士	独资	1978	学士、硕士	多学科
韦伯斯特大学	奥地利	独资	1981	学士、硕士	多学科
天普大学	日本	外部投资	1982	学士、硕士和博士(有限)	多学科
韦伯斯特大学	荷兰	独资	1983	学士、硕士	多学科
约翰·霍普金斯大学	中国	不清楚	1986	证书、硕士	国际研究
布鲁克代尔学院	厄瓜多尔	不清楚	1988	大专	多学科
印第安纳波利斯大学	希腊	独资	1989	学士、硕士	多学科
乔治亚理工学院	法国	独资	1990	学士、硕士	IT 和工程
麦克丹尼尔学院	匈牙利	外部投资	1994	学士	多学科

续表

高等教育机构	输入国（地区）	办学模式	开办年份	办学层次	开办学科
美国洲际大学	阿联酋	？	1995	学士、硕士	商业、工程、IT 和设计
恩迪克特学院	墨西哥	独资	1996	学士（在美国校园）、硕士	商业、心理学和教育
弗吉尼亚联邦大学	卡塔尔（教育城）	提供设施	1997	学士	美术（传播、艺术、设计、时尚）
佛罗里达州立大学	巴拿马	外部投资	1999	学士	多学科
韦伯斯特大学	泰国	独资	1999	学士、硕士	多学科
密苏里州立大学	中国	外部投资	2000	副学士	商业
康奈尔大学	卡塔尔（教育城）	提供设施	2002	硕士	医学
德州农工大学	卡塔尔（教育城）	提供设施	2003	学士、硕士	工程
卡耐基梅隆大学	卡塔尔	提供设施	2004	学士	商务和IT
克拉克大学	波兰	外部投资	2004	硕士	IT、公共管理和通信
卡内基梅隆大学	卡塔尔（教育城）	提供设施	2004	学士	商业与IT
哈佛国际医学	阿联酋迪拜医疗保健城	提供设施	2004	研究生课程	医学
北弗吉尼亚大学	捷克共和国	独资	2005	学士、硕士	商业、IT和会计
德保罗大学	约旦	外部投资	2005	硕士	IT
乔治敦大学外交学院	卡塔尔（教育城）	提供设施	2005	学士	对外服务

续表

高等教育机构	输入国(地区)	办学模式	开办年份	办学层次	开办学科
芝加哥商学院	英国	独资	2005	硕士	行政工商管理
卡耐基梅隆大学	澳大利亚	外部投资	2006	学士、硕士	公共政策、管理和信息技术
内华达大学拉斯维加斯校	新加坡	独资	2006	学士、硕士	医学
佛罗里达国际大学	中国	外部投资	2006	不清楚	医学
乔治梅森大学	阿联酋	外部投资	2006	学士	护理、商业和工程
费尔利·迪金森大学	加拿大	独资	2007	学士	IT和商业
基恩大学	中国	外部投资	2007	学士、硕士	多学科
哥伦比亚大学	约旦	外部投资	2009	?	?

资料来源:VERBIK L,MERLEY C.The international branch campus:models and trends[J].Report,2015(46):1-31.整理而得。

从表5-1,可以看出美国高校境外开办分校起步比较早,最早1955年约翰·霍普金斯大学在意大利开办分校;从输入国(地区)来说,美国大学最先选择在欧洲建立境外分校,从20世纪50年代至今热情不减,而且这些分校多数长盛不衰。[1] 究其原因是由于能够直接复制美国母校的教学体系,不需要做大的调整,成为开办境外分校成本及风险较低的模式。[2] 然而,从80年代开始,伴随着亚洲经济崛起和对优质高等教育资源的巨大需求,美国大学开始聚焦亚洲,亚洲渐渐地成为美国大学境外分校的聚集地;从办学模式来说,从高校独资模式渐渐转变成接受外部机构投资模式或者根据输入国(地区)的条件,接受输入国(地区)提供设施的模式,总

---

① 王璞.美国大学海外分校全球扩张历史和战略研究[J].比较教育研究,2017,39(1):17-23.

② GIRDZIJAUSKAITE E,RADZEVICIENE A. International branch campus:framework and strategy[J]. Procedia-social and behavioral sciences,2014(110):301-308.

体趋势表明,美国高校越来越不愿意承担全部费用,而是积极需求外部支持;从办学层次和专业上来看,呈现多层次多学科的态势,充分彰显了美国高等教育的实力。在下面的部分,具体对办学主体、办学模式和办学环境的特征展开分析。

二、办学主体特征:以营利性大学的海外扩张为主

从表 5-1 可以看出,美国参与境外办学主体有传统的大学、营利性教育机构、跨国企业等类型,其中营利性大学或机构通过并购实现业务扩张的模式令人印象深刻。

1972 年《美国高等教育法》第一次允许进入营利性大学就读的学生申请政府高等教育的资助,促进了营利性大学的发展。自 20 世纪 80 年代起,美国政府就开始大力推进教育产业化,美国以产业方式运作的营利性可授予学位的高校不断发展,它逐渐成为美国私立乃至整个高等教育的一个有机组成部分。美国海外扩张的营利性大学分成两类:一类是营利性私立大学,具有充分的招生、办学自主权,它们可以独立地制定各自的境外办学政策;另一类是美国许多最好的非营利性大学(公立或私立)建立的营利性分支机构,或者与营利性公司合作成立的教育企业,例如,哥伦比亚大学的远距教学网站(Fathom),卡内基梅隆大学的软件教育培训中心(iCarnegie),康奈尔大学的在线学习 eCornell 公司,纽约大学的"纽约大学在线"(NYUonline),杜克大学富科商学院的"杜克企业教育"(Duke Corporate Education),马萨诸塞大学的网络教育学院(Umass on-line),天普大学的"虚拟天普大学"(Virtual Temple)等。① 在美国境外办学发展过程中,上述传统营利性大学和非营利性大学成立的新形态营利性分支机构,成为积极向海外扩张的主力军,通过联合办学、设置境外分校、开展远程教育等方式推动了美国跨境高等教育的发展。

三、办学模式特征:从单一模式走向多元模式

资金的来源构成情况决定了办学模式的呈现,无国界高等教育观察

---

① 冯国平.跨国教育的国际比较研究[D].上海:华东师范大学,2009.

组织在 2006 年对美国 44 所境外分校的资金来源进行了统计分析,结果显示:资金来源于本校出资的占到 40.9%,来源于学校外部的占到 29.5%,政府提供补助的占到 0.02%,外部提供设施的占到 13.6%,来源不详占到 13.6%,这项调查说明了美国举办境外分校出资来源除了自身以外,还有政府、外部机构组织、输入国(地区)政府等提供的资助。① 无国界高等教育观察组织学者莱恩·维比克(Line Verbik)和卡里·默克里(CariMerkley)把境外分校分为三种模式:母体高校独资模式(self-funded)、外部投资模式(in receipt of external funding)和输入国(地区)提供设施模式(through provided facilities)。② 根据分析表 5-1,美国高校这三种模式都存在。

(一)母体高校独资模式

这种模式是美国大学全额投资创建,如美国韦伯斯特大学 1983 年在荷兰开办的韦伯斯特大学荷兰分校,以及美国阿莱恩特国际大学 1970 年在墨西哥开办的阿莱恩特国际大学墨西哥分校。

案例:韦伯斯特大学荷兰分校

韦伯斯特大学(Webster University)是一家位于美国的私人非营利性机构,在各个学科领域提供学士和硕士学位课程。该机构成立于 1915 年,总部设在密苏里州圣路易斯郊区,在美国境内和境外的 100 多个地点开设课程。韦伯斯特于 1978 年在瑞士日内瓦建立了第一个国际分支园区,此后在其海上活动中又增加了多所海外分校:1981 年在奥地利维也纳,1983 年在荷兰莱顿,1983 年在英国伦敦、汉密尔顿、百慕大,1997 年在中国,以及 1999 年在泰国的七岩和曼谷。该大学目前在全球共有 20000 名学生,并拥有 70000 名校友。除了伦敦和上海的业务外,所有 Webster 的国际机构都包括在天文台分支机构名单中。但是,本案例研究将主要针对荷兰的业务。韦伯斯特的主要荷兰校区于 1983 年在莱顿市建立,随后在阿姆斯特丹和埃因霍温引入了研究生课程。莱顿校区拥

---

① 王春玲.美国境外办学的历史及现状:对"一带一路"建设中我国教育合作的启示[J].河北师范大学学报(教育科学版),2018,20(5):74-79.

② VERBIK L, MERKLEY C.The International branch campus: models and trends [J]. Report,2015(46):1-31.

有行政管理以及图书馆和计算机实验室,所有本科生都在这里学习。荷兰符合 Webster 的离岸业务关键标准,因此被选为分支校区,其中包括该国政治稳定并为教职员工和学生提供安全的环境。一个重要原因是国际社会与许多联合国和非政府组织以及在该国开展业务的跨国公司共同存在,同时还具有较高的英语熟练度和普遍接受度。

(二)外部投资模式

这种模式是美国高校接受政府、企业等外部机构的投资,共同举办的境外分校的方式,具有资金来源多元化,可以减轻母体高校的办学成本和风险等优势,但是由于所有权被部分分走,不利于对分校的完全控制和运作管理,此外有还款、利益回报等压力。美国高校在我国的境外办学就采取这种模式,例如,昆山杜克大学由美国杜克大学、中国昆山市政府、武汉大学合作创立的。2019 年美国顶级高校杜克大学(Duke University)校长文森特·普莱斯(Vincent Price)教授在 CCG 北京总部发表了题为《超越国界的高等教育模式及全球化背景下的大学创新》的专场演讲。普莱斯校长指出,之所以选择在中国昆山办校是基于以下两点考虑:首先,中国是世界第二大经济体,并且发展迅速,它在当今相互联系的世界合作中至关重要。其次,作为一个教育机构,杜克大学的教育宗旨是通过整合分享我们的资源以促进人类幸福和发展。[①]

案例:美国天普大学日本分校(Temple University Japan)

美国天普大学日本分校(TUJ)是日本历史最悠久,规模最大的外国大学,也是日本承认的 4 所在日本建立分校的外国大学之一。TUJ 成立于 1982 年,现已发展成为一家提供各种教育计划的全国认可机构。除了其核心的本科课程,TUJ 还提供法律、商业和教育方面的研究生课程,以及英语预备课程、成人教育课程和公司培训课程等,拥有大约 4000 名学习者。TUJ 为其高质量的英语教育而感到自豪,并为学生提供了独特的机会,使他们无需离开日本即可获得美国的本科和研究生学位。TUJ 的最大资产之一是其学生群体。学生来自世界各地大约 60 个国家,包括日本、美国、东亚和东南亚、俄罗斯、中东、非洲、拉丁美洲和欧洲。其多样化

---

① 陈全.杜克大学校长 CCG 演讲:探讨跨国高等教育模式与全球化下的大学创新[EB/OL].(2019-04-28)[2020-10-23].https://lx.huanqiu.com/article/9CaKrnKk7CB.

的学生群体有助于使 TUJ 成为一个富有活力,充满活力的激励机构。TUJ 是日本第一所被日本文部科学者正式认可为外国大学日本校园的教育机构。这种身份允许 TUJ 赞助学生签证,使国际学生可以短期(一两个学期)或长期(例如完成一个完整的四年制课程)在大学学习。TUJ 一流的教师与学生紧密合作,以帮助他们实现其学术目标。如组织小班教学,以促进活跃的讨论并允许教授特别关注学生。此外,TUJ 还提供天普大学的教育品牌,提供与天普主校区相同的课程内容,并以英语授课所有语言课程。在 TUJ 学习可以提供与美国天普大学相同的教育质量,并且可以轻松地转移到 Temple 的主校区或美国和其他地方的任何其他北美大学。[①] 20 世纪 90 年代初期,美国大学兴起过一股在日创办分校的热潮,一度超过 30 多所,但由于日本政府对外国大学分校的旁观态度、分校良莠不齐、经营困难、不符合日本法律设置大学的基准等原因,短短 5 年后,它们大部分先后被迫关闭或解体,然而天普大学是幸存的两所美国大学之一。学者叶林汇总根据加藤(2002)、鸟井康照(2003)等的研究成果分析 TUJ 成功的原因,可以归纳为以下几点:(1)办学层次和质量适应社会的需求。TUJ 开办的研究生院能够为日本在职人士提供攻读美国研究生课程的便利。(2)学位证书的同质性。日本学生在分校修完学业被授予的学位证书与美国学生完全相同。(3)尽力打造美国本校的学习环境和氛围。(4)母体高校天普大学拥有成熟的境外办学经验和资金实力。(5)分校选取地址在日本的繁华中心地带(大阪、福冈等)具有地理优势。[②]

(三)输入国(地区)提供设施模式

第三种模式即输入国(地区)提供或出租设施模式。一般是输入国(地区)为了吸引优质的外国大学来本国办学,输入国(地区)政府或企业提供校园设施或者教学资源等的模式,例如,迪拜的智慧村(Knowledge Village in Dubai)和卡塔尔的教育城(Education City in Qatar)。这种模式有场地校园、校舍等支持,有利于快速建立境外分校,减轻投资规模,进

---

① 美国天普大学日本校官网.About Temple University Japan[EB/OL].[2020-11-29].https://www.tuj.ac.jp/about/index.html.

② 叶林.美国大学在日分校的历史、现状和将来[J].清华大学教育研究,2005(1):27-33,57.

入输入国(地区)教育市场难度较小等优势,然而,这种模式也不利于对境外分校的控制和运作管理,同时有租金上涨的风险等。美国高校积极借助输入国(地区)抛出的利好政策开展境外办学。

案例:卡内基梅隆卡塔尔大学

2004年,卡内基梅隆大学和卡塔尔基金会建立了合作伙伴关系,为卡塔尔的长期发展做出贡献。卡内基梅隆卡塔尔大学提供本科课程生物科学、企业管理、计算生物学、计算机科学和信息系统。卡塔尔知识村(KV)成立于2002年的教育中心,国家和地方政府投入约合6800万美元的启动资金,打造成为一个自由区,在这个区里运行的组织机构可以突破阿联酋其他法规限制的免税、资金汇回等优惠政策。卡塔尔知识村成功吸引了许多外国机构。

通过对三种办学模式的分析来看,美国的境外办学模式逐渐从原来单一的母体高校独资模式,逐渐拓展到外部机构投资模式和输入国(地区)提供设施模式等,形成多元化的办学模式。母体高校独资模式需要高校独自承担巨额费用,同时也要独自面对所有风险和损失,因而这种模式渐渐地不再被采用,而渐渐被采用的外部机构投资和输入国(地区)提供设施等模式说明,外部的经济支持能激发优质高等教育机构开展境外办学的动力。

四、办学环境特征:立法保障及多机构联动管理

美国的跨境高等教育能够取得世界首位的成绩,与美国所采取相关策略有极大的关系。在跨境高等教育方面,美国具备了较为完善的规章制度和组织架构。

(一)立法保障

第二次世界大战之后,美国联邦政府开始重视高等院校的国际化进程并通过了相关法案。1946年,美国国会通过《富布赖特法案》,设立专项教育基金支持美国学生和教授到国外讲学或研究。1958年,美国政府出台《国防教育法》,支持学者的国际交流。1966年,通过的《国际教育法》(International Education Act),反映了美国政府对在全球开展高等教育的浓厚兴趣。1993年,制定了《美国2000年教育目标法》(Goals 2000:Educate America Act),其中提出的教育目标就是要通过国际交流,以提高学生的全球意识。2005年,美国参议院通过了《2006财政年健康、服务

和教育机会法案修正案》,包括:(1)政府将开拓外国学生市场纳入政府的工作计划中,积极分担高校的招生压力;(2)运用营销策略,通过网络等途径为院校做宣传;(3)加强对"学生和交流访问者信息系统"(SEVIS)的管理,提高使用效率。此外,美国地方政府也非常重视跨境高等教育的发展,有34个州制定了指导开展全球教育的章程。

美国政府以立法方式来支持跨境高等教育的发展,反映出政府对此项工作的积极态度和重视程度。为了提升海外办学的质量和维护国家教育主权,美国1991年颁布了《对非美国本土教育项目评价原则》,2001年颁布了《跨国认证准则:对非美国高校和项目的认证》等法律文件,为美国在境外开办分校机构和项目的顺利实施提供了法律依据和准则,有效地维护了美国高等教育的品牌。[①]

(二)多机构联动管理

美国政府和非政府组织各司其职、通力合作,形成多机构联动管理机制,推动美国跨境高等教育的大力发展。美国联邦政府设立专门针对跨境高等教育的专门组织机构,负责协调、管理、研究和统筹国际教育事务,非政府组织机构也积极参与其中,并发挥重要作用。非政府组织是美国政府具体实施对外交流的主要工具,它们与非政府组织已形成了成熟的合作模式。

1.国际教育研究所(Institute of International Education,简称 IIE)

国际教育研究所于1919年成立,其使命是帮助个人和组织利用国际教育的力量,在当今相互联系的世界中蓬勃发展。IIE 是最早倡导国际交流的机构之一,开创了美国与世界各国之间最早的学者和学生交流,开发并实施了世界上许多最负盛名和创新的奖学金和培训计划,推动了美国国际教育事业的发展。从1954年开始至今,国际教育研究所每年监测美国国际教育的变化趋势,并发布国际教育报告,提供关于国际教育的全面数据与分析,为政府、教育部门等利益相关者提供重要的政策咨询与参考。

2.国际教育交流协会(Council on International Educational Exchange,简称 CIEE)

美国政府认为二战后国际社会急需相互的理解与信任,学生和教师

在国际的流动时达到上述目的的最有效方式。在此背景下,作为美国重要的民间教育国际交流组织 CIEE 于 1947 年成立,其宗旨是,在一个全球化、文化多元化的世界里,帮助人们理解与获得知识,发展生存技能。

3.美国国际教育联合会(American International Education Associates,简称 AIEA)

美国国际教育联合会是专门从事国际交流教育和培训的非营利性组织机构。该机构的使命是促进美国与其他国家之间更加密切的教育关系,加强各国高等教育机构的联络,推进教育交流、学术自由和相互理解,并提供相应的资助等。

4.美国教育理事会(American Council on Education,简称 ACE)

美国教育理事会是代表美国高等教育机构的非政府组织,积极主动参与了世贸组织关于教育服务贸易的谈判,并与美国贸易代表办公室保持密切的联系。

5.美国高等教育认证理事会(Council for Higher Education Accreditation,简称 CHEA)

美国高等教育认证理事会,同样是代表美国高等教育机构的非政府组织,积极主动参与了世贸组织关于教育服务贸易的谈判,并与美国贸易代表办公室保持密切的联系。

上述分析可以看出,美国围绕跨境高等教育,搭建了政府和非政府的多机构管理部门,各司其职,实施配合密切的多机构联动管理机制,形成强大的合力,为推动美国跨境高等教育的发展起到了保驾护航的作用。

(三)政府和基金会资金的支持

美国政府在冷战结束后,理论上的转变与欧洲类似,克林顿政府支持高等教育的国际化,以提高美国的竞争力,但没有提供任何新的资金或计划,但是,美国的高等教育机构和私人基金会有大量资源可以提供奖学金以吸引大专,博士学位和博士后的外国学生。[1] 美国联邦与州政府和基金会通过设置奖学金或项目基金的方式直接支持跨境高等教育。在联邦

---

[1] OBHE.Cross-border higher education:an analysis of current trends,policy strategies and future scenarios[EB/OL].(2004-11-01)[2020-11-11]. https://www.obhe.org/resources/cross-border-higher-education-an-analysis-of-current-trends-policy-strategies-and-future-scenarios.

政府层面,有三个政府部门为各项国际交流活动提供资助:国务院(US Department of State)资助"教育与文化交流"项目(Education and Cultural Exchanges),其中包括"富布赖特计划";国防部(US Department of Defense)资助"国家安全教育计划"(the National Security Education Program);教育部(US Department of Education)资助"富布赖特-海斯计划"(Fulbright-Hays Programs)等项目。美国联邦政府在高等教育领域投入大量教育经费,为提高美国高校的教育和科研实力、增强国际竞争力奠定了扎实的基础。

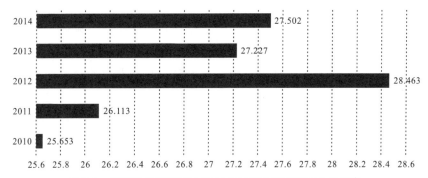

图 5-3 美国政府高等教育支出占政府教育支出百分比(%)

资料来源:CEIC 官网.美国政府高等教育支出:占政府教育支出百分比(2010—2014)[EB/OL].[2019-12-09].https://www.ceicdata.com/zh-hans/united-states/education-statistics/us-government-expenditure-on-tertiary-education-of-government-expenditure-on-education.

图 5-3 显示,美国政府高等教育支出占政府教育支出百分比从2010—2014 年的数据可以看出,均保持在 25%以上,具体来说 2010 年为25.653%;2011 年为 26.113%;2012 年最高,达 28.463%;2013 年为27.227%;2014 年达 27.502%,相较于 2013 年的 27.227%有所增长。对比日本在 2014 年政府高等教育支出占政府教育支出百分比是 20.763%[①],美国政府在推动高等教育发展中的作用是明显的。这些政府资金资助计划

---

① 美国政府高等教育支出:占政府教育支出百分比(2010—2014)[EB/OL].[2019-12-09].https://www.ceicdata.com/zh-hans/united-states/education-statistics/us-government-expenditure-on-tertiary-education-of-government-expenditure-on-education.

为美国的国际教育进程注入了实质性的推动力量,对美国跨境的教育与文化交流、学生资助、教师研究及其他许多直接和间接支持的国际项目得到了前所未有的发展。虽然20世纪90年代之后,资助慢慢减少,但是1994年的"国家安全教育计划",教育部高等教育法中第6款相关的"富布赖特-海斯计划"仍然还在发挥作用。

在美国,主要是私人基金会和大学为外国学生提供奖学金,而在较小程度上,美国联邦或州的各种行政机构也为此提供奖学金。2002年,私立基金会和大学通过奖学金资助了在美国学习的9.2%的国际本科生和37.9%的国际研究生。[①]

此外,资金来源还有办学所在国家政府的资金支持。例如,卡塔尔政府提供优厚的条件给美国著名高校,负责分校教职工工资的发放、将在11年内为康奈尔大学和弗吉尼亚联邦大学分别提供7.5亿美元和5000万美元的资金支持等措施,在这些利好政策的激励下,美国卡内基梅隆大学、乔治城大学外交学院等高校在卡塔尔教育城纷纷开办了分校。[②]

五、美国境外办学对我国的启思

从上述分析中可以看出,无论是在办学数量上遥遥领先,还是办学模式的多样性等都说明了美国的高等教育的实力和对世界各地学生的吸引力,而办学主体的多元化、资金来源的多样性、办学环境的宽松等保障了美国全球教育强国的地位,实现高校境外办学的目的。根据美国境外办学的特征分析,对我国的启思主要是:(1)实施境外办学的高校主体需要多样化。既有传统的公立大学,也要鼓励营利性或非营利性民办高校积极投入境外办学活动中,然而,我国民办高校整体高等教育质量的低国际声誉成为民办高校走出去的掣肘,借鉴美国国际声誉高的非营利性大学

① OBHE. Cross-border higher education: an analysis of current trends, policy strategies and future scenarios[EB/OL].(2004-11-01)[2020-11-11]. https://www.obhe.org/resources/cross-border-higher-education-an-analysis-of-current-trends-policy-strategies-and-future-scenarios.

② 王春玲.美国境外办学的历史及现状:对"一带一路"建设中我国教育合作的启示[J].河北师范大学学报(教育科学版),2018,20(5):74-79.

成立营利性部门的做法,可以克服公立大学在资金上的不自由性,又可以保持母体高校高等教育的优势。(2)积极调动政府和社会资金的支持。政府在政策鼓励之外,还要有一定的实质性资金的支持,特别是在政策上突破,让高校可以有一定的权限引入外部资金的投入,为高校境外办学投资推进提供必需的资金保障。(3)设立政府和非政府的境外办学专门管理部门,形成多联动管理组织架构,可以有效地形成协调、管理、研究和统筹高等教育国际教育事务的管理体系,做到具体事务的精准对接和有效解决。(4)形成一系列相关的管理规范制度,使境外办学可以健康有序地开展。(5)需要对办学主体的资质进行审核管理。美国在对参与办学主体审核管理上的松懈,导致一些营利性教育机构在境外的不规范做法,以及未经批准的美国教育机构开展境外办学等问题出现,最终提供不合格的高等教育服务,给消费者带来损害。这也是美国的境外分校既获追捧又声誉不佳的原因。[①] 因此,我国实施境外办学,不能为办学而办学,不能不维护声誉一窝蜂而上,政府或者第三方机构应该对希望实施境外办学高校,虽不用审批,但是应该有一个资质上的考察环节。

第二节　英国高校境外办学运行机制的特色: 以获取经济利益为导向

英国由于本国和国际学生对高等教育的需求不断增加,以及高等教育的资金筹措带来的困难,选择了创收方式进行高等教育的国际化,这种境外办学的方式具有在没有公共补贴的情况下按全额收费提供高等教育的特征。像任何其他市场服务一样,创收方法是招募大量国际学生,以争取更大的市场份额,不光是吸引学生到英国境内,同时通过积极在境外成立教育机构,以在境外推广其高等教育系统,并授权其大学以补贴的价格提供教育服务的方式吸引大量国际学生。在以获取经济利益为导向的动因下,跨境高等教育对英国大学来说越来越重要,海外学生人数是在英国

---

① 冯国平.跨国教育的国际比较研究[D].上海:华东师范大学,2009.

接受高等教育的国际学生人数的 1.6 倍。① 英国境外分校的成功因素在于提供高质量的教学和服务吸引了当地学生。②

正如英国大学与科学国务大臣乔·约翰逊(Jo Johnson)在 2015 年 6 月于伦敦举行的"2015 年全球高等教育国际会议"上所说的那样,"全球教育带来了财富、健康和相互理解。它为丰富文化和经济奠定了基础……在我们所有的国际教育活动中,我们都有发展的雄心,我们致力于增加来自 2012 年为 180 亿英镑,到 2020 年将达到 300 亿英镑"。③ 可见获取经济利益成为英国发展跨境教育的根本动因,而所有的措施和行动将围绕此目标展开。

一、英国高校境外办学的发展概况

(一)政策举措

英国是世界上开展境外办学较早的国家之一,从 19 世纪中叶开始,英国就在全球广泛扩展海外教育。英国最初发展教育国际化的初衷是巩固英国在世界的地位。一开始是为培植和控制殖民地的文化教育,实现在每个殖民地培养一批大学教师的目标,建立了大量的高等教育机构。二战之后,殖民地纷纷独立,但英国继续在跨境高等教育方面投入大量资金,以扩大英国在新兴独立国家和英联邦的政治影响和长远利益。英国政府在 1963 年的《罗宾斯报告》(Robbins Report)中提出,每年花费 900 万英镑资助外国留学生。这些举措就是英国试图保持在世界之影响力的重要手段。自撒切尔政府以来,历届政府一直坚定地支持高等教育的国际化,并发布了一系列政策制度,减少政府在高等教育领域的经费开支,

---

① UNIVERSITIES UK. About UK TNE work[EB/OL].[2021-11-15].https://www.universitiesuk.ac.uk/International/heglobal/Pages/about-tne-work.aspx.

② 王璐,王世赟.英国高校海外分校发展状况与办学实践研究:以赫瑞瓦特大学迪拜分校为例[J].外国教育研究,2018,45(9):3-22.

③ UNIVERSITIES UK. The scale and scope of UK higher education transnational education 2016[EB/OL].[2021-11-15].https://www.universitiesuk.ac.uk/policy-and-analysis/reports/Pages/scale-and-scope-of-uk-he-tne.aspx.

并鼓励大学扩大收入来源。① 20世纪70年代中后期,英国政府开始将高等教育推向市场,到20世纪90年代中期,英国教育产业性特征已非常明晰,英国通过开展海外合作研究、建立境外分校等方式,将英国教育延伸到全世界。②

(二)数量增长

1958年,伦敦大学成立对外教育部,开始面向英属殖民地及世界各地招收学生,实施校外修读伦敦大学学位的制度,以满足因各种原因而无法在英国学习的学生的需求,因此伦敦大学成为英国进行海外办学的先例。随后,更多的英国大学纷纷效仿。最新数据显示,英国大学在200多个国家和地区为70多万名学生提供学位课程,2012—2016年间,英国大学的跨境高等教育增长了17%。③ 2013—2014年,高等教育跨国教育(TNE)每年对英国的经济贡献为5.5亿英镑,是英国教育出口的大部分收入,它占国际学生收入的11%。境外分校的发展取得了成功,根据C-bert统计数据,截至2020年11月,全球已有305所可授予学位的境外分校,共有43所英国高校境外分校处于运营状态(如表5-2),居世界第二位。④

英国跨境教育促进了大规模的人员流动。英国接受海外学生的历史比较久远,二战以前,主要是针对殖民地国家(地区)学生的培养,二战之后,其规模逐年扩大,英国接受国际学生的规模和形式也变得越来越多样化。英国高等教育统计署(HESA)对在境外的英国大学攻读学位或课程的学生人数进行了单独的统计。根据HESA的数据,在2014/2015学年度境外办学学生人数为663915人,2015/2016学年度境外办学学生人数为701010人,2016/2017学年度境外办学学生人数为707915人,2017/

---

① 易红郡,缪学超.英国高等教育市场化趋向:经费筹措视角[J].清华大学教育研究,2012,33(3):89-97.

② 兰军.跨境教育研究[M].北京:中国社会科学出版社,2012:53-78.

③ UNIVERSITIES UK. Transnational education[EB/OL].[2021-11-15].https://www.universitiesuk.ac.uk/International/Pages/tne.aspx.

④ C-BERT. International Campus Listing 2020[EB/OL].(2020-11-20)[2021-05-20]. http://cbert.org/resources-data/intl-campus/.

2018 学年度境外办学学生人数为 693695 人。① 进一步观察境外学生的所在国（地区），以 2017/2018 学年度为例，前 15 位的输入国（地区）分布情况可以分析出英国境外办学重点发力的国家及地区（如图 5-4）。

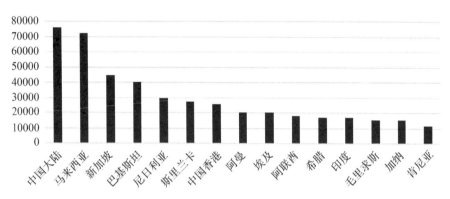

图 5-4　2017/2018 学年度英国境外办学的学生人数前 15 位输入国（地区）

资料来源：HESA. Transnational education by HE provider[EB/OL]. [2020-05-11].https://www.hesa.ac.uk/data-and-analysis/students/where-from/transnational.

在教师流动方面，英国大学历史上就有向海外派遣教师的传统。大英帝国时期，英国曾经因在每个殖民地创建大学需要培养一批大学教师的目的，积极向殖民地派遣教师。另外，英国大学很早就在海外办学，如创立于 1958 年的伦敦大学，派遣大批教师到海外办学机构从事教学、研究工作。之后出现英国开放大学。到了 20 世纪 80 年代以来，英国几乎所有的大学都在海外办学，大批教师在这些海外学校从事教学和研究工作。在教师流动方面，英国政府持积极态度。自 20 世纪 70 年代开始，英国就参与了由欧盟的前身欧共体制定了一系列教育合作项目，这些项目中有一部分就涉及欧盟国家高校教师交流的内容，如《可米特项目》（Comett）、《苏格拉底项目》（Socrates）和《提姆普斯项目》（Tempus）等。此外，英国的文化部、教育部、国际发展部和科学部以及大学等机构设置

---

① HESA.Transnational education by HE provider[EB/OL].[2020-05-11].https://www.hesa.ac.uk/data-and-analysis/students/where-from/transnational.本节内容所涉及的数据，如果没有做特别说明，均来自英国高等教育署 2014—2018 年度高等教育机构提供境外（离岸）办学类型和学生人数等数据。

了许多针对欧盟以外其他国家的教师交流项目,大力扩展与发达国家和发展中国家的合作。①

（三）地区分布

到 2020 年,英国的境外办学境外分校共有 43 所,分布于亚洲 27 所、欧洲 8 所、非洲 6 所、北美洲和南美洲各 1 所(详见图 5-5)。可以看出,英国高校开办境外分校的重点在亚洲地区,占到了总数的 62.79％。2016 年至 2017 年间,参加英国高等教育跨境高等教育课程的学生中有一半以上在亚洲,其次是非洲和欧盟的 14％。②

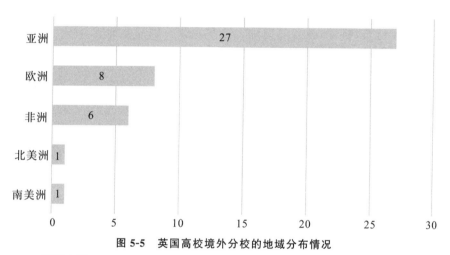

图 5-5　英国高校境外分校的地域分布情况

资料来源:C-BERT. International Campus Listing 2020［EB/OL］.(2020-11-20)［2021-05-20］. http://cbert.org/resources-data/intl-campus/.

英国跨境教育的布局倾向于亚洲的原因,还是源于它以获取经济利益为导向的跨国教育发展目标,以中国、马来西亚、新加坡以及中东地区阿联酋等国家(地区)作为境外分校主要首先输入国(地区),是基于这些国家的经济增长速度和经济实力考量的,它们是"成熟"的市场,有利于英国获取经济收益。阿联酋作为中东地区一个成功的高等教育中心(枢

---

① 兰军.跨境教育研究［M］. 北京:中国社会科学出版社,2012:215-216.

② UNIVERSITIES UK.Where is UK HE TNE？［EB/OL］.［2021-05-22］.https://www.universitiesuk.ac.uk/International/heglobal/Pages/where-is-uk-he-tneTNE.aspx.

纽),在迪拜等地区建立了迪拜知识园(Dubai Knowledge Park)和迪拜国际学术城(Dubai International Academic City)等多个教育自由区(free zones),这些教育自由区既可以提供教育设施,还可以享受免税等优惠政策,吸引了许多国家在该国开办分校,而英国无疑是当中最活跃的。[①] 能提供经济支持、教育设施等利好政策的输入国(地区),成为英国实现其办学目标的首选之地。

(四)专业分布

通过考察举办专业在输入国(地区)的分布情况,可以看出其涵盖了商业和管理、医学及相关、人文艺术、社会研究与法律、数学与计算机、工程技术与建筑、科学、教育等类别。这些专业类别开办的输入国(地区)数量分布如图 5-6。

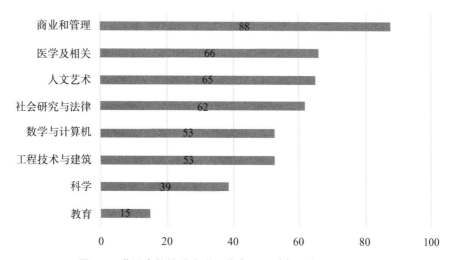

图 5-6　英国高校境外办学实施专业及对象国家(地区)数目

资料来源:UNIVERSITIES UK.The scale and scope of UK higher education transnational education 2016[EB/OL].[2020-05-22].https://www.universitiesuk.ac.uk/policy-and-analysis/reports/Pages/scale-and-scope-of-uk-he-tne.aspx.

---

① 王璐,王世赟.英国高校海外分校发展状况与办学实践研究:以赫瑞瓦特大学迪拜分校为例[J].外国教育研究,2018,45(9):3-22.

图 5-6 显示国家或地区开设的英国跨境教育课程最多的是商业和管理,有 88 个国家;其次是医学及相关专业,有 66 个国家举办该专业;人文艺术专业有 65 个国家举办;社会研究与法律专业有 62 个国家举办;数学与计算机专业有 53 个国家举办等情况。这些专业大部分都是低成本高回报的专业,相关数据显示,2/5 的跨境教育学生学习的专业是商业和管理课程。所有开设的专业课程中将近一半是本科学位(47%),其余大部分是研究生课程(44%),这些专业有利于英国实现以经济收益为导向的境外办学目的。

二、办学主体特征:以合作为主导的发展趋势

根据受输入国(地区)法律制约不同、资金投入大回收周期长等因素的影响,英国在海外的分校主要采取两种形式:高校独资办学、与当地教育机构合作办学。总的来说,英国大学已经开始采用"以合作伙伴为中心"的形式参与另一种类型的参与活动,并且存在着一种以"合作主导"模式的趋势。正如迈克尔·沃顿(Michael Worton)教授指出的那样:"只有少数英国大学已经并且将在海外设立分支校园,但大多数大学都将与国外的大学、公司、企业、非政府组织和政府建立伙伴关系,合作关系正在成为更具战略性、长期性和可持续性的发展模式,而不是像过去那样机会主义和短期主义的模式。"[①]越来越多的大学正在与其他大学、学院甚至海外政府开发新的跨国公司。英国成为 TNE 的首选合作伙伴,因为它的优势包括质量保证、课程开发和评估等。

最近的数据表明,英国大学目前拥有广泛多样的跨境高等教育合作伙伴,例如:斯塔福德郡大学与印度马德拉斯大学合作;伦敦城市大学与新加坡南洋理工大学,以及和提供公共卫生保健的新加坡总医院建立了合作伙伴关系等。通过上述分析,英国高校境外办学以合作为主导的办学主体结构趋势,有利于整合母体高校以外其他机构的有效资源,可以降低母体高校的办学风险,提高办学效率。

---

① UNIVERSITIES UK.The scale and scope of UK higher education transnational education[EB/OL].[2020-06-03].https://www.universitiesuk.ac.uk/policy-and-analysis/reports/Pages/scale-and-scope-of-uk-he-tne.aspx.

三、办学模式特征:多样性与灵活性并存

英国高校境外办学模式具有多样性与灵活性并存的特点,其类型主要划分为通过在线/远程学习(不论是否有当地支持)、通过当地交付伙伴关系(如特许交付、联合学位和双学位、结对安排等)或通过境外实体存在(如境外分校、学习中心或飞行教员)进行。

(一)远程教育

英国高校对采用在线/远程学习作为跨境教育的形式越来越感兴趣。这种交付方式涵盖了受当地政府支持的远程教育和不受当地政府支持的远程教育。

1969 年英国开放大学成立,采用函授、电视、广播等远距离教学方式向学生提供课程,这种方式推进了海外办学的进程,从只招收英国学生,发展到面向世界各地的成年人。1972 年,开放大学的"马里兰开放大学项目"首次成功开办了境外分校。1988 年开放大学率先在网络教育方面进行教学实验,成为全球第一所大规模在线传送开放教育资源的远程教育机构。到 2000 年,在线教学课程已经累积到 160 门课程,说明英国高等教育领域的网络学习在英国乃至全球都占领了巨大的份额。今天,开放大学先后在爱尔兰、中国香港等国家和地区开展课程项目合作,并逐步开设了数十个分支机构和数百个培训中心,成为日益全球化的教育机构。① 2001 年,英国创建网络虚拟大学——全球网络电子大学(UKEU),它由剑桥大学等 12 所大学、政府部门以及私人企业等携手整合教育资源,并与输入国(地区)高校结成办学合作伙伴,向全球通过网络提供接受英国本科、硕士课程高等教育的机会。从大学及其原籍国的角度来看,建立海外基地(分支机构/合作伙伴机构等)的观点认为,通过电子学习进行的教育和培训已经发展并且正在变得越来越重要。

(二)与当地合作

与当地高校、政府等结成伙伴关系,通过特许交付、联合学位和双学位、结对安排等方式,英国大学将课程授予外国某一教育机构,以获取一

---

① 张湘洛.英国大学海外办学实践及启示[J].高等教育研究,2008(5):99-103.

定经济利益的境外办学模式。英国大学与国外大学签署联合办学协议，合作培养学生。双方根据学分转换的原则共同定义学习课程，学生分别在本国和英国接受教育，一所大学获得的学分可在另一所大学获得承认或转移，以确保学生不受限制地继续学习或就业，最后取得两国大学的学位和学业证书。这种跨境合作模式通过采取灵活的学分制度来确保学分的可转让性。英国实行的欧洲学分转换体制（European Credit Transfer System，简称 ECTS）就是一个著名的项目，推动了英国高校境外办学的发展。

我国教育部审批和复核的中外合作办学机构和项目显示，英国高校与我国 24 个省市自治区的高校有 269 个高等教育项目的合作，例如，北京理工大学与英国瑞丁大学合作举办信息科学硕士学位教育项目；上海电力学院与英国斯特拉斯克莱德大学合作举办电气工程及其自动化专业本科教育项目；西南政法大学与英国考文垂大学合作举办法学专业本科教育项目等。①

（三）境外分校

英国大学积极建立海外分支机构，以充分利用当地资源并提高教学规模和经济效益。1995 年英国发布了《高等教育境外合作办学实施准则》，该准则特别强调境外办学的教学规格和质量都必须与英国本土高校的规定保持一致，英国大学必须完全控制考试和评估方法等等。该准则对英国高校实施境外办学起到了鼓励和规范的重要作用。根据 C-bert 统计数据，截至 2020 年 11 月，全球已有 305 所可授予学位的境外分校，英国高校境外分校（如表 5-2），居世界第二位。②

---

① 教育部中外合作办学监管工作信息平台.中外合作办学机构与项目（含内地与港台地区合作办学机构与项目）名单（英国）[EB/OL].[2020-07-19].http://www.crs.jsj.edu.cn/aproval/orglists.

② C-BERT. International Campus Listing 2020[EB/OL].（2020-11-20）[2021-05-20].http://cbert.org/resources-data/intl-campus/.

表 5-2　英国境外分校名单(截至 2020 年 11 月数据)

序号	英国境外分校机构名	输入国(地区)
1	格莱美卡利多尼亚护理学院 Grameen Caledonian College of Nursing	孟加拉国
2	布鲁塞尔肯特大学国际分校 Brussels School of International Studies，University of Kent	比利时
3	肯特大学布鲁塞尔国际学院 University of Kent，Brussells School of International Studies	比利时
4	曼彻斯特商学院，南美中心 Manchester Business School，South America Centre	巴西
5	宁波诺丁汉大学 The University of Nottingham Ningbo China	中国
6	西交利物浦大学 Xi'an Jiaotong Liverpool University	中国
7	东北财经大学萨里国际学院 Surrey International Institute Dongbei University of Finance and Economics	中国
8	HBU-UCLan 传媒，传播与创意产业学院 HBU-UCLan School of Media，Communication and Creative Industries	中国
9	中国医科大学—贝尔法斯特女王大学联合学院 China Medical University—The Queen's University of Belfast Joint College	中国
10	上海交大利兹联合学院 SWJTU-Leeds Joint School	中国
11	东华大学上海国际服装学院 Shanghai International Collegeof Fashion and Innovation，Donghua University	中国
12	曼彻斯特商学院—东亚国际中心 Manchester Business School—East Asia International Centre	中国
13	塞浦路斯中央兰开夏大学 The University of Central Lancashire，Cyprus	塞浦路斯
14	知识中心 Knowledge Hub	埃及
15	埃及赫茨福德大学 University of Hertsfordshire，Egypt	埃及
16	肯特大学巴黎艺术文化学院 University of Kent，Paris School of Arts and Culture	法国
17	伦敦大学巴黎学院 University of London Institute in Paris	法国
18	莱比锡兰卡斯特大学 Lancaster University，Leipzig	德国

续表

序号	英国境外分校机构名	输入国（地区）
19	兰开斯特大学加纳分校 Lancaster University Ghana	加纳
20	谢菲尔德大学国际学院，城市学院 University of Sheffield International Faculty，City College	希腊
21	诺丁汉大学马来西亚校区 The University of Nottingham，Malaysia Campus	马来西亚
22	纽卡斯尔大学马来西亚医学院 Newcastle University—Medicine Malaysia	马来西亚
23	南安普敦大学马来西亚校区 University of Southampton—Malaysia Campus	马来西亚
24	雷丁大学马来西亚校区 University of Reading Malaysia	马来西亚
25	赫瑞瓦特大学马来西亚分校 Heriot—Watt University Malaysia Campus	马来西亚
26	赫尔大学马来西亚分校 University of Hull，Malaysia	马来西亚
27	米德尔塞克斯大学马耳他分校 Middlesex University Malta	马耳他
28	米德尔塞克斯大学毛里求斯分校 Middlesex University Mauritius	毛里求斯
29	毛里求斯中央兰开夏大学 University of Central Lancashire，Mauritius	毛里求斯
30	斯特拉斯克莱德大学毛里求斯分校 University of Strathclyde（Mauritius）	毛里求斯
31	考文垂大学弗罗茨瓦夫分校 Convetry University，Wroclaw	巴基斯坦
32	兰卡斯特大学拉合尔分校 Lancaster University（Lahore）	波兰
33	新加坡曼彻斯特商学院 Manchester Business School Singapore	新加坡
34	格拉斯哥大学新加坡分校 University of Glasgow（Singapore）	新加坡
35	赫瑞瓦特大学迪拜分校 Heriot—Watt University—Dubai Campus	阿联酋
36	米德尔塞克斯大学迪拜分校 Middlesex University—Dubai	阿联酋
37	曼彻斯特商学院中东国际中心阿联酋迪拜 Manchester Business School—Middle East International Centre，Dubai	阿联酋
38	伦敦商学院迪拜分校 London Business School Dubai	阿联酋
39	CASS 商学院迪拜分校 CASS Business School in Dubai	阿联酋

续表

序号	英国境外分校机构名	输入国（地区）
40	布拉德福德大学迪拜分校 University of Bradford—Dubai	阿联酋
41	博尔顿大学拉斯阿尔海玛校区 University of Bolton, Ras Al Khaimah Campus	阿联酋
42	格拉斯哥喀里多尼亚纽约学院 Glasgow Caledonian New York College	美国
43	塔什干威斯敏斯特国际大学 Westminster International University in Tashkent	乌兹别克斯坦

资料来源：C-BERT. International Campus Listing 2020［EB/OL］.（2020-11-20）［2021-05-20］. http://cbert.org/resources-data/intl-campus/.

（四）资金模式

英国高校境外办学的融资模式，仍然可以按照学者莱恩·维比克和卡里·默克里的三种分类模式（如表 5-3）：母体高校独资模式、外部投资模式和输入国（地区）提供设施模式。①

表 5-3　英国高校境外办学的资金模式

	母体高校独资模式	外部投资模式	输入国（地区）提供设施模式
资金来源	母体机构全权负责	政府、企业或其他组织提供资助模式	输入国（地区）政府、企业提供场地或设施模式
发展阶段	多见于 2000 年以前	多见于 2000 年以后	多见于 2005 年以后
普及程度	逐渐被合作模式替代	目前大多数机构倾向于这种模式	在经济发达的海湾地区较为普遍
英国案例	提供商科或 MBA 项目的分校	诺丁汉大学马来西亚校区	伦敦商学院迪拜分校

资料来源：王璐，王世赟.英国高校境外分校发展状况与办学实践研究：以赫瑞瓦特大学迪拜分校为例［J］.外国教育研究,2018,45(9):3-22.

外部投资模式案例，例如，在马来西亚建立诺丁汉大学时，大学投资了 25% 的资本，其余的则由两家当地的营利性公司投资。马来西亚分校

---

① 　VERBIK L, MERLEY C.The international branch campus：models and trends［J］.Report,2015(46):1-31.

的预算,由分校董事会决定,在做出决定之前,必须获得每个投资者(大学和两家本地公司)对自己负担成本费用的认可,此外,分校学费等收入的一定份额要预留作为保障教学质量的费用。诺丁汉大学没有将英国高校公共资助金(HEFCE)用于分校,而是使用其他资金为马来西亚金融提供资金的商业计划。对诺丁汉大学而言,英国高校公共资助金在大学财政总额中所占的比例不到一半。[①] 只能采取此种资金运作模式。

输入国(地区)提供设施模式案例,例如英国赫瑞瓦特大学迪拜分校就是输入国(地区)提供学校设施的案例,并且该分校还得到了 TECOM 集团控股的迪拜国际学术城的全面支持。[②] 英国高校实施境外办学,越来越多地倾向于选择外部投资模式,这既符合整个跨境高等教育发展趋势的一种选择,也是最经济的一种选择。

四、办学环境特征:具备完善的质量保障体系

(一)完善的质量保障体系带来品牌竞争的优势

英国因高声誉的高等教育资源和高质量的教学水平等优质教学资源而享誉全世界,对海外学生产生巨大的吸引力,为其高等教育国际化发展提供了扎实的基础。英国高等教育质量保障署(QAA)持续海外分支机构进行年度海外监查(评估),以确保英国大学的海外课程质量,每年对英国在海外的高等教育机构进行评审,重点对当地合作机构和合作内容进行检查,监查结果在 QAA 官网公布,通过 QAA 的上述质量保证工作,可以保持英国在海外的课程及其学位资格方面与国内具有相同的质量和标准。高等教育信息服务托管会(Higher Education Information Serviced Trust,简称 HEIST)在 1994 年曾对学生选择英国的原因进行了调查,结果显示,除了学习英语,国际学生关注最多的是英国高等教育的资格认证

---

① 大森不二雄.国境を越える高等教育に見るグローバル化と国家[J].高等教育研究,2005(8):157-181.

② 王璐,王世赟.英国高校海外分校发展状况与办学实践研究:以赫瑞瓦特大学迪拜分校为例[J].外国教育研究,2018,45(9):3-22.

和声誉良好的教学质量。① 英国大学素有大学自治和重视质量的传统，其学术回评和教学质量较高。英语的教育水平、师资力量和科研成果，以及英国高校严谨的学风，对世界各国学生有很大的吸引力。因此，英国高等教育在世界教育市场中具有较强的竞争优势。

1999 年，英国出台《远程学习质量保障指南》。在 1998 年至 2002 年之间，英国高等教育质量保障署（QAA）监督了"高等教育资格框架"（FHEQ）的创建，包括本科生"证书"级别和博士学位之间的五个"级别描述符"，发布了 47 个荣誉学位（3 级）基准声明（由具有广泛代表性的特别召集的主题小组组成，涵盖从会计学到兽医学的各个方面），并就计划规范的制定提出了指导，迄今为止，基准表述仅是在荣誉级别上产生的，但许多机构仍为所有授课且学位的计划制定的规范与 FHEQ 上的适当级别描述保持一致。2004 年 QAA 发布了《有关协作提供和灵活分布式学习的业务守则》（code of practice on collaborative provision and flexible and distributed learning, and offers）（以下简称《守则》），该《守则》涵盖了跨国交付和远程学习形式的质量保障措施，为英国高等教育机构提供了一种手段来证明其海外的远程课程或海外机构的质量和标准，要比其他国家的机构目前更详细、更强大，为英国提供了显著的竞争优势。《守则》关于跨境合作提供了"规范"（或原则），总共 36 个规则，每个规则后面都有一个或多个段落，旨在解释该规则的重要性，并以一般术语扩展其适用范围。质量标准是高等教育提供机构实践不可或缺的核心能力，《守则》目的是强调《守则》作为各个高等教育机构实施质量标准的关键参考点的作用，而不是简单地"强加"质量保证体系。此举符合 2003 年 11 月英国"更好的法规工作组"对高等教育的建议。②

英国的高等教育质量保证机构进行了自愿的"海外审计计划"，英国意识到境外办学中质量保证的重要性。为了使这类活动取得成功，离岸

---

① 皮特·斯科特.高等教育全球化：理论与政策[M].周倩，高耀丽，译.北京：北京大学出版社，2009：32.

② OBHE.QAA releases code of practice on collaborative provision and flexible and distributed learning, and offers significant competitive advantage to the UK[EB/OL].(2004-09-28)[2019-11-11].http://www.obhe.ac.uk/documents/view_details? id＝413.

供应的质量保证将很重要,但其本身不足以满足。提供机构的质量至关重要,整个国家高等教育的品牌形象也非常重要。从这个角度来看,英国的大学可能已经从其品牌形象中受益,因为英国建立大学的严格程序(特许经营或立法)促成了这一形象。

2015 年英国高等教育质量保障署(QAA)出台"跨境高等质量保障工具包"(QACHE)项目是一项涉及跨境机构的工作,目的在于协调和改善跨境高等教育质量。该项目是针对项目和机构的流动,不包括学生流动。工具包由三个部分组成:信息共享、质量保障合作、代理商网络构建。①

2019 年 11 月 QAA、GuildHE 和 UUKi 三个组织在英国就高等跨国教育提议展开了磋商。QAA 的国家和国际总监 Rowena Pelik 说,英国高等教育部门的质量和卓越表现是对英国跨国教育的需求。"这次联合咨询将有助于确保我们协作开发支持和提高声誉的方式,为英国和国际上的高等教育提供者提供服务。"GuildHE 主席兼哈珀亚当斯大学副校长 David Llewellyn 表示:"我们必须不断反思如何维护和发展这种声誉,因此,我们很高兴就跨国教育的质量提升安排向行业咨询。"80% 的英国大学在海外提供高等教育课程,覆盖 225 个地点的 690000 多名学生。TNE 活动每年为英国经济贡献超过 6 亿英镑。UUKi 主任 Vivienne Stern 补充说:"为使英国巩固其作为 TNE 首选合作伙伴的全球地位,我们必须设法通过满足海外学生和合作伙伴的需求来不断提高我们的服务水平。"②

综上所述,英国鼓励大学到海外输出高等教育的同时,并对其跨境高等教育的质量进行严格监测与审查,有效地保障了英国高等教育的"品牌",对扩大教育服务贸易,促进越来越多的高校加入境外办学并获得利润。

---

① TRIFIRO F.The QACHE toolkit for quality assurance agencies: cooperation in cross-border higher education[EB/OL].(2015-12-09)[2019-11-15].http://www.obhe.ac.uk/documents/view_details? id=986.

② 三个组织已经在英国的高等跨国教育提议展开了磋商[EB/OL].(2019-11-21)[2020-03-31].http://www.quankr.com/2019/xiaoyuanzixun_1119/11011.html.

（二）多机构协调配合的积极作用

英国政府鼓励一些非政府组织协助有关部门出售英国跨境高等教育服务商品，对英国经济做出贡献。在英国不管是公立机构还是私立机构，对跨境高等教育的发展都承担着重要责任。英国文化协会（BC）、英国大学联合会（University UK）、英国国际教育协会（UKCOSA）、英国高等教育质量保障署（QAA）等一系列庞大的机构，通过提供信息咨询质量评估、设置专门机构等方式，促进跨境高等教育发展。英国大多数高校都设有国际事务办公室，协助校方招收国际学生。

此外，为了减少国家之间的制度距离，减少跨境高等教育的阻碍，英国政府积极参与欧盟教育项目，例如参与"欧洲高等教育区"的一体化建设项目，促进学生和教职员工多种性质的流动，积极促进欧洲学分转移制度、开发联合学位计划等方面发挥积极的作用。正因为英国政府主动对接国际组织，英国是"伊拉斯谟项目"（ERASMUS）人数流动最多，资金投入最大的国家，同时也是"校际合作计划"（ICPS）最大的合作国家。

通过上面的分析，英国采取多机构部门的协调配合、主动对接等工作方式，推动了跨境高等教育的顺利实施、质量保障和可持续发展。

（三）特殊语言优势

语言是国际化进程中同质化的必要工具。英国作为世界上最主要的英语语系，无疑具有明显的优势。英国教育大臣布莱克·斯通（Baroness Blackstone）把英语学习市场称作英国"最重要的资产之一"。成立了牛津强化英语学校等9个语言学校，为国际学生提供高水平的英语教学服务。剑桥英语和雅思（IELTS）等考试对英国海外办学起到了推波助澜的作用，每年有50万外国人参加剑桥英语的考试，这些考试已经成为世界上众多大学、公司和国家级教育权威机构认可，作为衡量语言能力的标准。

五、英国高校境外办学对我国的启思

英国在跨境高等教育发展是独树一帜的，它利用国际教育克服高等教育财政危机的成功经验，受到了世界各国特别是发达英语国家的效仿。根据英国高校境外办学的特征分析，对我国的启思主要是：（1）政府顶层需要高度重视并纳入国家战略发展规划。境外办学目标要明确，并且要纳入到国家战略中来,才能提高政府及整个国家重视程度。例如英国商务、创新和技术部于 2013 年将国际教育纳入了行业战略。(2)以"合作为主导"的办学主体结构有利于整合其他机构的资源,有利于降低办学风险,提高办学效率。(3)以发展远程教育为主的办学模式具备灵活性和多样性的优势,可以克服资金、场地等资源不足的困难。(4)英国最为重要的经验是构建了完善的质量保障体系,提供了重要的办学环境保障,为维护英国教育的"品牌",保持对境外学生的吸引力,发挥了重要的积极作用。因此我国急需建立完善的质量保障体系,明确质量保障的主体和质量保障的工作守则,以加强对境外办学机构(项目)的规范和质量把控,才能保证境外办学的"生命线",实现可持续发展的目标。例如,1999 年英国 QAA 制定了行业自我监管的《高等教育海外合作办学学术质量和标准保障的实施准则》;2017 年出台了《高等教育与研究法案》等,均要求对英国跨国高等教育的质量进行严格监测与审查,以保障办学质量。健全的质量保障体系为英国实施境外办学带来了源源不断的生命力,这也是为什么英国高校学费高昂,但是人们却愿意选择就读的原因。

第三节　日本高校境外办学运行机制的特色: 以保障人力资源为导向

　　人口规模下降与国际化教育需求的变化是日本进行跨境高等教育的主要原因,其政策也围绕着保障人力资源为导向展开。日本近 30 年来,出生率明显下降,少子化现象的社会问题日益凸显,出生人数从 1980 年的 1576889 人减少到 2021 年的 811622 人,下降了 48.53%[①],大学适龄人口总量也相应地缩减,到了 2007 年,高中毕业生人数和大学录取人数基

---

　　①　日本厚生労働省.令和 3 年(2021)人口動態統計(確定数)の概況[EB/OL].(2022-09-16)[2022-11-23]. https://www.mhlw.go.jp/toukei/saikin/hw/jinkou/kakutei21/index.html.

本相同,学生只要愿意即可升入大学就读,日本进入所谓的"大学全人时代"。① 日本高校生源总数不断减少的同时,在全球经济一体化背景下,日本实施以出口为导向的经济发展战略,对通晓国际规则的国际化人才的需求又在不断增长②,进而不得不引发日本高等教育系统的改革。因此,日本推行跨境高等教育的直接动机是为了扩大国际化人力资源的规模。虽然,日本跨境高等教育并没有取得像美国和英国等国那样的成绩,但是,不能否认的是日本仍然是具有较强国际影响力的高等教育强国,在发展跨境高等教育的道路上,它与我国某些方面的局限性类似,例如语言限制、东西文化的距离等,因此,研究日本高校境外办学的经验和教训是具有借鉴意义的。

一、日本高校境外办学的发展概况

(一)政策举措

日本在过去十数年间的高等教育改革,围绕高等教育国际化和全球化的对应政策措施,是最受关注的领域之一。③ 1982 年日本政府颁布《关于在国立或公立大学聘用外国教师的特备措置法》,打破了传统的束缚,让教师间的国际流动变成现实。1983 年中曾根政府提出接收"10 万留学生计划",就是日本为实现国际化而进行的高等教育改革之一,为了完成此目标,日本政府宣布了一些增加吸纳国际学生的措施。例如,学年转移到八、九月开始的奖学金政策(日本的学年是四月份开始),有利于与其他国家在同一时间内竞争国际学生;变更入学考试方式,以往的方式要考察日语语言能力和学术能力,改革后变成单项能力考试等,这些政策的出台,有效地刺激了国际学生选择日本高等教育的动力。随着国际交流的不断深入,人员交流、项目交流和机构交流等现象越来越普遍,受到政府

---

① 李建民.日本私立高校的政府资助体系:21 世纪以来的变迁与动因分析[J].比较教育研究,2009,31(4):82-86.

② 赵晋平,单谷.日本的大学国际化人才战略分析[J].中国高教研究,2014(10):84-88.

③ 米澤彰純.高等教育改革としての国際化:大学・政府・市場[J].高等教育研究,2015(18):105-125.

和学者们更多地关注。

2008 年,日本政府意识到国际教育市场的竞争越来越呈现激化状态,为了提高国际竞争力,进一步提出"留学生 30 万人"计划、"强化大学世界扩张能力计划"、"超级全球大学创建支援"计划等一系列鼓励措施出台。随着海外教育市场的竞争越发激烈,为了实现目标,日本文部科学省(MEXT)牵头联合相关六部门出台了"全球化战略计划",该计划为外国学生提供了从考试到录取及入学后的一站式服务流程,重点选择了 30 所大学作为国际化发展培养基地,政府给予经费支持。通过这一系列的操作,日本大学全英文专业授课的能力大幅度提升,国内外大学间国际合作与交流的程度不断加深、跨境课程的教学质量得到保障、专业课聘用外籍教师的瓶颈实现突破等成果,大大提升了日本高校的国际化办学能力。

为了进一步推动教育国际化的发展,2008 年日本政府颁布的《教育振兴基本计划》首次提到双学位,鼓励本国高校与国外高校进行合作实施双学位项目。① 2010 年中央教育审议会大学分科会大学国际化工作组出台了《构建与外国大学的双学位项目等有组织、可持续教育合作关系的指导方针》(2010)。② 因现实对联合授予单一学位发展的需要,2014 年修订《大学设置基准》(1956 年文部省第 28 号令)里的相关法律规定,开始推行联合学位,对此中央教育审议会大学分科会大学国际化工作组继续出台了《构建与外国大学的联合学位/双学位等国际、合作学位项目的指导方针》(2014)。③ 2011 年开始实施的"强化大学世界扩张能力计划",为日

---

① 日本文部科学省.大学における教育内容等の改革状況について[EB/OL].[2020-05-30].https://www.mext.go.jp/a_menu/koutou/daigaku/04052801/1417336.htm.

② 中央教育審議会大学分科会大学のグローバル化に関するワーキンググループ.我が国の大学と外国の大学間におけるダブル・ディグリー等、組織的・継続的な教育連携関係の構築に関するガイドライン[EB/OL].(2010-05-10)[2020-06-12].https://www.mext.go.jp/b_menu/shingi/chukyo/chukyo4/houkoku/1294338.htm.

③ 中央教育審議会大学分科会大学のグローバル化に関するワーキンググループ.我が国の大学と外国の大学間におけるジョイント・ディグリー及びダブル・ディグリー等国際共同学位プログラム構築に関するガイドライン[EB/OL].(2014-11-14)[2020-06-12].https://www.mext.go.jp/b_menu/shingi/chukyo/chukyo4/houkoku/1353907.htm.

本大学进一步推进走出去办学等高等教育国际化的发展提供了更多的鼓励与支持。

以上政策变化说明,日本根据人口趋势调整高等教育政策的方式,对日本利用国际高等教育市场来满足国内人才市场的上升和下降的需求。在日本,低出生率和经济衰退的结合导致了该国高等教育机构人数下降,数据显示,30%的四年制大学和50%的两年制普通大学的入学率均呈现下降趋势,一些大学因生源减少被迫关闭,但各种改善机制已经到位,日本政府一定程度上放宽曾经严格的大学入学考试制度和入学要求的标准,为高校招收国际学生在政策上得到松绑。此外,由于市场营销和财政援助的改善,国际学生的数量(主要来自亚洲其他地区)有所增加,但是,日本与美国、英国等其他成熟高等教育系统不同,日本的境外办学停留在人员流动和项目流动层面,日本高校在境外建立实体校园的机会很少,而海外前哨的数量却非常多。究其原因,日本政策上并没有放宽对境外校园的认定标准,对实施学位教育有非常严格的法律规定,达不到学校设置标准(包括硬件设施规格、师生比例等)的校园,是不承认为日本大学的,也不认可其授予的学位,此外,在日本以外区域,高等教育实施语言(日语优先)的局限,也限制了日本高校国际特许经营或分支校园机构的选择。①

(二)数量增长

从人员数量变化来看,1983年日本中曾根政府出台"10万留学生计划"政策,预计到21世纪初增加国际学生人数从现在10000人提高的100000人,到2003年达成了该目标,国际学生达到了109508人。② 根据OECD发布的数据,日本是在经合组织的非英语国家中对海外学生吸引力较高的国家,日本国际学生占全部在校生大学生比例呈现不断上升趋

① OBHE.Demographics,markets & policy in higher education:perspectives from Iran,Japan and China[EB/OL].(2002-11-05)[2021-11-07].http://www.obhe.ac.uk/documents/view_details? id=556.

② 独立行政法人日本学生支援机构.外国人留学生在籍状况调查[EB/OL].[2021-11-20].https://www.jasso.go.jp/about/statistics/intl_student_e/index.html.

势,从 2013 年的 3.43% 上升到 2020 年的 5.73%。[①] 这个数据说明了日本大学的魅力,为日本高等教育走出国门办学奠定了良好的基础。特别是在 2014 年日本修订了《大学设置基准》,实施允许日本高校可以与外国大学联合开展实施双学位/联合学位的政策之后,外国学生人数增长了35.89%(表 5-4)。

表 5-4　来日外国留学生人数和日本人海外留学生人数

年份	来日外国留学生人数	增长比	日本人海外留学生人数	增长比
2008 年	123829		24508	
2009 年	132720	7.18%	23988	−2.12%
2010 年	141774	6.82%	28804	20.08%
2011 年	138075	−2.61%	36656	27.26%
2012 年	137756	−0.23%	43009	17.33%
2013 年	135519	−1.62%	45082	4.82%
2014 年	184155	35.89%	52132	15.64%
2015 年	208379	13.15%	54455	4.46%

资料来源:独立行政法人日本学生支援机构.外国人留学生在籍状况调查[EB/OL].[2021-11-20].https://www.jasso.go.jp/about/statistics/intl_student_e/index.html;独立行政法人日本学生支援机构.協定等に基づく日本人学生留学状况调查[EB/OL].[2021-11-20].https://www.jasso.go.jp/about/statistics/intl_student_s/index.html.整理而得.

　　从项目数量变化来看,日本大学 21 世纪初开始将其课程等项目带到国外,当前的活动似乎集中在与海外大学建立合作伙伴关系,实施境外办学项目上。与海外大学间的项目协议主要包括本科生和研究生层次的学分互换、双学位/联合学位项目。根据日本文部科学省对高校与海外大学签订的项目协议数量上考察,从 2012 年到 2019 年间,日本国立、公立、私立大学的境外办学项目均呈现持续增长的趋势,特别是国立大学和私立

　　① OECD.International student mobility[EB/OL].(2022-01-01)[2022-05-18].https://data.oecd.org/students/international-student-mobility.htm.

大学增长的速度最快(如图 5-7)。[①]

	2012年	2013年	2014年	2015年	2016年	2017年	2018年	2019年
国立	8549	9515	10517	14738	17970	19837	20867	22176
公立	1097	1273	1461	1842	1994	2261	2368	2675
私立	10336	11582	12814	15349	18300	19528	21579	23103

——国立 — ·公立 ----私立

图 5-7 日本境外办学项目协议数变化趋势(2012—2019 年)

资料来源:日本文部科学省. 海外の大学との大学間交流協定、海外における拠点に関する調査結果[EB/OL].(2021-10-26)[2021-11-20]. https://www.mext.go.jp/a_menu/koutou/shitu/1287263.htm.

日本私立大学早稻田大学成为这一国际合作的领导者,并表示将通过采用新的座右铭"在亚太地区培养卓越的学术成就"来庆祝其成立 125 周年。这所私立大学还计划向 60% 的外国留学生提供奖学金,这表明其向日本以外的国家扩展只是其多元化战略的一个方面。另一所有名的私立大学庆应义塾大学于 2005 年 1 月成立了全球倡议组织,以协调旨在提高该大学国际知名度的广泛倡议,它的合作伙伴机构名单包括 6 个澳大利亚、16 个英国、8 个加拿大、16 个中国、19 个法国、15 个德国、11 个韩国和 52 个美国合作伙伴,以及从阿根廷到越南等国家。[②]

---

① 日本文部科学省. 海外の大学との大学間交流協定、海外における拠点に関する調査結果[EB/OL].(2021-10-26)[2021-11-20]. https://www.mext.go.jp/a_menu/koutou/shitu/1287263.htm.项目相关数据,若没有特别之处,均出自此处。

② OBHE.Japanese universities innovate to offset subsidy cuts and declining enrolments[EB/OL].(2006-03-24)[2019-11-15]. http://www.obhe.ac.uk/documents/view_details? id=246.

从机构数量变化来看,日本高校在海外开设分校是屈指可数的,根据 C-BERT 最新统计数据,目前日本在海外的分校仅有 1 所,即大连理工大学—立命馆大学国际信息与软件学院,未来日本筑波大学预计在 2022 年将开设马来西亚分校。另外,日本高校积极在海外设置据点,对当地提供日语教育、实施高等教育、针对国际学生的招聘活动、提供出国留学和实习的当地支持、与国际学生和外国研究人员保持并建立联络网、为企业员工开展海外培训、邀请当地研究人员的招聘活动、支持日本研究人员进行的当地研究、收集有关当地教育和研究情况的信息、大学开展海外公关等,日本的海外据点发挥了重要作用,数量上也呈现逐年增长趋势(如图 5-8)。

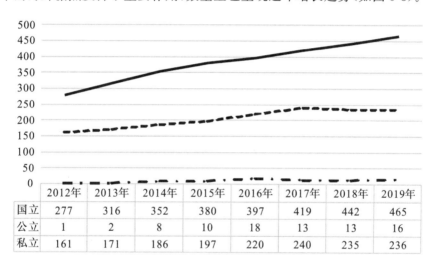

	2012年	2013年	2014年	2015年	2016年	2017年	2018年	2019年
国立	277	316	352	380	397	419	442	465
公立	1	2	8	10	18	13	13	16
私立	161	171	186	197	220	240	235	236

—— 国立 — · 公立 ---- 私立

图 5-8　日本境外办学海外据点变化趋势(2012—2019 年)

资料来源:日本文部科学省. 海外の大学との大学間交流協定、海外における拠点に関する調査結果[EB/OL].(2021-10-26)[2021-11-20]. https://www.mext.go.jp/a_menu/koutou/shitu/1287263.htm.

2019 年日本高校的海外据点共有 717 处,从设置海外据点数量的高校来看,前十位高校分别是东京大学(41 处)、金泽大学(21 处)、东北大学(20 处)、千叶大学(15 处)、早稻田大学(15 处)、广岛大学(14 处)、东京外国语大学(14 处)、筑波大学(13 处)、名古屋大学(11 处)、九州大学(11

处),其中,除了早稻田大学属于私立大学以外,其余均为国立大学,可以看出,日本高等教育国际化推进过程中,国立大学以其高质量的实力和"品牌"优势,成为境外办学、吸引国际学生的主力军。

(三)地区分布

到 2019 年,日本高校 635 个海外前哨分布于亚洲 480 处、欧洲 90处、北美洲 64 处、非洲 39 处、中南美洲 30 处、大洋洲 10 处、中东地区 4处的分布格局(如图 5-9)。日本约有 90％的国际学生来自亚洲国家(尤其是中国、韩国),这使得日本成为西方国家大学在亚洲教育市场的主要竞争对手。[①]

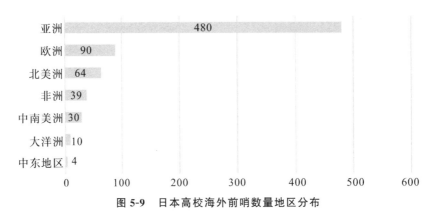

图 5-9 日本高校海外前哨数量地区分布

资料来源:日本文部科学省. 海外の大学との大学間交流協定、海外における拠点に関する調査結果[EB/OL].(2021-10-26)[2021-11-20]. https://www.mext.go.jp/a_menu/koutou/shitu/1287263.htm.

日本跨境教育的布局倾向于亚洲的原因,还是源于地域优势和文化优势,日本与中国、韩国、马来西亚等国同属于东亚、东南亚文化圈,有着深厚的历史和文化渊源,可以最大限度消除文化距离,获得文化上的欣赏和认同感更强,更有利于开展高等教育和人文交流,日本在亚洲区域吸引境外学生具有地域优势,可以集中高等教育力量,实现以保障人力资源为导向的境外办学发展目标。

----

① OBHE.Japan seeks to boost international student numbers[EB/OL].[2019-11-07].http://www.obhe.ac.uk/documents/view_details? id＝510.

二、办学主体特征:以具有"品牌"声誉的国立大学为主

高校的国际声誉直接影响对国际学生的吸引力,而日本国立大学无疑保持着优质的高等教育"品牌"实力。2022 年发布的 QS 世界大学排名,跻身前 150 名的 8 所日本大学全部都是国立大学,分别是东京大学、京都大学、东京理工大学、大阪大学、东北大学、名古屋大学、九州大学、北海道大学[①],截至 2021 年日本的诺贝尔奖获得者已经达到 28 名,世界排名第七,亚洲排名第一,诺贝尔奖获得者基本上毕业于国立大学,其中东京大学和京都大学就有 19 位,这些数据彰显了日本高等教育的实力以及国际影响力。

东京大学始建于 1877 年,是日本第一所帝国大学,也是日本最负盛名的高等教育机构之一。2011 年,东京大学毕业生在"财富"500 强公司担任 CEO 职位的校友人数世界排名第二,仅次于哈佛大学。此外,日本 62 名首相中有 15 名在东京大学接受教育,5 名校友后来成为宇航员。东京大学还开设全英语授课的本科课程(东亚日本国际专业、国际环境科学专业),这在日本高校是不常见的,提升了东京大学国际化办学的能力。2014 年,该大学的科学学院推出了一个全英语本科海外项目,名为"全球科学课程"(Global Science)。

日本学者米泽彰纯认为承担跨境高等教育的有代表性的办学者多是以各国顶尖大学为中心的国际财团,这种实力雄厚的大学间的合作,可以灵活运用各大学的名牌效应,这些顶尖大学同时还代表着本国高等教育体系的利益与损害。[②] 在这样的考虑下,日本国立大学作为日本顶尖大学的代表,无疑是维护日本高等教育品质的主力军。

日本高校与日本工业和企业建立合作伙伴关系的可能性对于日本高等教育机构而言是值得追求的。许多日本公司都是经验丰富的跨国公司(TNC),并且可以成为不熟悉跨国业务的高校的良好顾问。当然,日本

---

① QS Top University. QS world university rankings 2023:top global universities [EB/OL].(2022-07-08)[2022-11-23].https://www.topuniversities.com/university-rankings/world-university-rankings/2023.

② 米泽彰纯,张妍.亚洲高等教育的国际合作与日本的发展方向:主导权多极化与发展趋势[J].高教发展与评估,2014,30(3):82-89,104.

高校也会期望这些跨国公司提供财务援助,但在经济出现困境的今天,不太现实,能够产生合作与协助的方式主要体现为日本高校向日本企业提供需要的工程类或商业类的高技能毕业生。① 事实上,抛开不能依赖日本企业提供财务援助的情况,日本高等教育已经和日本企业的海外进军形成相互依存与合作、相互受益的关系。此外,用英语提供高等教育,即使通过学习之后不能够获得学位资格,但对满足在境外的日本企业就职或者外资企业的人才需要都是十分有利的。

三、办学模式特征:以海外前哨模式为主

(一)海外前哨的功能与作用

2019 年日本高校在海外设立了 717 个海外教学点或海外基地,开展提供高等教育(或许不与学位挂钩)、日语教育、企业员工培训等服务,然而这并不是日本高校在境外的主要任务,根据统计数据,日本高校海外前哨的任务和功能从高到低频次排序,如图 5-10 所示。

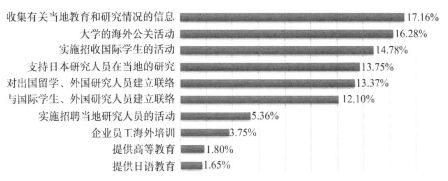

图 5-10 日本高校海外前哨设立目的排序

资料来源:日本文部科学省. 海外の大学との大学間交流協定、海外における拠点に関する調査結果[EB/OL]. (2021-10-26)[2021-11-20]. https://www.mext.go.jp/a_menu/koutou/shitu/1287263.htm.

---

① OBHE.Japan's Policy Changes to Recognise Transnational Higher Education:Adaptation of the National System to Globalisation?［EB/OL］.［2019-11-12］.http://www.obhe.ac.uk/documents/view_details? id=50.

　　归纳而言,日本高校在境外开设教学点或基地,主要有三类活动:一是实施日本高校的推广活动(针对国际学生的招聘活动、邀请当地研究人员的招聘活动、大学开展海外公关);二是与当地的学术人员或机构建立并保持关系网(与国际学生和外国研究人员建立联络、支持日本研究人员在当地的研究、收集有关当地教育和研究情况的信息);三是提供高等教育服务(对当地提供日语教育、实施高等教育、提供出国留学和实习的当地支持、为企业员工开展海外培训)等。可以看出,开展高等教育服务的频次远远低于前两类活动的频次。从日本高校活动开展集中的类型来看,再次印证了日本高校在境外开展的活动是基于获取人力资源为目标,最终是为日本经济发展服务的一系列举措。

　　这些机构为了鼓励海外学生到日本高校学习,日本学生服务组织(Japan Study Services Organization)或者大学常常在海外设立一个机构(基地或中心),以提供有关日本高等教育和奖学金机会的信息,并为日本大学组织入学考试。这样的组织是作为日本教育部的分支机构运作,旨在支持国际学生接受日本高等教育。过去几十年来,日本大学高等教育机构的特点是国际参与程度不高,而面临海外教育市场的竞争越发激烈,外国学生的人数和比例也比包括美国、英国、澳大利亚、德国和法国在内的其他国家低得多的现状,由于日本人口的下降,日本大学面临着吸引更多外国学生的压力越来越大,这样的海外机构设置越来越多,为推进日本高等教育的国际化发展发挥着重要作用。

　　(二)针对境外分校的谨慎态度

　　由于 2004 年之前日本法律针对跨境高等教育采取的是"领土原则",即在境外办学的日本高等教育机构,因为遵循的是当地法律法规的监管,不受日本法律法规的监管,因此,日本法律规定不能授予日本学位。所以,在英美等发达国家跨境高等教育蓬勃发展的 21 世纪初期,在跨境高等教育的全球市场中,几乎没有日本机构。虽然如前面分析所见,日本海外据点(基地、中心)是非常发达的,其目的主要是帮助日本学生在国外学习生活的支持和如何吸引海外学生到日本本土来学习,但是,对于高校真正走出去,办一所严格意义上的境外分校却非常罕见,根据 C-BERT 最新统计数据,目前日本在海外的分校仅有两所,夏威夷东海国际学院和大连理工大学—立命馆大学国际信息与软件学院,以及正在筹建中,预计

2022 年以后开办的日本筑波大学马来西亚分校（如表 5-5）。

表 5-5　日本境外分校名单

序号	境外分校机构名	输入国(地区)	开办时间
1	夏威夷东海国际学院(Hawaii Tokai International College)	美国	1992 年
2	大连理工大学—立命馆大学国际信息与软件学院(DUT-RU International School of Information Science & Engineering at DUT)	中国	2013 年
3	筑波大学马来西亚分校(建设中)	马来西亚	预计 2022 年以后

资料来源：C-BERT. International Campus Listing 2020［EB/OL］.（2020-11-20）［2021-05-20］. http://cbert.org/resources-data/intl-campus/；筑波大学将在马来西亚开设分校成日本大学的第一所境外分校［EB/OL］.（2019-10-29）［2020-11-21］. https://baijiahao.baidu.com/s? id＝1648710085339694403＆wfr＝spider＆for＝pc.整理而得。

案例：大连理工大学—立命馆大学国际信息与软件学院

大连理工大学—立命馆大学国际信息与软件学院于 2013 年经教育部正式批准、与日本立命馆大学合作办学的大连理工大学直属院系,是目前中日两国第一所高等教育层次的非独立法人合作办学机构,同时是软件工程专业首个中外合作办学机构。该学院结合中日两所大学软件工程学科的优势,围绕国际信息产业的需求情况,共同制定课程体系,构建了"课程融合、双向打通、学分互认、教授共同指导、学生同窗学习"的国际化人才培养方案,提供"2＋0"及"4＋0"培养模式;依托多个国家级、省级"课程—实验—科研—创新"人才培养支撑平台,以及"中外结合、校企结合、专兼结合"多元化的国际一流师资队伍,致力于培养学生具有强烈的责任意识、高尚的道德品质、宽厚的知识基础、突出的能力潜质和开阔的国际视野。[①]办学规模为 1200 人(每年招生 1 期,每期 300 人,在大连理工大学年度招生规模内统筹安排);录取方法已纳入我国高校招生计划,参加我国全国高考;实施本科学历教育,开设软件工程、数字媒体技术、物联网

---

① 大连理工大学—立命馆大学国际信息与软件学院主页.学院概况［EB/OL］.［2019-12-12］.http://drise.dlut.edu.cn/xyjj1/xygk.htm.

工程等三个专业；毕业后授予双学位，其中日方授予工学学士学位（限赴日本学习者）。[①]

2019 年 10 月 27 日，日本筑波大学向日本媒体透露，日本筑波大学将于 2022 年 9 月在马来西亚开设境外分校。成立后，这将是日本大学在海外开设的真正意义上的第一所境外分校。境外分校主要招生马来西亚的学生，设立掌握文科和理科基本知识的"文理学院"。课程主要用日语授课，每年招收 160 人。文理学院将以日语授课为主，并结合用英语补习的方式来帮助马来西亚学生。课程的详细内容将在今后公布。课程设置主要以解决问题的形式，让学生学习国际关系、防灾、信息、生命科学等各领域的知识。与通常向国立大学提供教师工资等补助金的形式不同，日本政府将在财政方面支持筑波大学的海外发展。[②] 随着境外分校的设立，日本教育文化的影响力将在海外增强。

此外，一些私立学校也根据输入国（地区）的法律在当地建立了机构。例如，非营利性私立大学丰田技术学院（TTI），该学院提供工程学学士、硕士学位和博士学位课程，并由丰田汽车公司作为社会贡献而成立，并在芝加哥成立了丰田技术学院（TTI-C）。TTI-C 与芝加哥大学合作提供计算机科学的硕士学位和博士学位课程，TTI-C 在伊利诺伊州高等教育委员会批准其运营和学位授予后于 2003 年 9 月开始运营的。TTI-C 正在申请北部中央大学和学院联合会的高级学习委员会的认可，生源由当地学生和日本学生组成。另一个例子是夏威夷东海国际学院（Hawaiian Tokai International College，HTIC），提供副学士学位的机构。HTIC 是日本东海教育系统（TES）于 1992 年在夏威夷举办的，该机构经营从幼儿园到本科、大专院校等许多教育机构，学生构成除日本学生外，来自亚太地区的国际学生也在 HTIC 学习，开展结对项目，课程的前两年学生在当地合作教育机构学习，后两年在日本境内校园学习，完成学位课程之后才

① 教育部中外合作办学监管工作信息平台.大连理工大学—立命馆大学国际信息与软件学院[EB/OL].[2019-12-12].http://www.crs.jsj.edu.cn/aproval/detail/912.

② 筑波大学将在马来西亚开设分校成日本大学的第一所境外分校[EB/OL].(2019-10-29)[2020-11-21].https://baijiahao.baidu.com/s? id=1648710085339694403&wfr=spider&for=pc.

能获得日本学位。

四、办学环境特征:保障政策的及时转向与突破

(一)从全面铺开到重点推进的政府激励政策

日本高校国际化(包括境外办学)有关的一系列改革措施,可以说主要是政府的激励政策驱动的。日本高校国际化发展历程可以看出是政府政策主导下实施的一系列改革,同时,从"远山计划"开始到"留学 30 万人",可以看出政府的政策从全面高校铺开向重点高校推进的转变。

1.远山计划[大学(国立大学)结构改革方针]

2001 年文部科学大臣远山敦子提出《大学(国立大学)结构改革方针》(简称"远山计划"),该政策的副标题为"建设充满活力和具有国际竞争力的国立、公立和私立大学",同时"将国立和私立大学发展成为世界 Top30 高水平大学"设定为总体目标。[①]

2.持续推进的卓越中心计划(Center of Excellence,COE)

为了实现远山计划的目标,2002 年启动了"21 世纪 COE 计划",该计划支持各类大学在 5 年内建成"世界最高水平研究教育中心"。2007 年紧跟着又启动了同样为期 5 年的"全球 COE 计划",旨在着眼于形成国际一流的教育和研究基地,建设具有国际竞争力的大学。日本政府从 1992年以来为了推进世界水平的研究、提升教育研究的高度、实现技术革新的产学合作等三个目的,开始鼓励建设研究基地。主要依靠调动大学或国立研究机构的人才、资金、基础设施等来实现其目的,每年政府在每个研究基地的财政投入在 2 亿～10 亿日元,每个扶持领域的财政投入为 50亿日元以上,实施期间是 5～10 年,具有规模大、时间长等特点。如表5-6。[②]

---

① 日本文部科学省.大学(国立大学)の構造改革の方針[EB/OL].(2001-06-01)[2020-11-21].https://www8.cao.go.jp/kisei/giji/004/4.pdf.

② 廖菁菁.日本建设世界一流大学的战略及实践:以日本东北大学为例[J].当代教育科学,2018(5):86-91,96.

表 5-6　日本政府推进的一系列卓越中心计划

实施时间	计划项目名	内　容	目　的
1995 年开始	COE 计划	建设一流的科研队伍进行高水平的科学研究,建设合理的研究机制、宽松的研究环境	建设若干个世界一流水平的教育研究基地,建成一批具有国际竞争力、个性十足的世界一流大学
2002 年开始	21 世纪 COE 计划	重点建设基础性、前沿性、革新性领域学科为基础,加强跨学科研究,建设具有国际领先水平学科群	确立科技立国的战略、更多的大学跨入世界一流大学行列、50 年内培养 30 名诺贝尔奖获奖者等
2007 年开始	全球 COE 计划	持续资助前两个项目,并着重培养具有全球视野的后继优秀人才——博士研究生,强调与国外大学、科研机构的合作	保证国家顶尖人才的可持续性发展、提高卓越人才的全球视野、国际竞争力
2007 年开始	世界顶尖国家研究中心计划(world Premier International Research Center Initiative)	根据研发活动的各种评价指标,建立世界顶级研究基地,形成 30 个左右的优秀研究中心(国际水准的研究环境和运行机制,外国研究者占 30% 以上)	实现日本大学和研究所的全球化,吸引和培养世界顶级的研究人员,培育一些创新的种子项目

资料来源:廖菁菁.日本建设世界一流大学的战略及实践:以日本东北大学为例[J].当代教育科学,2018(5):86-91,96.

3.教育振兴基本计划

2008 年,为了实现"世界最高水平的教育研究基地"和"大学国际化"两个目的,充实国际活动的形式,在《关于教育振兴基本计划》中,第一次明确提出了,有能力的日本大学可以与外国大学之间实施双学位或学分互换等项目。

4.留学生 30 万人计划

2008 年,日本政府意识到国际教育市场的竞争越来越呈现激化状态,为了提高国际竞争力,日本文部科学省一直致力于推进高等教育朝着国际化方向发展,积极采取许多措施,例如"留学生 30 万人计划""强化大学世界扩张能力计划""超级全球大学创建支援计划"等一系列推进计划。

5.大学的全球发展加强项目

"大学的全球发展加强项目"是一项国际项目,旨在通过与亚洲、美国等战略伙伴国家建立高等教育网络来增强日本大学的全球发展能力,并开发可以在全球社会中发挥积极作用的人力资源。强调在战略上接受外国留学生并通过日本学生与来自中国、韩国、美国等国家和地区的外国学生之间的合作教育进行交流的项目。对这些项目政府重点提供财政支持。

从上面政策变化趋势可以看出,日本对自身高等教育内部存在问题认识的不断加深,和对世界快速变化趋势带来的危机感的加剧,日本政府迅速做出了新的判断和决策,日本高等教育国际化的发展从全面推进整体高等教育实现国际化,转变到重点选择了30所大学作为国际化发展培养基地,给予经费支持,说明日本政府集中资源推进国际化发展的战略加强了。日本学者认为,从"留学生30万人"计划开始,政府主导的趋势加速了。[①]

(二)分类分层的政府经济支援措施

日本政府针对"全球30强"大学国际化发展提供了经济上的支持。在一系列支持措施过程中,慢慢地形成了分层分类的格局。分层是基于学校和项目分层,分类是基于国际化的目标分类。具体如下:

分为两个层面:能够成为世界教育研究基地的大学、具有国际化特征的行动以及特定目的和对象的项目。第一个层面,针对能够成为世界教育研究基地的大学,主要经济支持的政策有:大学国际战略本部强化计划(SIH,2005—2009年度)、大学国际化网络形成促进计划(2009—2013年度)等。第二个层面,针对具有国际化特征的行动以及特定目的和对象的项目,主要经济支持的政策有:全球人才开发促进项目、增强大学世界发展能力项目等。

分为两种类型:根据实现的国际化目标不同,经济资助分成超级全球大学建成支持计划(A类,顶级型),是建立顶级的全球大学;超级全球大学建成的支持计划(B类,全球化驱动型),是全球化驱动型大学。A类的项目,例如"亚洲校园计划",在日本,中国和韩国的大学之间组成财团并实施统一认可学分,管理成绩和授予学位的交流计划项目(CAMPUS 亚洲试

---

① 米澤彰純.高等教育改革としての国際化:大学・政府・市場[J].高等教育研究,2015(18):105-125.

点项目），或者是实现与中国、韩国和东南亚国家的大学统一学分认可，成绩管理和学位授予的交换项目，均可接受资助。B类项目，例如：与美国大学实施合作教育交流计划的项目，与欧洲、澳大利亚等国的大学实施合作教育交流计划的项目，均可以接受资助。2011年大学全球扩张加强项目委员会发出招募通知后，收到来自91所学校183件申请，经过委员会审查，最终选取了19所学校25件申请给予经费支持，采纳率为13.7％。

（三）维护"品牌"声誉的质量监管框架

日本主张，高等教育的质量保证由发起教育服务的国家政府实施。[①]日本是非常注重高等教育质量保障和品牌保护的国家，这也是它面对跨境高等教育的蓬勃发展，仍然保持谨慎态度的主要原因，认为如果某些日本机构在国外提供低质量的服务，则可能会损害整个日本高等教育的声誉。日本是向世贸组织提交谈判建议以表达其在教育服务方面的基本立场的四个国家之一，日本的谈判提案在强调保持和改善教育质量以及保护消费者免受低质量服务的重要性方面，提出了独特的意见。[②]因此，日本政府认为在日本高校完全在境外开办分支校园实施的教学活动，无法保证课程和学位的质量，基于对教学质量和品牌的保护，2004年之前，日本针对跨境高等教育的质量监管框架是遵循"领土原则"，即遵从办学机构所在地的监管框架。外国高等教育机构在日本境内的分支机构校园，包括获得其母国权威认可的分支机构，如果没有获得日本文部科学省根据日本法律授权为大学或专科学院的将不得视为日本的高等教育机构。同样，日本高等教育机构在国外开展的境外办学也不被认为是日本高等教育的一部分，是否承认这些境外办学机构（项目）取决于输入国（地区）的权威监管框架的认可。完全在日本境外举办的高等教育机构学习，是不能获得日本学位的，按照这个质量监管框架，相当于日本法律禁止出口

---

① KIMURA T, YONEZAWA A, OMORI F. Quality assurance and recognition-tion of qualifications in high education：Japan[M].Quality and recognition in higher education：the cross-boarder challenge，Paris：OECD，2004：119-130.

② OBHE.Japan's policy changes to recognise transnational higher education：adaptation of the national system to globalisation？［EB/OL］.（2004-09-01）［2019-11-12］.http://www.obhe.ac.uk/documents/view_details？id=50.

本国高等教育品牌。只有结对项目等,其中部分课程学习安排在日本本土授课的项目,才可以获得日本学位。

为了适应跨境高等教育的新现实,由专家和利益相关者组成的"大学国际质量保证研究小组"向日本文部科学省提出了需要调整基于"领土原则"的监管框架的报告,此外,日本高校本身和外国政府都对日本高等教育机构进行全面的境外办学提出需求。据报道,早稻田大学、东京工业大学(TIT)和大阪大学等一些来自知名的国立大学和私立大学正开始着手开展新的海外活动。旧的监管框架下,这些活动往往是非学位课程、结对项目和其他学术合作。其中一些机构,包括 TIT 和大阪大学,都将电子学习作为一种交付方式。此外,包括马来西亚、泰国和中国在内的一些东亚国家的政府或非政府组织也邀请日本高等教育机构在其本国开展业务。拟议的离岸供应政策是,日本政府将承认全面/完整的离岸校园课程和学位,并将其置于国家质量保证框架之内。从 2005 年 4 月 1 日起如果日本大学在海外开展教育活动,符合日本文部科学省根据日本法律的学校配置标准,可以将其定位为日本高等教育机构在海外的分校或学院部门组织,为日本大学进行境外办学,有了实质性的突破。[①] 日本高等教育机构可以完全在海外校园开展教学活动而无须在日本学习,也可以授予日本学位,境外办学的课程将由日本高等教育系统以及输入国(地区)高等教育系统共同管辖。这个调整对推动日本高等教育的境外办学起了积极的推动作用。

此外,为了便于学分的互认和教学质量的控制,还主张建立亚太大学交流组织(UMAP)和东盟信用交换系统(AUN-ACTS)。受美国政府、大学协会以及大学全体自愿行动参与高等教育国际化改革进程的影响,以及欧洲"博洛尼亚进程"改革、欧洲学分转换系统(ECTS)的触动,日本在亚太地区发挥核心作用,建立了为促进学生交流和学分转移的亚太大学交流组织(UMAP),例如 2010 年成立的日、中和韩三国的亚洲校园计划(Campus Asia),三个国家的政府、大学、质量保证机构、工商界共同发起

---

① 大森不二雄.国境を越える高等教育に見るグローバル化と国家[J].高等教育研究,2005(8):157-181.

了关于学生交流和质量保障合作等问题的讨论。[①] 此外,还启动由东盟大学网络(AUN)开发的东盟信用交换系统(AUN-ACTS),推进了跨境高等教育的学生流动和质量保障。

在维护日本高等教育质量,保障品牌声誉方面,日本政府是毫不手软的。例如,一些高等教育机构在海外招募学生,为了填补日本的招生空缺或者非法雇用海外学生为某些行业和企业提供廉价劳动力。2004 年 7 月,在与大部分学生的非法就业有关的丑闻发生后,一所大专的学校法人被正式关闭。[②]

(四)项目委员会等机构的统筹管理职能

日本实施的各种项目,都会成立相应的项目委员会来监督和评价该项目的完成情况和取得效果。例如,"加强大学向世界扩张能力项目委员会""全球化人才培养促进项目委员会"等。以下具体以"加强大学向世界扩张能力项目委员会"为例描述委员会的人员构成和作用。

该机构成立的目的:与战略上重要的国家或地区构建高等教育网络,使日本的大学可以增强向世界扩张的力量,培养活跃世界的优秀人才,构建具有国际影响力且质量保证的大学教育系统,同时获得高质量的外国学生、国际教育合作和网络形成等战略,实施重点财政支援的目的。日本学术振兴会设立了该项目委员会,实施关于本事业的审查和评价。

该机构的成员主要由独立法人机构负责人、国私立大学负责人、行业或企业负责人、社会团体负责人等人员组成,并且规定每年轮换。如表 5-7 就是该项目委员会成立最初 2011 年[③]和最新一期 2019 年[④]的委员会名

① 米泽彰纯,张妍.亚洲高等教育的国际合作与日本的发展方向:主导权多极化与发展趋势[J].高教发展与评估,2014,30(3):82-89,104.

② OBHE.Japan's policy changes to recognise transnational higher education:adaptation of the national system to globalisation? [EB/OL].(2004-09-01)[2019-11-12].http://www.obhe.ac.uk/documents/view_details? id=50.

③ 日本学术振兴会.平成 23 年大学の世界展開力強化事業プログラム委員会委員名簿[EB/OL].[2019-11-09].https://www.jsps.go.jp/j-tenkairyoku/iinkai_h23_meibo_siryou.html.

④ 日本学术振兴会.平成 31 年大学の世界展開力強化事業プログラム委員会委員名簿[EB/OL].[2019-11-09].https://www.jsps.go.jp/j-tenkairyoku/iinkai.html.

单(部分),对比可以知道,2019 年委员会组成结构更加多样化,新增了一般教授、企业顾问等人员。从这一方面体现评估结果的独立性和公正性。

表 5-7　日本强化大学向世界扩张能力项目委员会 2011 年和 2019 年成员构成对比

项目委员会职务	2011 年	2019 年
会长	平野真一(独立行政机构—大学评估与学位授予机构主席)	荻上宏一(东京都立大学名义教授)
副会长	阿川尚之(庆应义塾大学常务理事)	日比谷润子(国际基督教大学校长)
委员	明石康(财团法人日本国际文化会馆理事长)	芦沢真五(东洋大学国际学部教授)
委员	市村泰男(社团法人日本贸易协会常务理事)	内田勋(横河电机株式会社社友)
委员	内田勋(一般社团法人日本电子信息技术产业协会副会长)	格雷戈里普鲁(同志社大学副校长)
委员	白石隆(政策研究大学研究生院院长)	尾弘美(公益财团法人广岛县男女平等基金会会长)
委员	续桥聪(社团法人日本商业联合会工业技术部总经理)	但田洁(一般社团法人商业服务人员薪资中心首席助理顾问)
委员	寺岛实郎(多摩大学校长,日本综合研究所所长)	胜悦子[明治大学教授,国际大学协会(IAU)董事,MOL 有限公司董事,电通株式会社董事(兼职)(审计与监督委员会成员)]
委员	二宫皓(广播电视大学副校长)	黑田一雄(早稻田大学研究生院亚洲太平洋研究所教授)
委员	日比谷润子(国际基督教大学学术事务副校长)	林佳世子(东京外国语大学校长)

资料来源:日本学術振興会.平成 23 年大学の世界展開力強化事業プログラム委员会委员名簿[EB/OL].[2020-11-09].https://www.jsps.go.jp/j-tenkairyoku/iinkai_h23_meibo_siryou.html;以及日本学術振興会.平成 31 年大学の世界展開力強化事業プログラム委员会委员名簿[EB/OL].[2020-11-09].https://www.jsps.go.jp/j-tenkairyoku/iinkai.html.整理而得。

按照规定,委员会的议事要旨是相关的会议及会议资料,原则上予以公开。被采纳的措施等,通过文部科学省主页等刊载公开,尽可能地向社会提供广泛的信息。委员会的职责主要是承担围绕提高大学世界扩张能力,决定选取大学和项目的方案、中期评价的内容和方式、实施中期评价、项目事后的评价内容和方式、实施事后评价等。被选中的大学或项目,每项最多可以获得 1000 万 ～ 4000 万日元的资助,资助期限最长不超过5 年。

评价的方式:委员会成员将实施中期和事后两次评估,实施书面评估、面试评估、实地调查和基于前三项的结果进行的综合评估,并总结每个项目的评估结果和建议等。中期评估对于确定为难以实现预定目标的项目,该项目将有一次申诉机会,并争论和评估减少或取消该计划的必要性。对事后评估结构不满意的大学,也可以有一次投诉的机会。委员会将在临时评估小组委员会中对评估结果进行总体调整,并确定每个项目的评估结果。项目委员会在日本跨境高等教育的推进过程中发挥了重要作用。

五、日本高校境外办学对我国的启思

日本在跨境高等教育发展是非常独特的,正如日本学者大森不二雄教授认为的,在全球高等教育市场上最活跃的东亚地区,无论是在高等教育出口还是高等教育进口方面,日本都被视为跨境高等教育领域中的一个安静角色。米泽彰纯教授也认为日本的高等教育对国际化和全球化应对是迟缓的。[①] 虽然,日本没有盲目地推进境外分校以博取高等教育强国的美名,然而海外据点的庞大,让它在看似"安静"中,又切实获取了国际化教育的红利——国际性复合人才。从日本的经验,对我国的启思主要是:(1)高校的"品牌"是境外办学的核心,"领土主义"虽然一定程度上限制了日本高校向外发展的脚步,但同时对维护"品牌"形象起到了保障作用,无论起步早还是晚,品牌声誉永远是境外教育市场首选因素,高校必须始终关注内部质量的提升,才能实现境外办学的可持续发展。(2)不

---

① 米泽彰纯,张妍.亚洲高等教育的国际合作与日本的发展方向:主导权多极化与发展趋势[J].高教发展与评估,2014,30(3):82-89,104.

一定非要举办风险大成本高的境外分校,以博取扩大国际名声为目的的境外办学,功能丰富的海外前哨模式也同样可以实现境外办学培养国际化人才和开拓学术合作研究的切实目的。(3)政府以项目、课题经费为导向实施经费支援,有助于高校在境外的办学活动开展中解决资金等重要资源的不足。日本实施境外办学的主力军是国立大学,也存在经费上的不足和限制,日本政府重点选择了30所大学作为国际化发展培养基地,通过一系列的经费项目调控和引导高校境外办学发展的方向。(4)分类分层的经费支援措施,有利于进一步明确高校不同的办学目的,实施境外办学高校的分类管理。例如日本"世界顶尖国家研究中心计划"旨在建立世界顶级研究基地,"留学生30万人"计划旨在培养国际化人才等,根据选拔评审出来的高校进行重点资助,有利于高效率地推进境外办学活动,实现预期收益。

第四节 印度高校境外办学运行机制的特色:以加强南南合作为导向

一、印度高校境外办学的发展概况

印度是境外分校输出最多的发展中国家,办学历史最早可以追溯到1994年马尼帕尔大学(Manipal University)在尼泊尔举办的境外分校,之后陆续有11所印度高等教育机构在境外举办了共17所境外分校。从印度高校境外办学的整体发展情况来看,印度的发展倾向于加强南南合作为导向的发展路径。

(一)政策措施

2002年印度出台了一系列公告,表明了印度大学向海外出口的雄心和印度跨国公司进入高等教育市场的愿望,每一项公告都指出了不同的趋势。印度作为新型经济体,拥有较为发达的高等教育体系,以及具有英语教学的优势等,这使得印度高等教育机构具有向海外扩张的国际野心。印度的高等教育(HE)国际化方法受到其政策的影响,可以分为三个阶段:第一阶段是殖民时期,高等教育采用"西方观"(进口模式);第二阶段是独立后,承认和创建中央系统,控制和国家行政管理(国有化系统);第三阶段是 21 世纪,高等教育服务的商品化(市场中介模型)。①

　　在殖民时期,印度的高等教育系统朝着更国际化的方向发展,其特点和课程设置受到英国高等教育系统的影响。1947 年印度独立后委员会参与其中,例如:1948 年的拉达克里希南委员会(Radhakrishnan Commission),认为应该在政策框架内采用新思维的重要性;1964 年的科塔里委员会(Kothari Commission)提出需要适应不断变化的需求和环境的教育政策。在 1951—1961 年期间,印度出现了类型丰富的高等教育提供者,除了传统的高等教育提供者(主要是大学和学院)之外,新型的提供者,例如专业机构、开放大学、培训中心、企业大学、财团和网络等。1985 年颁布《IGNOU 法案》之后,有关开放远程学习(ODL)系统监管的法律地位发生了变化,英迪拉印迪拉·甘地国立开放大学(Indira Gandhi National Open University,IGNOU)除了是一所开放与远程学习大学之外,还被赋予制定该国远程教育系统规范和维持标准的责任,这从《IGNOU 法案》的序言中可以明显看出:"一项在国家一级建立和纳入开放大学的法案,目的是按照该国的教育方式引进和促进开放大学和远程教育系统,并在这些系统中协调和确定标准。"同时法案第 4 条规定:"大学的目标是通过多种手段(包括使用任何通信技术)促进和传播学习和知识,从而为更大范围的人口提供高等教育机会并总体上促进社区的教育福祉,以该国的教育方式鼓励开放大学和远程教育系统,并协调和确定该系统的标准。"②为了避免在监管环境之外学位工厂的出现,从而导致高等教育质量受到质疑的危机,1985 年 11 月 25 日大学教育资助委员会(UGC)发布《通过非正规/远程教育授予第一学位的最低标准》和 1989 年 3 月 8 日发布的《1988 年 UGC(开放式大学授予奖学金)规则》等,从这些标准和规则的发布中可以明显看出,UGC 扮演着 ODL 系统的监管者的角色。印度政

---

　　① DAGAR K. Internationalisation of indian higher education：a one-way traffic？[EB/OL].(2017-11-14)[2020-05-21].http://www.obhe.ac.uk/documents/view_details?id=1075.

　　② INDIRA GANDHI NATIONAL OPEN UNIVERSITY NEW DELHI. Indira gandhi national open university act 1985[EB/OL].(2014-11-06)[2019-12-24].http://ignou.ac.in/userfiles/IGNOU%20ACT%2011-06-2014%20_updated_.pdf.

府于 1987 年通过了一项《AICTE 法案》,建立了全印度技术教育理事会（AICTE),以期对全国范围内的技术教育系统进行适当的规划和协调发展,以促进此类技术的质量改进。在这些政策的推动下,印度高等教育依托 ODL 系统,为印度高校境外开展远程教育的能力得到了塑造和保障,高等教育国际化成为印度政府及高校更为明确的战略目标。

21 世纪,随着高等教育带来经济利益的驱动下,印度高校越来越多地采用商业途径。出台了围绕教育国际化的政策——迈索尔（Mysore)声明,该声明提议建立促进印度海外教育委员会（CoPIE),起到监管高等教育质量的作用,并提倡在现有法律框架内简化注册、入学考试要求,"无异议证书"签发,签证批准和延期有关的程序,旨在扩大国际学生规模的印度留学计划（SIP)。通过迈索尔声明等政策措施积极推动,印度有 799 所大学支持国际化,然而效果并不理想,根据 OECD 截至 2022 年的统计数据,在经合组织和伙伴国家中,印度国际学生人数在高等教育中所占比例最小,仅为 0.1%,其中在印度来自欧洲的国际学生所占比例最小,占到 1.2%;来自非洲的国际学生所占比例最高,占到 22.4%[1],根本原因是除了少数顶级大学之外,印度高等教育的声誉比英美等国家较低,阻碍了印度大学的全球扩张。随着国际学生人数不断减少,印度试图修改其国际招聘策略,引入了新规则,大学教育资助委员会（UGC)提出了"特殊教育区"（special education zones)计划,着重选择 10 个机构开展促进印度高等教育推广。[2]

印度政府于 2002 年成立了印度海外教育促进委员会（COPIEA),鼓励印度大学与外国大学之间的合作。印度是移民人数最多的国家,目前,海外印度人总数为 2800 万,分布于 110 个国家和地区。[3] 2004 年,海外

---

① OECD.India overview of the education system (EAG 2022)[EB/OL].(2022-10-03)[2022-11-25].https://gpseducation.oecd.org/CountryProfile? primaryCountry＝IND&treshold＝10&topic＝EO.

② DAGAR K. Internationalisation of Indian higher education: a one-way traffic? [EB/OL].(2017-11-14)[2021-01-08].http://www.obhe.ac.uk/documents/view_details? id＝1075.

③ 肖旭宏.联合国:全球移民超规模达 2.58 亿人印度输出最多[EB/OL].(2017-12-20)[2020-01-08].http://finance.ifeng.com/a/20171220/15878890_0.shtml.

印度人事务部(Ministry of Overseas Indian Affairs)成立,负责海外文化和教育事务,印度政府希望培养国外年青一代的印度人对印度文化的理解和认识,以期成为印度大国战略的人力资源储备。[①] 2013 年远程教育改革委员会颁布《规范远程模式的教育实施标准》等措施。上述政策,推动并规范了印度高等教育机构向世界推广高等教育。

(二)数量增长

从人员流动数量来看,印度国际学生流动性的影响可以用直接和间接以及短期和长期的成本和收益来衡量。短期的直接收益包括学生的学费支出,直接成本是各机构承担的每名学生的支出。通常,在印度国际学生要比本地学生支付更高的费用,而本地学生要支付象征性费用。此外,国际学生通常会获得更高的生活费用,因为他们通常会得到更好的设施和额外的支援服务。短期的间接成本包括学生对有限的公共服务的消费,例如健康和交通运输,以及交通拥挤的加剧,这可能影响当地的企业和生产力。长期的直接收益包括创造就业机会和技术知识。这包括国际大学研究活动的衍生产品以及位于高等教育机构附近的公司以吸引人才。长期的间接收益包括国际和国内学生与教职员工之间的互动所带来的知识外溢和传播,教师流动性带来的协作项目以及机构合作关系带来的技术转让。尽管这些收益可能难以衡量,但它们构成了国际化的重要组成部分。[②] 印度人力资源开发部(Ministry of Human Resource Development)发布的 2018—2019 年全印度高等教育调查(AISHE)年度报告指出,高等教育吸引外国学生总数为 47427 人。外国学生来自全球 164个国家,前 10 名国家占留学生总数的 63.7%。外国留学生中来自尼泊尔的邻国的比例最高,占总数的 26.88%,其次是阿富汗(9.8%)、孟加拉国(4.38%)、苏丹(4.02%)、不丹(3.82%)和尼日利亚(3.4%),此外还有来自美国的外国学生 1518 名。外国学生选在印度高校就读本科学历课程

---

① 曾晓洁.印度高校海外分校的发展动因及区域布局研究[J].比较教育研究,2019,41(2):36-44.

② DAGAR K. Internationalisation of Indian higher education: a one-way traffic? [EB/OL]. (2017-11-14)[2021-01-08].http://www.obhe.ac.uk/documents/view_details?id=1075.

的人数最多,占外国学生总数的 73.4％,其次是研究生层次,占总数的 16.15％,其余级别的占 10.4％。①

从项目流动来看,班加罗尔的印度管理学院(IIM-B)由印度政府 1960 年建立,被称为世界上最好的管理学院之一,它积极推动项目流动,与国外领先的商学院保持着联系,例如麻省理工学院的斯隆管理学院;2002 年它在斯里兰卡提供其首个国际远程学习项目,斯里兰卡的学生通过互联网、CD 与教职员工面对面的互动获得 12～15 个月的课程。IIM-B 的境外办学项目不断扩大到沙特阿拉伯、阿拉伯联合酋长国、马来西亚、新加坡等国家。在美国、英国等西方教育强国以业务能力和管理能力以及 IT 继续主导跨国教育及在线教育服务的同时,印度一些高等教育机构也在开发小众海外教育市场。而庞大的印度侨民、发达国家的大量人口、印度语言和文化课程的魅力等让印度高校抢夺海外教育市场成为可能并奠定了吸引力。2003 年,印度马尼帕尔高等教育学院加入阿拉伯联合酋长国迪拜"知识村"项目,该项目旨在刺激中东的知识经济。此外,印度软件开发及 IT 教育公司(NIIT)与两家印尼大学合作开发境外办学项目等。在印度,远程教育是一个主要采用的境外教学平台,比起所谓的"普通"学生在物理校园学习,印度有更多的远程大学生,包括本科生和研究生。在 2015/2016 年度,大学有 380 万远程培养模式的学生,而普通培养模式的学生只有 290 万人。一个人口快速增长、渴望提高生活水平的印度这样规模的国家,不能仅仅依靠传统的教育模式。远程教育是充分利用规模经济来降低学费的一种办学模式,已经使印度大学吸纳的学生远远超过了原本可能容纳的水平。虽然,远程教育方式对生源扩张具有一定的优势,然而,印度政府对远程教育的监管正在由松变紧,监管机构禁止印度大学提供在线学位。②

---

① Department of higher education,ministry of human resource development.All India survey on higher education(2018—2019)[EB/OL].[2019-11-16].https://mhrd.gov. in/sites/upload _ files/mhrd/files/statistics-new/AISHE％20Final％20Report％202018-19.pdf.

② GARRETT R. MOOCs GO, online degrees STOP-Online higher education in India[EB/OL].(2017-04-07)[2020-10-09].http://www.obhe.ac.uk/documents/view_details? id=1064.

从机构流动数量来说,根据无国界高等教育观察组织的数据,2009年印度境外分校有 10 个,2012 年多达 17 个,这约占 2012 年无国界高等教育观察组织统计的境外分校总数的 9%,在输出国(地区)中排名第四(仅次于美国、英国和法国)。[①] 然而,相当一部分境外分校因为经营不善,被迫关闭,截至 2020 年 11 月,印度高校的境外分校仅存 12 个,但是仍然居输出国(地区)中排名第六(仅次于美国、英国、法国、澳大利亚和俄罗斯),在发展中国家中排名第一。这 12 个境外分校如表 5-8 所示。

表 5-8　印度的境外分校名单(截至 2020 年 11 月数据)

序号	境外分校机构名	输入国(地区)	母体高校(类型)
1	迪拜阿米提大学(Amity University Dubai)	阿联酋	阿米提大学(私立)
2	阿米提高等教育学院毛里求斯分校(Amity Institute of Higher Education,Mauritius)	毛里求斯	阿米提大学(私立)
3	阿米提大学塔什干分校(Amity University,Tashkent Campus)	乌兹别克斯坦	阿米提大学(私立)
4	阿米提大学新加坡分校(Amity University,Singapore)	新加坡	阿米提大学(私立)
5	迪拜马尼帕尔大学(Manipal University-Dubai)	阿联酋	马尼帕尔大学(私立)
6	比尔拉理工学院迪拜分校(Birla Institute of Technology and Science-Dubai Campus)	阿联酋	比尔拉理工学院(公立)
7	迪拜管理技术学院(Institute of Management Technology-Dubai)	阿联酋	管理技术研究所(私立)
8	马尼帕尔医学院尼泊尔分校(Manipal College of Medical Sciences,Nepal)	尼泊尔	马尼帕尔大学(私立)

①　GARRETT R.Indian Business School Becomes Australian!? The latest on international branch campuses of Indian universities[EB/OL]. (2015-01-22)[2020-10-09].http://www.obhe.ac.uk/documents/view_details? id=1021.

续表

序号	境外分校机构名	输入国（地区）	母体高校（类型）
9	马尼帕尔大学斯里兰卡校区（Manipal U-niversity）	斯里兰卡	马尼帕尔大学（私立）
10	SP Jain 商学院（SP Jain School of Global Management，Dubai）	阿联酋	SP Jain 商学院（私立）
11	SP Jain 商学院（SP Jain School of Global Management，Sydney）	澳大利亚	SP Jain 商学院（私立）
12	SP Jain 商学院（SP Jain School of Global Management，Singapore）	新加坡	SP Jain 商学院（私立）

资料来源：C-BERT. International Campus Listing 2020［EB/OL］.（2020-11-20）［2021-05-20］. http://cbert.org/resources-data/intl-campus/.

从地区分布上来看,印度重视"南南合作",举办的输入国或地区(包括已经停办的)集中在发展中国家和周边国家,截至目前所有举办的 17 个境外分校来看,有 10 个位于阿拉伯联合酋长国,4 个位于毛里求斯,其余是马来西亚、尼泊尔、新加坡以及澳大利亚各有 1 所境外分校。

从专业特色上来说,境外市场的创新领域专业为印度带来了办学机遇。传统输出国(地区)(即澳大利亚、英国和美国)在亚洲教育市场展开激烈的竞争,挤占了印度的生存空间,印度只能侧重于创新领域和发挥比较竞争优势来开拓海外教育市场,例如,疟疾和艾滋病在内的国家卫生问题的创新领域教育,在毛里求斯和南非等文化亲近度高的国家办学关系、在加纳和埃塞俄比亚等欠发达国家比较优势等开拓海外教育市场。此外,政府对电子网络计划的最高支持,再加上输入国(地区)当地私营部门的投资以及非洲联盟等"大型企业"的支持,也对印度开拓海外教育市场带来优势和机遇。作为早期的市场进入者和南南合作的极少数推动者之一,印度在一些国家或地区,特别是新兴国家树立了良好声誉,并获得这些国家(尤其是信息通信技术 ICT 增强的国家)对印度高等教育的需求呈现不断增长的趋势。

二、办学主体特征：以私立学校为主的海外扩张

从办学主体的性质分析,表 5-8 显示的 12 所印度高等教育机构中,

除了比尔拉理工学院是公办大学之外，其余举办的母体高等教育机构全部都是私立高等教育机构。这说明，印度在举办海外办学的过程中，私立高等教育机构做出了更快的反应并采取了更快的行动。虽然印度有不少公立高校，拥有学术出色的工科专业，以及良好的国际声誉，但公立学校的性质局限了它们只在印度国内发展。因此，印度高校海外办学的主体高校是不少资源充足的私立大学，它们积极地向海外扩张。[①]

印度人力资源发展部高等教育司公布的 2022 年教育支出报告显示，教育总支出占国内生产总值的比例呈现上升趋势，从 2013—2014 年度的 3.84% 上升到 2019—2020 年度的 4.39%，然而其中政府在高等教育支出的金额呈现下降趋势，从 2013—2014 年度的 12.97% 下降到 2019—2020 年度的 11.68%，而用于国际合作费用更是少于 0.38%。[②] 正如大多数国家一样，要依靠政府资金支持高效实施境外办学的可能性不大。然而，根据图 5-11 可知，印度大多数高等教育机构的性质是属于私立的，私立大学占到印度所有高校的 77.8%，并且，政府给予资金资助的私立大学入学率为 21.2%，没有政府资金资助的私立大学入学率为 45.2%，加起来占到总入学人数的 66.4%。[③] 说明，印度私立大学承担了大部分的印度高等教育的培养任务。本科生和研究生的入学率，私立院校的专业课程入学率高于政府机构。在开展高校境外办学时，公立大学存在资产出境等各种限制，而私立大学所受的限制比公立大学要少，便于开展境外办学活动。这也是印度作为发展中国家，境外分校在输出国（地区）中位列前茅的原因之一。

积极参与境外办学的印度高校中，印度阿米提大学（Amity University）是一所成立约 20 年，隶属于印度企业集团 AKC Group 的非营利性私立

---

① 袁原.印度大学要将分校开遍国外[N].新民晚报，2015-11-19(B3).

② Government of India ministry of education. Analysis of budgeted expenditure on education(2018—2020)[EB/OL].[2022-11-25]. https://www.education.gov.in/sites/upload_files/mhrd/files/statistics-new/Analysis_of_Budgeted_Expenditure_on_Education_2018—2020.pdf.

③ Department of higher education, ministry of human resource development. All india survey on higher education(2018—2019)[EB/OL].[2022-11-25]. https://mhrd. gov. in/sites/upload _ files/mhrd/files/statistics-new/AISHE% 20Final% 20Report% 202018-19.pdf.

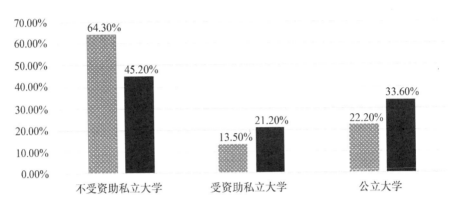

图 5-11   印度公立大学、受资助和不受资助私立大学的数量比例和学生数量比例

资料来源:Department of higher education,ministry of human resource development. All india survey on higher education(2018—2019)[EB/OL].[2022-11-25]. https://mhrd. gov. in/sites/upload ＿ files/mhrd/files/statistics-new/AISHE％ 20Final％ 20Report％ 202018-19.pdf.

大学,其领导人对扩大学校规模和海外影响力表现出极大的兴趣和支持力度,因此阿米提大学拥有许多海外分支机构,已扩展到美国、英国、新加坡、阿拉伯联合酋长国和毛里求斯等国家,阿米提大学目前共有 125000 名学生,其中 10000 多名学生就读境外分校。另一所马尼帕尔大学于 1994 年在尼泊尔开设海外校区,该校的医学是声誉卓著的专业,每年有 60000 名印度学生竞争医学系 190 个入学名额,然而在尼泊尔分校医学院的竞争没有本部激烈,对印度及其他国家有很强的吸引力。此外,比拉科学技术研究院于 2000 年在迪拜开设了分校,其分校校长认为,对于印度许多富裕家庭的孩子来说,海外校园特别吸引人,因为他们无法通过印度同级别大学的入学考试,因此,比拉科学技术研究院迪拜分校的在读生大部分是印度人。可以说,印度的境外分校不仅面向海外学生,还瞄准印度富家子弟和海外印裔子女。①

————————

① 袁原.印度高校瞄准海外办学 走国际路线大势所趋[EB/OL].(2019-11-16) [2022-11-25].http://www.xinhuanet.com//world/2015/11/19/c_128442485_2.htm.

上述分析说明,印度私立大学具有灵活自主、集团资金资助等优势,使其在印度境外办学的道路上,可以走出一条个性鲜明、有竞争力的特色之路,因此印度私立大学成为印度境外办学的排头兵和中坚力量。

三、办学模式特征:以远程教育模式为主

2018—2019 年全印度高等教育调查(AISHE)年度报告指出,在印度远程教育已成为一种获得学位的有用方式,远程教育入学率占高等教育总入学率的 10.62%。[①] 远程教育模式主要是由大学进行的,进入大学 53.1% 的学生都在远程教育模式下学习,具体在不同的高等教育培养学生层次、常规培养及远程培养学生人数比例如图 5-12。可以看出,博士研究生层次采用远程培养的方式很少,仅占 0.04%,而其他层次采用远程培养方式的比例分别为:硕士研究生占 52.88%、本科生占 55.93%、PG 文凭占 66.20%、文凭占 49.50%、证书占 72.22%。

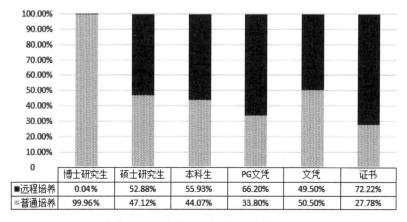

	博士研究生	硕士研究生	本科生	PG文凭	文凭	证书
■远程培养	0.04%	52.88%	55.93%	66.20%	49.50%	72.22%
▦普通培养	99.96%	47.12%	44.07%	33.80%	50.50%	27.78%

图 5-12　印度远程高等教育培养学生层次、常规培养及远程培养学生人数比例

资料来源:Department of higher education,ministry of human resource development. All india survey on higher education(2018—2019)[EB/OL].[2022-11-25]. https://mhrd.gov.in/sites/upload_files/mhrd/files/statistics-new/AISHE%20Final%20Report%202018-19.pdf.

---

① Department of higher education,ministry of human resource development. All india survey on higher education(2018—2019)[EB/OL].[2022-11-25]. https://mhrd.gov.in/sites/upload_files/mhrd/files/statistics-new/AISHE%20Final%20Report%202018-19.pdf.

远程教育的发达和累计的经验为印度高等教育走出去创造了有利条件,主要体现在:一是高校具备远程办学的经验和资源,在国内已经形成了一套完善的远程教育体系,有丰富的教师资源等,有利于系统地对境外学生提供在线课程教育;二是可以降低境外办学的投入成本和学费,这对发展中国家的学生具有巨大的吸引力;三是可以增加课程的访问量,使更多的学生接受课程学习,有利于更广泛地提高高校知名度。这些有利因素为印度高校打开外办学的市场提供了机会。

资料显示,美、英等教育输出发达国家的输出模式对非洲的吸引力不大,例如,2002/2003 年度,非洲仅占英国所有跨境高等教育提供份额的 6%。究其原因是低收入国家通常没有足够的资本/个人财富来维持外国大学在本国开展的跨国教育活动,所以,英美等高校似乎也将重点放在更"成熟的"市场,尤其是在亚太地区,以最大限度地降低金融和运营风险,这给印度在非洲地区开展远程教育的境外办学带来了机会。2004年仅世界银行一项统计显示,印度分别向加纳和埃塞俄比亚提供了 7800万美元和 2500 万美元的贷款,以发展私营部门和 ICT 基础设施。加纳—印度科菲·安南 ICT 卓越中心成立于 2003 年,是印度和加纳政府之间的一项联合倡议,成为加纳的第一家高级信息技术研究所(AITI),该机构的任务是与合作伙伴(例如 CISCO,Oracle 和 Linux)合作,以促进西非 ICT 部门的发展。此外,印度国家远程学习提供者英迪拉·甘地国立开放大学(IGNOU)与教科文组织非洲能力建设研究所合作在埃塞俄比亚、利比里亚、马达加斯加和加纳等国家提供了远程课程,为了顺利实施,这些国家也积极提供相应的支持,例如,埃塞俄比亚政府为建立该中心所必需的一切提供便利,包括授予土地。①

委员会联合出台《关于采取措施规范远程模式实施教育标准的建议》(Report of the Committee to Suggest Measures to Regulate the Standards of

---

① OBHE.eCornell, Aptech, IIP-B and Visva Bharati University: contrasting developments in Indian higher education[EB/OL].(2003-10-12)[2019-11-16].http://www.obhe.ac.uk/documents/view_details? id=667.

Education Being Imparted through Distance Mode)[①],报告指出,在全球化背景下和对高等教育的需求不断增长的影响下,委员会提出在不损害所提供的教育质量的前提下,探索通过高等教育开放式和远程学习(ODL)提高对印度高等教育毛入学率(GER)的贡献方法。鉴于现有法案《NCHER 法案》所设想的高等教育和研究的总体监管机构的情况下,很难调和在不同时期和背景下设立的不同机构在普通和远程高等教育方面相互冲突的管辖权,特别是教育。至少在建立 NCHER 或类似机构之前,需要一个有效的远程教育新法律框架,以通过质量控制促进增长。该报告附带的法案对此可以做出补充。

印度希望通过远程教育的境外办学形式,实现"南南合作"的加强。迄今为止,非洲的信通技术倡议往往是由发展组织或国际组织通过基于援助的方法带头发挥作用的,其商业激励措施或地方伙伴关系有限,以确保为输入国(地区)和输出国(地区)提供资金的可行性或互惠互利的合作模式。印度大学拨款委员会 2006 年发布的报告显示,鉴于南非和毛里求斯等非洲国家当前的政治稳定性,第三级能力问题以及政府对 ICT 和私人提供的投资增加,对这些国家(特别是增强 ICT 的)跨境高等教育供应越来越有吸引力。2006 年印度政府在埃塞俄比亚启动了一项耗资 10 亿美元的泛非电子网络(Pan-African E-network)项目,以实施将 53 个非盟成员国与印度连接起来的卫星、光纤和无线网络。该电子网络将把 5 所大学(印度 2 所和非洲 3 所)连接到 53 个远程教育学习中心,并将 10 所"超级专科医院"(印度 3 所和非洲 7 所)连接到 53 所远程医疗的远程医院。远程医疗网络的主要目标是通过针对护士、医护人员和其他卫生工作者的在线培训计划,与非洲同行分享印度医疗专业人员的知识。5 所大学将配备远程教育工作室,包括后期制作设施、数据中心以及包含交付系统软件(例如,内容管理和数字图书馆解决方案)的门户,课程内容将交付给整个非洲大陆的 53 个学习中心。印度已经分别在班加罗尔和艾哈迈达巴德建立了远程医疗和远程教育中心。总体而言,该网络将在一个

① 印度人力资源发展部.关于采取措施规范远程模式实施教育标准的建议[EB/OL].[2019-11-16].https://mhrd.gov.in/documents_reports? field_documents_reports_tid=All&field_documents_reports_category_tid=14&page=1.

未命名的非洲国家拥有 169 个终端和 1 个"集线器地球站",作为印度和非洲参与者之间的主要联系点,并监督向所有 53 个非盟成员国提供上述服务。已将参与该计划试点阶段的国家(即埃塞俄比亚、南非、加纳和毛里求斯)确定为中央枢纽的潜在输入国(地区)。该项目最初是由印度总统阿卜杜勒·卡拉姆(Abdul Kalam)在 2004 年泛非议会就职典礼上宣布的,印度政府与非盟于 2005 年 10 月签署了谅解备忘录,以使该项目正式化。印度电信顾问有限公司已被任命为在未来 5 年内实施该项目的中央机构。①

印度政府向非洲国家启动的"泛非电子网络项目",将非洲联盟定位发展伙伴,并致力于促进非洲教育发展的南南高等教育合作模式,其办学优势为其他国家提供了有益的经验分享。非洲本地媒体将"泛非电子网络项目"视为非洲历史上最大的基础设施项目,特别希望通过电子教育和医疗计划将 ICT 基础设施扩展到某些农村社区和服务不足的地区,此项目对加深印度和非洲之间的南南关系起到了积极的促进作用。此外,印度还敦促非洲联盟团结起来,寻求印度和非洲之间的更多贸易机会,并最大限度地扩大当地私营部门的投资。鼓励非洲利益相关者的参与,以确保该计划的可持续性,并利用电子网络进行在线学习、电子政务等领域的未来计划。在过去的几年中,印度政府越来越鼓励印度公司和高等教育机构渗透非洲的新兴市场。2006 年 6 月 13 日,南非政府与印度签署了一项谅解备忘录,以加强信息技术、行政和教育领域的合作能力建设项目。印度在毛里求斯有两个境外分校,一个是毛拉斯牙科学院,由印度的巴夫那加大学(Bhavnagar University)于 2003 年成立,旨在为整个印度洋次区域的学生提供牙科研究生课程;另一个是印度的锡金马尼帕尔大学(Sikkim Manipal University)开设的分校,这两个大学均为本科生和研究生课程,学费为每年 35000 卢比(765 美元)。② 通过远程教育的境外办

---

① OBHE.Best of both worlds? Indian government launches the Pan-African E-network in Ethiopia in the name of philanthropy and profit[EB/OL].(2006-06-15)[2019-11-14].http://www.obhe.ac.uk/documents/view_details? id=235.

② OBHE.Best of both worlds? Indian government launches the Pan-African E-network in Ethiopia in the name of philanthropy and profit[EB/OL].(2006-06-15)[2019-11-14].http://www.obhe.ac.uk/documents/view_details? id=235.

学,南南合作得到加强。

教育带动经济发展,印度政府向非洲国家启动的泛非电子网络项目,是以援助为出发点的项目,实现援助和收益两全其美的局面。除了维持和巩固良好的南南合作关系,另一个考虑因素是目标国的经济水平。例如,选择南非和毛里求斯作为境外办学目标国,是考虑到南非和毛里求斯虽然处于世界范围内的较低水平,但它们在非洲大陆的人均 GDP 排名最高(分别为 12000 美元和 13100 美元),因此可以被认为是显而易见的选择。两国都是该地区计算机拥有率和互联网访问率最高的国家之一,它们已经表达了通过信息通信技术增强的服务来扩大第三级能力的雄心,而且近年来政府在信息通信技术方面的支出也大大增加。作为印度远程境外办学的经验来说,主要表现为所选择的输入国(地区)需要拥有广泛存在的大型 IT 公司,同时该地区对与 ICT 教学相关的业务能力获得不断提升,才有利于远程教育的发展和实现。

四、办学环境特征:多机构联合运作及对印度文化的认同

(一)多机构联合运作

中央教育咨询委员会(CABE)是在教育领域向中央和州政府提供咨询意见的最高咨询机构。国家知识委员会(2006 年)关于高等教育的报告通过公共投资支持强有力的改革议程。最近,高等教育革新和复兴委员会(Yashpal 委员会)的报告建议保护教育机构的自主性,并设立一个包罗万象的全国高等教育和研究委员会,以取代或纳入现有的管理机构。目前,CABE 的功能为:①不时检讨教育进度;②评估中央政府、州政府以及其他有关机构实施《国家教育政策》的程度和方式,并就此问题提供适当的建议;③就中央与州政府/ UT 当局、州政府和非政府机构之间根据《国家教育政策》协调教育发展提供建议;④就任何教育问题向中央政府或任何州政府或联邦直辖区行政当局提供建议,建议或参考;⑤审查国家教育政策。①

---

① 印度人力资源发展部.中央教育咨询委员会 2015 年 6 月会议决议[EB/OL].[2019-11-16].https://mhrd.gov.in/sites/upload_files/mhrd/files/document-reports/CA-BEResol11062015.pdf.

大学教育资助委员会(UGC)是政府与机构之间的缓冲机构,一直关注国内外各种形式的分支机构和特许经营。监督所有其他高等教育提供者的规定。

全印度技术教育委员会(AICTE)是负责印度技术教育的法定机构和国家级委员会。它于 1945 年 11 月作为一个咨询机构成立,后来通过 1987 年议会法案获得法定地位,它开始负责规划印度技术教育与管理教育体系发展。

全印度技术教育委员会(AICTE)和大学教育资助委员会(UGC)分别制定。AICTE 管理着包括学位在内的技术教育,而 UGC 监督所有其他高等教育提供者的规定。2016—2017 年度联合制定了有关教育国际化的规章制度。

(二)印度文化的认同

印度文化特色为印度高校的高等教育海外输出带来小众的教育出口机会,同时,为庞大印裔子女带来了机遇,例如:维斯瓦巴拉蒂大学的孟加拉国音乐的国际在线课程,是在北美孟加拉协会要求下开展的境外办学项目,该课程项目是为协会会员的孩子提供印度文化教育,可以对在印度和西方出生的年轻人之间加强语言和文化联系等目的开展的,可以弥补在西方出生的印度人没有机会学习印度文化遗产的遗憾。[①] 这些课程将填补北美高等教育机构中除了必要的专业知识或资源之外空白领域,为印度高等教育机构提供了小众教育资源出口的机会,也为印度高等教育争夺海外教育市场创造了可能性。

根据联合国经济及社会福利部 2017 年 12 月的最新报告,全世界移民人数达 2.58 亿,占世界人口的 3.4%,印度是最大的移民出口国,移民人数为 1700 万。目前,海外印度总人口为 2800 万,分布在 110 个国家和地区。[②] 进入 21 世纪后,印度政府调整了面向海外印度人(包括海外移

---

① OBHE.eCornell, Aptech, IIP-B and Visva Bharati University: contrasting developments in Indian higher education[EB/OL].(2003-10-12)[2019-11-16].http://www.obhe.ac.uk/documents/view_details? id=667.

② 曾晓洁.印度高校海外分校的发展动因及区域布局研究[J].比较教育研究,2019,41(2):36-44.

民和海外劳工)的政策,以加强与外国印度人的关系,同时增强其国际影响力和文化软实力。印度总理莫迪高度重视海外印度人的作用,并强调:"我们不仅使用数字来衡量海外印度人,更应将其视为一种力量。"①而印度高等教育机构在海外开办分校,正是联结印裔子女和印度文化的最好方式。

五、印度高校境外办学对我国的启思

印度是发展中国家实施本国高等教育走出去的积极实践者,为我们提供了宝贵的参考经验。印度重视南南合作,积极采用远程教育等现代教育方式,在创新领域创造发展中国家境外办学的机会等经验,为我国高校境外办学的开展提供了很好的经验总结。从印度办学特征的分析,对我国的启思主要是:(1)探索境外教育市场的比较优势。加强与文化亲近度高或者高等教育不发达的国家开展教育合作,可以实现比较优势,例如印度重视南南合作。中国和印度一样,除了少数顶级大学之外,并没有美国和英国高校那样的国际声誉,因此,不能盲目地推进,必须认清自身的能力,发掘比较优势,创造境外办学的机会。(2)从举办的专业特色上来说,应积极开拓境外市场的创新领域专业。传统输出国(地区)(即澳大利亚、英国和美国)在亚洲教育市场展开激烈的竞争,挤占了印度、中国等发展中国家境外办学市场的生存空间,例如,印度侧重于举办疟疾和艾滋病等在内的国家卫生问题的创新领域专业来开拓海外教育市场。因此,寻找创新领域专业是我国高校境外办学活动开展的一个出发点。(3)积极推进民办高校在境外办学活动中的积极作用。在开展高校境外办学时,公立大学存在资产出境等各种限制,而私立大学所受的限制比公立大学要少,便于开展境外办学活动。例如,印度拓展海外教育的主力军基本上是私立大学,有其特有的政策灵活性和市场敏锐性,这也是印度作为发展中国家,境外分校在输出国(地区)中位列前茅的原因之一。(4)充分利用现代教育技术,通过远程教育形式提供高等教育输出,可以实现低成本低风险的境外办学模式,同时还可以增加课程的访问量,使更多的学生接受

---

① 王晓文.印度莫迪政府的大国战略评析[J].现代国际关系,2017(5):33-41,64,66.

课程学习,有利于更广泛地提高高校知名度,实现国际化人才培养等目的。(5)充分重视海外华侨、华裔子女的高等教育需求,抓住其带来的市场和机遇。例如,印度政府充分认识到其庞大印裔子女的重要性,积极调整了海外印度人(包括印度海外移民和印度海外劳工)政策,通过创办境外分校和海外教育机构,强化海外印度人与印度的联系。

综上所述,本章通过比较研究的方法,对美国、英国、日本和印度四个国家的高校境外办学发展状况、办学主体、办学模式和办学环境的主要特征进行了比较分析,整理出:美国是以维护教育强国地位为导向、英国是以获取经济利益为导向,日本是以保障人力资源为导向,而印度是以加强南南合作为导向的发展目标。这四个国家虽然导向性不同,具体采取的措施也不尽相同,但是有一些共同的积极因素是我们值得借鉴的,具体如下:

首先,办学主体不局限于公立大学,因为所有国家的公立大学都存在财政不能自由的局限性,要积极依托营利性大学或非营利性大学设立营利性部门,从而充分利用其特有的政策灵活性和市场敏锐性,实现全球扩张。

其次,融资模式从母体高校独资模式向外部机构投资模式、输入国(地区)提供设施模式方向转变。基本上,母体高校积极寻求外部力量的资助成为发展趋势,可以有效地整合其他机构的资源,减少高校境外办学的风险,提高办学效率。

再次,在教学界面模式的选择上,美国、英国越来越倾向于选择远程教育的模式,特别是印度从一开始就非常重视采用远程教育模式等非实体跨境高等教育形式开展境外办学,这种模式虽然具有低成本、低风险、高效率的优势,但是对输出国(地区)的教学声誉和输入国(地区)的硬件设施等都具备高要求,特别是涉及输出国(地区)必须拥有完善的质量保障体系的支撑,才是可持续发展的模式,因此不是所有国家都适合用这种模式开展境外办学。日本的境外办学的界面模式常常采用海外前哨模式,以项目流动为主,这对于日本境外办学的目的是吸纳人力资源来说是适合的。因此,在办学模式的选择上,与自己国家境外办学目标和能力相匹配的模式就是最合理的模式。

最后,在办学环境方面,呈现出"项目引导"和"多机构联合管理"的特征。境外办学不能让高校自身进行野蛮生长,这不利于维护本国高等教育的声誉,也不利于高校境外办学健康、有序的发展,政府应该做好顶层设计,以项目投入的方式引导高校的办学方向。此外,境外办学是一个多系统联动工程,一个部门的管理是远远不能适应和解决境外办学运行过程中存在的问题,政府应该多部门协调管理给予最大的空间支持。

第六章 我国高校境外办学有效运行机制的构建

▶▶▶

　　本书通过研究影响境外办学系统的三要素:办学主体、办学模式和办学环境作为分析框架,根据访谈资料、文本资料等在第二章、第三章和第四章对我国高校境外办学的运行要素进行了实证研究,以及第五章对美国、英国、日本和印度四个国家高校境外办学的突出成效和主要特征进行了比较研究。研究发现,高校境外办学是一个复杂的联动工程,并不是单纯的高校内部问题,需要构建高校与合作机构之间实现协同增益的运行机制模型,才能达成稳定的、可持续发展的目标。本章透过选取的访谈高校所呈现的问题,可以帮助我们深入地了解高校境外办学整体运行的改进方向,在借鉴他国有益经验的基础上,提出我国高校境外办学有效的运行机制。

第一节　我国高校境外办学的研究发现

一、我国高校境外办学的主要特征:以服务中资企业为导向

　　习近平主席提出的构建人类命运共同体理念,对推动全球经济发展具有重大意义,为世界和平发展指明了方向,"一带一路"建设正是构建人类命运共同体的伟大实践[①],强调的是一种经济合作倡议,而企业是对外

---

　　① 曹国永.围绕"一带一路"建设　发展跨境高等教育[N].经济日报,2018-12-20(15).

经济合作的市场载体,更是"一带一路"建设的实施主体。据商务部统计,截至 2018 年末,已有 2.7 万家中国企业在境外 188 个国家(地区)设立 4.3 万家境外分支机构,年末境外企业员工总数 359.5 万人,其中雇用外方员工 187.7 万人,占 52.2%。2018 年当年,中国企业向境外投资所在国家(地区)缴纳各种税金总额 594 亿美元,同比增长 58%……"走出去"已成为中国经济转型升级和对外合作互利共赢的重要方式,加快了中国融入经济全球化的步伐。[①] 在全球经济合作的大背景、人类命运共同体理念的引领下,高校作为企业走出去的人才支撑机构,可以有效地解决企业走出去发展中人才匮乏问题,同时还可以进一步拓宽我国与他国教育合作交流的机会,实现中国扩大教育对外开放的总体规划,打造具有中国特色的跨境高等教育模式。事实上,从材料分析结果表明,我国高校大部分都是在"一带一路"倡议提出之后举办的境外办学机构(项目),同时相当一部分的高校都与企业结成合作关系,或者接受企业的资金帮助等。在共建"一带一路"大背景下,我国高校境外办学和企业走出去的关系是:一方面,企业在境外的人才需求引领我国高校境外办学的发展方向;另一方面,企业在境外的人才需求给高校境外办学发展提供了前所未有的机遇,因此,以服务中资企业为导向的境外办学模式是符合我国现阶段跨境高等教育发展的主流趋势。除了这个主流趋势之外,高校与境外高校之间以及高校与其他机构之间合作办学模式也是不容忽视的,也呈现逐步增长趋势。

二、我国高校境外办学亟待解决的问题

(一)办学主体方面亟待解决的问题

在高校境外办学的运行过程中,办学主体根据办学目的和办学环境的变化,呈现出逐渐从单一主体向多元主体方向发展的主要特征。现阶段的办学主体,从外部来说主要由高校、企业和政府等利益相关机构来构建,从高校内部来说主要由校级管理部门、二级管理部门和教学部门等利益相关部门来构建,多元主体之间相辅相成互为补充,形成了一个相对稳

---

① 中华人民共和国商务部.中国对外投资合作发展报告(2019 年)[EB/OL].(2019-12-01)[2022-11-26].http://images.mofcom.gov.cn/fec/202106/20210630083446194.pdf.

定的"高校—企业—政府"的外循环和"校级管理部门—二级管理部门—教学部门"的内循环,两个循环嵌套的网络关系,在宏观、中观和微观领域各自发挥作用,引导和约束着高校境外办学的运行过程。然而这个网络关系,在各类政策、经费、教学资源等约束的情况下,尚未形成稳定、可持续发展的状态,对各办学主体提出了更进一步的要求,主要问题表现为:

1.办学主体之间缺乏统筹协调的平台

统筹协调对于一个组织机构的重要性在于,可以有效地调控资源,并实现有限资源的合理科学利用,实现多元主体共赢的局面。然而,高校境外办学在运行过程中,存在办学主体各自为政、认识不统一的现象。随着办学主体的多元化带来的利益诉求的多元化,如高校内部校级管理部门倾向于追求境外办学实现零的突破可能会忽略个别教师教学能力的提升,而教学部门追求的是教学能力的提升而不太关心境外办学运行管理上的问题,企业则倾向于追求获取人才或者经济利益而不太关心教学上发生的问题等。事实上,这些利益诉求不存在矛盾关系,但是需要有一个平台,发挥统筹协调的功能,把相关资源有效地整合起来,避免资源浪费或者发力不均衡的问题。

2.办学主体之间的紧密关联度不够

办学主体之间的紧密关联度体现在核心能力(师资、课程、学生及资金)之间的相互参与程度,它决定了办学主体之间所建立的境外办学关系的稳定性。我们需要提高办学主体之间核心能力的参与度,实现更为紧密的关联,才能减少相互的可替代性,产生最大的预期收益,形成可持续发展的动力。研究发现,在高校境外办学运行过程中,办学主体之间共同派出师资、共同制定人才培养方案、共同出资等办学模式的案例,往往都较好地维持了关系的稳定性,随着参与度的增加,办学主体之间的关系也从简单的"合作"慢慢变成互相不可或缺的"共生"关系。因此,如何加强办学主体核心能力的参与度,成为影响高校境外办学运行的一个关键因素。

(二)办学模式方面亟待解决的问题

办学主体的核心能力影响高校境外办学模式的选择。研究发现,我国高校由于师资不足、运行资金缺乏、生源不够等教学资源约束条件下,办学模式的主要特征呈现为选择寻求外部机构支援模式。这个模式固然

对高校来说是压力比较小,容易达成高校境外办学的目的,但是存在一定的不稳定因素,主要问题表现为:

1.高校丧失对境外办学机构(项目)主要管理权

对一个组织机构来说,管理权和所有权是密不可分的,所有权决定管理权。各办学主体的投资份额决定了其在境外办学机构(项目)中的地位,以及管理权限的参与程度,也就是说,持有大部分投资份额的一方有控制境外办学机构(项目)的能力。从资料分析来看,在融资模式方面,高校主要选择中外高校联合办学以及企业等其他组织提供资金或办学条件等模式,高校仅输出课程等软实力,这两种模式下,高校的办学压力比较小,然而,不稳定因素在于,由于高校对整个境外办学的运行管理过程参与度不高,过多地依赖合作方,就会存在导致办学自主权和管理权受到威胁,造成"为他人作嫁衣裳"的局面。

2.教学界面选择存在被动性和盲目性

教学平台界面的三种方式分别是境外分校、海外前哨(教学点等)、非实体教学平台。从国际影响力的角度分析,毫无疑问,境外分校是最具影响力的教学平台,但是投入大风险大;而海外前哨以对方提供或者租赁教学点的方式,可以减少投入成本和风险,但是有租金上涨、对方违约、流动性大等不利面;非实体教学平台是高校投入成本最低的方式,但是需要输入国(地区)具备相应硬件软件条件、学生管理困难,以及质量保障困难等不利面,因此,各种模式都具有优缺点。研究发现,我国高校选择以何种教学界面举办境外办学活动时,存在一定的被动性和盲目性。被动性体现在,由于高校办学能力的不足(资金短缺、政策障碍等),担忧失败带来的巨大风险等原因,因此多数是与其他机构以合作的方式开展境外办学。其次由于高校实际投入资金比例不高导致管理权低,在以何种模式开展时,很大程度上取决于主要投资方的实力和想法,因此具有被动性。盲目性体现在,因境外分校模式具有较高的国际影响力,具有充分的办学自主权,从调研情况来看,很多高校都以建立境外分校作为自己境外办学的终极目标,事实上,从先驱跨境教育发达国家美国、英国等发生的许多失败案例可以说明,境外分校并不一定是最稳定的教学平台。这三种模式各有优缺点,选择哪一种模式要根据高校的办学能力、办学环境和后续抵御风险能力等进行综合判断。根据办学系统进化原理,对称互惠、协同增益的办学模式是最理想的办学模式,也就是说采取合作模式下,所有参与办学主体都能实现预期收益的办学模式。

(三)办学环境方面亟待解决的问题

办学环境对办学主体和办学模式起着保障作用,研究发现,我国高校境外办学环境主要呈现三个特征:中外国家制度距离、政府顶层设计的缺失、高校环境营造的不足等。这种办学环境下,对高校境外办学的稳定性造成影响,主要问题体现在:

1.制度距离增加境外办学风险和阻碍

中外国家之间在管理制度、规范制度和认知制度方面都存在差距,这个差距当我们的高等教育实施跨境输出时,它可能不"适应"输入国(地区)的法律规定、市场规则、文化习俗等环境,成为高校实施境外办学的障碍。事实上,在实际办学过程中,我国高校和合作外方高校之间确实存在教学理念、教学标准等方面既有共通性又有差异性,如何保证学生培养质量既符合我国高校的培养质量要求,又符合办学所在地国家高等教育培养质量要求等问题,是我国高校境外办学需要解决的。因此,全面掌握一个国家的政治体制、市场规范、文化习俗等变得非常重要。

2.缺乏政府顶层设计影响有序规范发展

为避免高校境外办学陷入无序竞争,有必要研制出台相关指导性政策法规或条例文件,以尽快规范高校境外办学活动,保障高校办学质量,推动高等教育境外办学有序规范发展。联合国教科文组织也提出:国家高等教育管理部门对教学质量的评估和监督是影响该国社会经济发展及其高等教育国际地位的决定性因素。建立质量保证体系不仅是控制国家高等教育质量的基本要求,而且是参加国际高等教育活动的必要条件。[①]研究发现,中国政府层面的质量保障管理制度尚未建立,构建获得国际认可的高校境外办学评估和质量保障体系成为迫切需要。此外,基于高校境外办学外部环境的现状,生存和发展的空间暂时处于被挤压状态,主要体现在政府没有做好顶层设计,在事业单位相关资产出境管理、派出人员

---

① UNESCO. Guidelines for quality provision in cross-border higher education[EB/OL].(2005-01-01)[2020-03-18].https://unesdoc.unesco.org/ark:/48223/pf0000143349?posInSet=4&queryId=0f3b5124-5923-44d5-b23c-1f3c0e4c7142.

出国手续管理、学生学籍管理等方面,出现政府政策不能够支持这些运行环节的漏洞和障碍,因此,需要政府尽快加强顶层设计,完善境外办学政策支撑和制度创新。

3.高校氛围营造不足导致办学能力下降

根据OECD的分析"政府政策为跨境高等教育的增长建立了制度框架和激励机制,但跨境高等教育的增长本身主要归因于高等教育提供者(教师)和学生"[①],因此,从高校内部加强质量建设和能力保障是境外办学工作的重中之重。建立高校内部的质量保障制度、外派教师福利待遇制度、吸纳优秀学生有效的招生宣传制度等一系列制度环境营造必不可少。研究发现,因为高校内部保障制度的缺失,造成部门参与积极性不高,以及高校教师赴境外参与教学工作的动力不足的现象。师资选派较为困难的主要原因:一是拟赴办学国家经济实力相对较差,条件比较艰苦,且安全环境恶劣,没有相关的医疗保险、赴外工作保险等保障措施,教师赴该类国家授课的意愿不强;二是学校相关专业教师在学校已有固定的授课课时和教学任务,并且在国内就可认定专业资格评职称,没有出台相应的职称等福利待遇规定,对赴境外授课缺乏积极性。

第二节 高校境外办学"五位一体"有效运行机制的构建

一、高校境外办学系统的运行规律及机制构建

前文对我国高校境外办学运行过程的影响三要素:办学主体、办学模式和办学环境的实证研究,揭示了我国高校境外办学系统的运行规律,通过图6-1可以清晰地展示影响三要素之间相互作用的过程和功能,办学主体是核心,办学模式是关键,而办学环境是保障。高校境外办学运行机

---

① OECD. Quality and recognition in higher education: The cross-border challenge [EB/OL]. (2004-07-27) [2019-11-15]. https://www.oecd-library.org/education/quali ty-and-recognition-in-higher-education_9789264015104-en

制的探寻目的就是发现境外办学活动中,影响境外办学各因素的结构、功能及其相互关系正常发挥作用的"不和谐",通过机制调节,使得各要素能够发挥积极作用,维持稳定的运行方式。

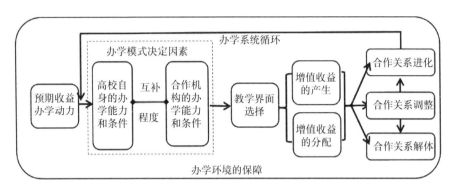

图 6-1　高校境外办学系统运行图

资料来源:由笔者根据研究发现绘制而成。

从对办学主体、办学模式和办学环境特征的归纳,主要目的在于通过表象的特征来揭示亟待解决的本质问题。为了进一步提高高校境外办学运行的可持续性和稳定性,就必须着眼于"亟待解决的问题",构建解决这些问题的机制,实现高校境外办学的稳定运行。可持续发展是高校境外办学的办学初衷和必然选择。研究发现,亟待解决的问题聚焦在七个方面,通过构建动力激发、统筹协调、互补共生、环境适应和质量保障"五位一体"的运行机制框架,来提高高校境外办学可持续性和稳定性(如表 6-1)。

表 6-1　高校境外办学系统亟待解决问题汇总及构建机制

系统	亟待解决的问题	构建机制
办学主体	办学主体之间的紧密关联度不够	动力激发机制
	办学主体之间缺乏统筹协调的平台	统筹协调机制
办学模式	高校丧失对境外办学机构(项目)主要管理权	互补共生机制
	教学界面选择存在被动性和盲目性	互补共生机制

续表

系统	亟待解决的问题	构建机制
办学环境	制度距离增加境外办学风险和阻碍	环境适应机制
	缺乏政府顶层设计影响有序规范发展	统筹协调机制、质量保障机制
	高校氛围营造不足导致办学能力下降	统筹协调机制、质量保障机制

资料来源：由笔者根据研究发现整理而得。

二、动力激发机制

动力激发机制，是从制度上和精神上最大限度地激发办学主体自觉参与境外办学活动的积极性和主动性，保证境外办学目标顺利实现的机制。动力是促成境外办学活动产生和发展的源泉，是办学主体追求的预期收益（物质或非物质期望），收益（E）生成原理 $E = E_A + E_B + E_{新增}$，说明高校境外办学系统存在和发展的动力条件，不产生收益（物质或非物质期望）的系统是不能增殖和发展的，收益是高校境外办学系统存在与发展的必要条件。弗鲁姆（Victor H. Vroom）的期望理论认为，期望是产生特定结果采取特定行动的主观期待，也就是说，人们会对具有吸引力的特定结果采取行动。刺激个体内部潜能的特定活动的动力（motivation）强度，取决于个体达到目标后的价值判断（valence）以及判断能够实现期望的概率（expectancy），即 $M = V \cdot E$，简而言之，动机就是对自己预期结果的重要性程度以及实现预期结果的可能性程度的期望。[①] 结合期望理论，高校境外办学主体的期望模式，如图 6-2 所示。

图 6-2 中，符号 A 表达了主体努力和办学成效之间的联系，说明参与境外办学的主体认为有可能通过努力取得一定的办学成效；符号 B 表达了办学成效与收益（报酬）之间的联系，说明办学主体相信取得办学成效后可以获得自己预期收益；符号 C 表达了收益（报酬）与主体需要之间的联系，说明收益（报酬）对办学主体是非常重要的。

---

① 斯蒂芬·P.罗宾斯，玛丽·库尔特.管理学[M].7 版.孙建敏，黄卫伟，王凤彬，等译.北京：中国人民大学出版社，2004.

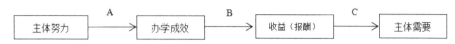

图6-2　高校境外办学主体的期望模式

资料来源:斯蒂芬·P.罗宾斯,玛丽·库尔特.管理学[M].7版.孙建敏,黄卫伟,王凤彬,等译.北京:中国人民大学出版社,2004.

显而易见,办学主体的需要是一种对预期收益的心理渴求,虽然对预期收益的重要性和实现可能性需要做出评估,然而,最终决定特定收益对办学主体产生吸引力之处在于需要收益而不是评估收益。[①]因此,我们首先要认清办学主体的需要是什么(第二章已进行详细分析),实践表明,办学主体对高校境外办学所能达成的预期收益的需要是一回事,而自觉参与境外办学活动则是另外一回事。这是因为,人们对预期收益影响自己重要性程度的评价,对自己实现预期收益的可能性程度的评价而影响这种心理渴求产生的不主动不积极的状态。高校境外办学可持续发展就需要在调动办学主体的积极性和主动性上下功夫,为了实现这个目的,建立动力激发机制包括政策导向激励、精神导向激励和物质导向激励等三个方面。

(一)政策导向激励

政策导向是动力激发机制中的重要内容。在"一带一路"倡议背景下,我国的经济发展和教育发展在逐步转型中,从高校到企业,从机构到个人对宏观政策的敏感度是非常高的,因此,推动高校境外办学发展,应充分用好政策导向的作用。在宏观政策的导向下,地方政府、企业、高校等逐次出台配套政策,对参与境外办学的高校、企业以及管理者、教师等个人都具有重要的导向意义。

目前,针对高校境外办学,已经出台了一些激励的政策及文件。从国家层面来说,例如"一带一路"沿线国家的发展战略对接,中国已与147个

[①]　肖昊,周丹.高等学校运行机制[M].武汉:武汉大学出版社,2010:68.

国家和 32 个国际组织签署了 200 余份共建"一带一路"合作文件。[①] 这些文件,既推动了经济的发展,也创造了两国之间的高等教育合作机会,满足办学主体对跨境高等教育期望和需求;又如《高等学校境外办学指南(试行)(2019 年版)》体现了系统性、针对性和实用性,为高校境外办学提供了实操层面的技术指导。从地方层面来看,例如,浙江省出台了具有较为灵活宽松的出入境签证规定;又如,安徽省着重解决因公出访管理工作中的签证办理困难等突出问题。这些举措推动地方与"一带一路"国家的交往可以更加深层次和广领域。[②] 从高校层面来说,有些高校已率先出台指导或支持高校境外办学的地方性法规文件,如《温州大学公派海外工作人员生活待遇管理暂行规定》等。显而易见,各级政府、高校制定和实施一系列政策工具应对跨境高等教育国际发展趋势和参与办学主体的动力因素,对满足办学主体对跨境高等教育期望和需求,为我国高校境外办学的可持续发展提供了强有力的保障。然而,研究发现,存在政策刚性和政策缺失等情况抑制了办学主体的积极性和主动性。政策刚性主要凸显为境外办学受现有财政制度、签证制度、国有资产管理制度等刚性问题;政策缺失主要表现为尚未建立境外办学的质量保障体系、外派教师生活待遇管理规定以及国际法律事务对接规定等。因此,下一步需要打破政策刚性,研究出台新的激励政策,以增强境外办学主体的动力,保障办学主体的需要得到满足。

建议从国家层面出台与当前高校境外办学相适切的政策法规,对赴境外办学的高校的办学资质做出规定,对高校境外办学的审批程序、评估程序、学位认证、退出机制等方面进行准确的说明,最终规范高校境外办学行为。建议制定政策,参照《国家公派出国教师生活待遇管理规定》等文件,针对境外办学师资给予补贴支持,鼓励优质师资参与境外办学,保障队伍延续性。提高派出教师回国后职称评选等规定,鼓励专业教师出

---

① 孙自法.中国已与 147 国和 32 个国际组织签署 200 余份"一带一路"合作文件[EB/OL].(2022-01-22)[2022-02-14]. https://baijiahao.baidu.com/s? id=172266047748 5405614&wfr=spider&for=pc.

② 徐鹏.安徽省实行因公出访便民措施受到好评[EB/OL].(2019-10-01)[2021-04-05].http://www.cnr.cn/ah/news/20191001/t20191001_524801869.shtml.

国任教,同时支持学校国内编制教师数量的增加以弥补教师外派后的空岗问题,设置境外办学专项资助金,激励青年教师赴境外开展教学工作。

(二)精神导向激励

人的需要还具有精神层面的需要。精神激励可以帮助办学主体或参与者建立正确的心理支柱,从而发挥巨大的激励作用,引导高校、企业等机构的教师、职工追求通过境外办学而获得的精神层面上的满足、自我能力的提升、实现更加美好生活的向往等,因而建立起高校境外办学可持续发展的精神激励机制是非常必要的。

首先,充分发挥境外办学理念的激励作用。随着 2016 年《关于做好新时期教育对外开放工作的若干意见》发布以来,对外开放已经成为中国教育发展的一个重大战略。文件中强调的办学方向和理念,对境外办学有着重要的指导作用。《关于做好新时期教育对外开放工作的若干意见》提出,深入贯彻习近平总书记系列重要讲话精神,坚持"四个全面"战略布局,全面贯彻党的教育方针,以服务党和国家工作大局为宗旨,统筹国内国际两个大局、发展安全两件大事,坚持扩大开放,做强中国教育,推进人文交流,不断提升我国教育质量、国家软实力和国际影响力,为实现"两个一百年"奋斗目标和中华民族伟大复兴的中国梦提供有力支撑。① 这个办学理念,说明了境外办学的特殊性,具有划时代的重要意义,参与此项工作将获得巨大的精神满足。访谈中,不断出现"教育情怀"这个词,很多参与境外办学的机构或个人,并不是为了某些物质利益或者权力地位,很多人已经是该领域的世界知名专家,功成名就,但仍然积极付出艰辛参与境外办学,这就说明满足办学主体精神上的追求,可以充分调动他们的积极性和主动性。其次,充分发挥典型人物的激励作用。树立榜样是一种良好的精神动力形式,也是在工作场所坚持积极教育的主要途径,因为人们对杰出人物或榜样人物有仿效的心理,从而产生潜移默化的良好效果。比如树立优秀派遣教师榜样,要采取多种形式,大力宣传,充分发挥榜样的示范效应。

---

① 中共中央办公厅、国务院办公厅.关于做好新时期教育对外开放工作的若干意见[EB/OL].(2016-04-30)[2018-11-05].http://www.moe.gov.cn/jyb_xwfb/s6052/moe_838/201605/t20160503_241658.html.

（三）物质导向激励

物质激励是激励机制中的重要手段。从马斯洛需要层次理论的五个层次：生理需要—安全需要—社交需要—尊重需要—自我实现需要，可以看出人类的需求是多层次的，物质的需求通常处于较低的层面，而精神追求通常处于较高的层面。最容易让办学主体满足的就是低层次的物质需要，也是最基本的需要。从高校来说，政府没有资金上的支持，或者政府对境外办学取得良好效果的高校没有物质上的奖励等，就不能很好地调动高校的办学积极性和主动性；从企业来讲，通过境外办学，不能够获得经济效益等，也会打消企业办学的积极性和主动性；从外派教师来说，如果没有课酬上、职称评定上的奖励政策，就会打消教师的主动性和积极性。事实上，从访谈情况来看，境外办学的条件非常艰苦，外派教师还处于追求生理需要（与当地饮食习惯不适应）和安全需要（生病就医困难、人身安全保障等）阶段，因此，切实满足办学参与者的物质需要，是调动参与者积极性和主动性的重要激励措施。

三、统筹协调机制

统筹协调机制是指通过对办学目标的分析，针对境外办学资源的无限需求与境外办学资源的有限供给之间的矛盾，通过统筹协调的方式，对境外办学资源进行合理配置，选择适当的运作方式，做到"人、财、物、信息"的充分利用。从前面章节的分析，我们可以看到，关于人财物等方面，高校境外办学突出的问题有，师资缺乏、资金不足、办学条件差、信息不通畅等一系列问题，选择适当的方式来统筹和协调各办学主体之间的资源整合及充分利用，需要建立人力资源、财力资源、物力资源和信息资源等四个方面的统筹协调机制。

（一）人力资源统筹

人力资源包括授课教师资源、科研人员资源、管理人员资源和学生资源等。其中，授课教师资源和科研人员资源是高校境外办学人力资源的中坚力量，他们的水平代表了高校境外办学机构（项目）的教学水平和科研水平。管理人员是学校人力资源中重要的组成部分，代表了高校境外办学机构（项目）的管理水平。学生是人力资源中不可缺少的部分，没有学生，就没有了办学的意义。因此，这些人员的优化配置对高校境外办学的发展至关重要。因此,建议实施"高校联盟"的方式,来解决人力资源合理配置问题。

高校境外办学需要优质的人力资源水平来保证境外办学的质量和声誉。然而,优秀的授课教师和管理人员等常常以一校之力难以支撑整个机构或项目的需求,正如许多学校反映的那样,要派出资历不够的教师是不愁的,愁的是高水平高职称等符合办学要求的名师。虽然在高薪全球招聘的方式下,也可以招聘到名师,但是势必会造成不经济的现象,增加办学成本,也不符合资本节约的资源合理配置基本要求。因此,如图 6-3 所示,根据境外办学机构(项目)对人力资源的需求反馈情况,由母体高校进行统筹,向国内兄弟院校或者境外合作高校发出协调人力资源的请求,形成多方派遣人力资源,实现人力资源合理配置,解决母体高校人员匮乏的问题。由于整个人力资源的配置,都是由母体高校统筹协调的,人力资源的管理权归属于母体高校,因此不存在丧失管理权的问题。

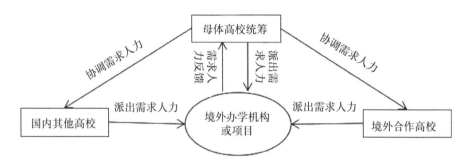

图 6-3　高校境外办学人力资源统筹机制

资料来源:由笔者根据研究发现绘制而成。

(二)财力资源统筹

财力资源是影响高校境外办学运行可持续发展的重要因素之一。财力资源是指以货币形态(资金)存在的资源的总额及其结构。高校境外办学是一项境外投资活动,需要大量的资金投入,资金来源构成决定了境外办学的可持续发展问题。根据前面章节的研究发现,目前高校境外办学的资金来源,主要来自学校自筹资金占总数的 61.9%;来源于中国政府、企业和基金会的占总数的 21.43%;来源于外国政府、企业和基金会的占总数的 9.52%;其他来源占总数的 7.14%。[1] 可以看出,高校自筹资金是境外办学的主要来源渠道,而我国高校境外办学的主体基本上都是公立高校,事业单位资产不能出境的政策障碍以及可使用的资金总量的有限,存在一个无法调节的矛盾。虽然访谈中,许多高校提出希望政府突破政策障碍,对事业单位资产在境外投资方面做出调整,然而,从其他国家的发展经验总结来看,公立高校在资金方面都不可能获得过多的自由度。此外,政府鼓励民办高校积极参与境外办学,由于我国民办高校在境外教育市场并没有比较优势和吸引力,目前来说也存在一定的困难。因此,建议实施"政府项目制"和允许"公办高校成立营利性部门"的方式解决资金紧张的问题。

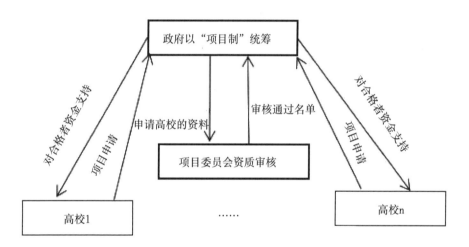

图 6-4　高校境外办学财力资源统筹机制

资料来源:由笔者根据研究发现绘制而成。

所谓"项目制"就是根据境外人才培养的需要、企业或者行业走出去人才的需要情况,政府统筹规划设立特定的"项目制",由愿意承担办学任务的高校提出申请,通过政府指定的"项目委员会"(成员为非政府工作人员的专家组成)进行审批,符合办学资质的高校将获得政府的资金支持

---

[1]　高校境外办学研究课题组.高校组调研报告[R].北京:中国高等教育学会,2018-12-07.

（如图 6-4）。"项目制"的好处在于：(1)政府的财力资源可以投入真正需要的境外办学机构(项目)上，集中有限的财力资源取得较好的办学效果。(2)政府可以统筹规划和规范我国高校境外办学的方向，做到合理布局，避免高校境外办学出现盲目性和随意性，造成发展的不均衡。(2)可以有效地统筹我国高等教育的最优质力量，保障我国高校境外办学的质量。(3)可以有效地解决高校资金不足的现象。例如，日本"加强大学向世界扩张能力项目""全球化人才培养促进项目"等就是政府集中力量资助审核通过的大学开展的国际化办学案例。事实上，中国有色矿业集团和 8 所职业院校携手走到赞比亚的项目，也是政府牵头集中力量实施境外办学的案例，然而，政府没有提供资金上的支持，办学成本转嫁到了高校身上，增加了高校的财力负担，长远来看并不利于可持续性发展。

另外一个建议是"公办高校成立营利性部门"，来突破公办高校财务制度上的不自由。美国许多优质的公办高校，就是通过成立营利性部门，融入资金实施境外办学活动的，例如康奈尔大学的在线学习 eCornell 公司、纽约大学的"纽约大学在线"(NYUonline)、杜克大学富科商学院的"杜克企业教育"(Duke Corporate Education)等。我国也有成功的案例，北京大学下属的北京大学汇丰商学院是独立法人，投入购买英国牛津校区的资金是商学院的自有资金。

（三）物力资源统筹

物力资源主要是指有形物资，是以实物形态存在的资源，是高校境外办学必备的教学资源，是高校境外办学得以发展的物质基础。高校的物力资源主要包括土地、房产、教学建筑、教学设备以及图书资料等固定资产。在境外投资固定资产具有很大的风险性和不可确定性，完全依靠母体高校自投将会承担巨大的资金压力和承受巨大的风险。因此，高校需要把风险和压力进行分解，才能实现境外办学的可持续性发展。

如图 6-5 所示，以"合作模式"开展物力资源的统筹工作。由母体高校发挥统筹协调功能，联合潜在合作者境外高校或者企业等其他机构，投入境外办学所需要的固定资产，显而易见，"合作模式"有利于减轻母体高校的办学成本和办学风险，然而需要注意的是，母体高校在合作模式中的控股比率必须超过 50%，或者是所占比例为最大份额，才能保证对境外办学项目或机构的管理权。事实上，研究发现，目前我国高校境外办学的

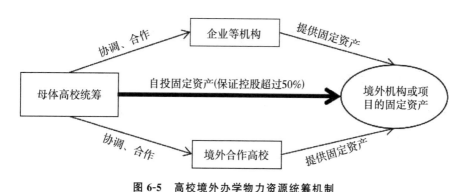

图 6-5　高校境外办学物力资源统筹机制

资料来源：由笔者根据研究发现绘制而成。

固定资产融资模式基本上都是这种"合作模式"，然而问题的关键在于，母体高校完全没有自投固定资产或者投入比例小，控股也小于 50％，对合作方投入固定资产的依赖性很强，这就存在很大的不稳定因素，因为会导致母体高校丧失管理权，也就说明没有话语权，对境外办学机构（项目）的可持续发展非常不利。要保证一定比例的固定资产投入，这就牵涉到前面财力资源的筹措问题，可以说，所有资源之间都是相互影响、相互作用于境外办学运行的整个过程之中，从整体性全局性的角度统筹协调所有有限的资源是非常重要的。

（四）信息资源统筹

信息资源在高校资源中占有极其重要的地位。随着社会发展的高度信息化，信息资源对高校发展的作用日益重要。高校境外办学系统的信息资源主要有两类：一是中外两国的法律政策、市场信息、文化信息、风俗习惯信息；二是与知识产权相关的信息。跨境开展办学活动，对高校提出了更高的要求，必须通晓中外两个国家的制度距离，必须具备较强的信息获取能力，善于收集各种信息资料，才能掌握工作的主动权。调研过程中，有高校反映，他们在卢旺达花费几个月的时间做劳动力市场的调研，经过一番波折最后才发现，其实有高校在 10 年前就已经派遣专家到当地，对当地的情况是非常了解的，如果有这么一个信息共享平台，那么会节约很多精力和物力。因此，搭建畅通的信息资源获取平台，成为及时、有效获取信息的有效保证（如图 6-6）。

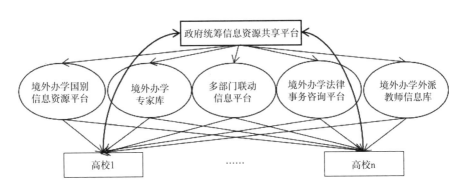

图 6-6　高校境外办学信息资源统筹机制

资料来源:由笔者根据研究发现绘制而成。

人类已经进入了大数据时代,应该充分利用时代优势,由政府统筹、搭建国家平台,促进境外办学信息资源共享与交流,成为时代发展的必然要求,同时具有重要意义,主要体现为:(1)高校是信息资源的提供者,又是信息资源的受益者,信息资源的共建共享,能够最大限度地满足境外办学高校对信息资源的需要,有效地改善现阶段高校对国别信息等资源匮乏的现象,有助于高校省时省力、准确有效地开展办学活动;(2)目前对于信息的收集都是高校独立完成的,通过信息资源的共建共享,可以有效地避免重复建设和信息遗漏等现象,有利于形成境外办学信息资源体系;(3)通过政府的统筹管理,可以实现有限的经费获取较多信息资源的效果,同时最大限度地实现高校间公平合理使用的效果。

建议:从国家层面组建"境外办学法律事务咨询平台",可以指导开展境外办学的高校规避项目实施所在国家和地区的法律风险以及在实施过程中可能存在的法律纠纷,保障境外办学的顺利实施;搭建"境外办学国别信息数据库",以便高校及时了解其他国家政策、市场、文化等相关信息进行全面了解,提高境外工作人员处理跨文化的沟通能力;搭建"境外办学专家数据库",将熟悉境外办学、具有丰富经验的专家汇总,对有需求的高校进行指导,对"项目制"申报工作等承担审核任务;搭建"境外办学外派教师数据库"进行外派教师相关信息收集和统计工作,高校可以借鉴前人的经验,了解输入国的信息,同时也便于高校之间教学和科研经验的相互借鉴与共享,有利于教学和科研方面的提升;搭建"政府多部门联动管理信息平台",由教育部统筹,统一协调发改委、外交部、商务部等部门力量,统筹考虑和实施对境外办学的多部门信息共享,形成支持和推动境外办学的合力,建立多部委合作的部际协调机制等。

四、互补共生机制

互补共生机制是指办学主体通过优势互补、资源共享,形成"协同增益"的办学模式,促进境外办学机构(项目)可持续发展的机制。所谓稳定的、可持续的办学模式,就是本书所主张的对称互惠、协同增益关系,在这种模式下,办学主体均获得自己满意的预期收益(物质或非物质)分配,达到一种理想的均衡状态。事实上,研究发现,有些高校过于依赖合作方形成了依赖型办学模式,在收益分配上也就呈现偏利(只有一方达到满意的预期收益)关系、非对称互惠(一方或双方都没有达到满意的预期收益)关系等不理想的状态,而达不到理想的对称互惠(双方均达到理想的预期收益)关系的办学模式,从而导致丧失管理权、话语权,高校的境外办学显示出盲目性和被动性。因此,在境外办学系统,合作双方不仅仅是建立一种简单的合作关系,要上升到一种更为紧密的协同增益关系,才更为牢固和稳定。

例如,昆明理工大学—博仁中文国际学院境外办学机构启动时呈现了良好的态势,符合双方合作办学的宗旨和目标。但由于各种因素的影响,目前已处于停滞状态。究其原因,一方面,由于合作双方投入方式和比例的差异,以及经费不足,泰方对盈利的需求得不到及时实现,办学的初衷逐步改变,导致招生和市场推广力度下降,生源萎缩较快。另一方面,由于有来自我国国内的第三方留学机构的介入,打破系统的平衡,泰方改变了办学模式,从招收泰国学生为主调整为招收中国学生为主,且与第三方建立了东盟国际学院,逐步暂停了该境外办学机构的运行,甚至还直接影响到了昆明理工大学博仁中文国际学院的声誉和发展。这个情况充分说明了,投入比例差异使得我国高校变成了附属方,没有管理权和话语权,不是一种共生关系,只是一种随时可以解散的合作关系,当办学主体的预期收益没有得到满足时,就容易导致合作关系的解体。因此,与合作方之间要积极打造互补的、可以实现协同增益的紧密关系。

（一）高校与同行机构之间互补机理

全球一体化带来的高等教育国际化的迅速发展,给高校带来新的机遇的同时,也对高校提出了更高的要求。在高等教育国际化浪潮的席卷下,高校要想独自在境外市场实施教育服务,将面临很大的风险,很多国家也不允许在当地独立办学,因此与当地高校或教育机构的合作成为我国母体高校谋求国际化发展的必然选择。我国高校在实施境外办学活动时,选择同为培养人才为己任的相同或相似度高的高校或其他教育机构作为境外办学的合作伙伴时,显现关系以合作为主,但不可避免地会存在一定的竞争关系。从合作的角度而言,因为存在合作的现实需求,同类高校个体之间必须遵循"求同存异"的原则,建立合作的理念,资源共享,降低办学成本,市场共同开拓,通过合作使高校各自的师资、课程及教学质量等核心能力得到增强,提升国际影响力,提高资源的利用效率,这将成为境内外高校一种新的发展途径。从竞争的角度而言,一方面,我国高校与合作高校同处于一个行业内,提供具有同质性的产品(培养出来的学生)或服务,因此母体高校和合作高校或教育机构之间会存在一种与生俱来的竞争关系;另一方面,针对我国高校在境外的机构或项目,还存在对教学管理自主权博弈的竞争关系(如图6-7)。

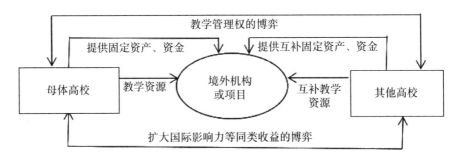

图6-7　高校境外办学同类办学主体互补共生机制
资料来源:由笔者根据研究发现绘制而成。

高校和高校或同行教育机构之间形成关系,其新能量的产生主要由办学主体的办学能力、市场竞争能力(高校名声等)和高校间相互影响的程度来决定。当办学主体的高校在行业内有较好的发展潜力,则两个高校时产生的能量就会最大,双方能够从中获得更多的收益;同时,参与的两个高校间的互利程度越大,两个高校时产生的能量也会越大。影响互利程度的主要因素如下:一是参与形成关系的高校的教学互补能力,当参与的高校在教学上有较好的互补性时,能够极大地促进关系的发展;二是高校间的亲近关系程度,而亲近关系程度主要表现在地域上的邻近,如云南省和东南亚地区的地缘优势,以及历史合作基础,如高校间长期合作关系建立起的亲密关系等;三是高校领导者的意愿,高校间的关系赖以维系的基础就是对能量的合理分享,而对能量的合理分享有效保证是参与高校领导者的意愿,没有分享理念,高校间将不能达成妥协。建立关系,参与高校共同分享的理念越强烈,高校间越能从将合作效益最大化的目标出发,建立紧密的关系。

(二)高校与异类机构之间互补机理

异类机构是指与母体高校投入资源是互补型的非同行机构。例如:政府、企业和社会团体等非同行机构或组织。高校与异类机构产生的关系为互补型关系,例如:高校与企业、高校与政府、高校与社会团体等的关系。互补资源是指两种办学主体之间存在着某种办学依存关系,即一种办学资源的消费必须与另一种办学资源的消费相配套。例如,课程的实施(消费)必须有教室的修建或租赁(消费)相配套。互补资源的定义可以理解为,凡是有助于提升境外办学机构(项目)核心能力和服务的其他资源或服务。在境外办学系统中,核心能力是高校的教学能力(师资、课程和教学质量),互补资源指政策、土地使用权、物理设施、资金等资源。这种互补关系表现在,无论是高校还是互补机构的资源投入或服务,都只有在对方投入或服务的配合下才能发挥更好的效果。高校境外办学,假设母体高校只能提供核心能力(师资、课程等)的情形,没有政策、教室等资源的配合,也不能很好地发挥人才培养的作用(如图6-8)。

这种互补共生关系主要表现在:高校的教学能力与互补资源之间存在着天然的互补性和互惠性,奠定了办学主体之间形成合作关系的基础,因为母体高校和互补机构之间面对的是相同的对象(学生)、相同的境外教育市场,政府、企业或社会团体良好的人脉资源或市场反应可以促进境外办学的顺利实施和发展。同样,良好的互补合作关系也能促进政府、企业或社会团体预期收益或利润的实现,提升机构的国际形象。此外,高校

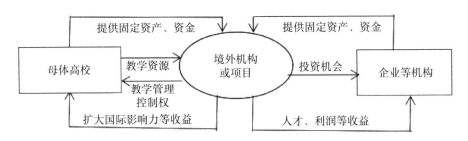

图 6-8　高校境外办学异类办学主体互补共生机制

资料来源：由笔者根据研究发现绘制而成。

在境外培养的人才可以直接服务于政府、企业或社会团体，而政府、企业或社会团体对人才的需求也有效地解决了学生就业的问题。互补办学主体之间一荣俱荣、一损俱损的局面，可以牢固地稳定关系的发展，通过互补创造更多超过自身限制获得更多新收益的机会，实现"1＋1＞2"的收益产生效应。

新收益产生主要源于：一是组合协同效益。高校在和政府、企业或境外高校等力量合作之后，其办学规模得到了扩大，各自拥有的教学资源在兼并或合并之后会进行重新组合，通过境外办学的办学主体之间的分工与协作，可以提高高校境外办学的办学效率，增加境外办学的预期收益。通过办学主体的教学资源的互补可以提高高校和合作机构之间资源的利用效率，这就是比起高校独自力量办学，和政府、企业或境外力量合作之后的组合协同效益。二是规模效益。即通过合作，可以达到一定条件约束下最佳办学规模，产生规模效益。三是管理效益。通过合作，很多琐碎的事务性管理工作可以交给合作方执行，母体高校可以有更多的精力专注于教学质量的提高。

高校境外办学系统由高校、政府、企业、社会团体等办学主体投入各自教学资源和能力，共同推进我国高校教育"走出去"的境外办学活动，是参与办学主体间为实现"协同增益"的合作博弈对策问题。为了减少办学主体之间博弈关系，构建符合时代发展的共生关系，实现共赢的目的，境外办学高校在选择合作机构时，就应该制定恰当的选择要素和合理的衡量指标，以维持合作关系的稳定性。

（三）高校互补共生机构的选择要素和衡量指标

从前面章节对办学主体的分析,我们已经知道,高校境外办学的办学主体随着国际环境的变化、政府政策的推动等因素的影响下,办学主体从单模式向二维模式再到多元模式的趋势发展。整体来讲,合作是现阶段主要采用的办学模式。即使是我国第一个境外分校厦门大学马来西亚分校也不是完全意义上的一维模式,因为它需要中马双方政府的支持,是高校和政府合作的模式。对于做出选择合作方的高校来讲,构建优选原则和衡量指标而确定合作方是理智的行为。匹配度高的合作方,可以使双方建立"协同增益"稳定可持续的关系。

1.高校境外办学主体的选择要素

无论是"双一流"高校还是高职院校,实施境外办学活动时,合作方的情况都将影响其办学模式的呈现方式,因此,高校心里都有"一把秤",或者说是"底线"。根据访谈材料的分析,主要考虑彼此熟悉程度、彼此优势互补、办学成本最小、合作方声誉等方面的因素:

（1）彼此熟悉程度

在考虑合作方的所有因素中,彼此熟悉程度的因素占了最主要的因素。找合作伙伴的话,合作基础和相互之间的信任是非常重要的。无论是校友推动,还是前期已经有一定的合作基础,都可以说明高校在选择合作方的时候,优选的原则是双方了解。这样有利于充分发挥双方的主动性和能动性,充分利用双方现有资源;有利于减少合作过程中,因为磨合所带来的成本增加;可以充分地理解对方的合作诉求,减少意见分歧,实现稳定的合作关系。

（2）彼此优势互补

优势互补是高校选择合作对象时考虑的另一个因素。这种互补的优势不仅体现为专业技能上的互补,还可以体现为教学资源上的互补。"借船出海"的优势、"专业互补"的优势、"人脉资源"的优势等,这些可以互补的优势促进了高校在境外办学的道路上不单打独斗,而选择与其他机构合作,提高办学效率与提升办学效果。

（3）办学成本最小

高校实施境外办学是一项高成本的活动,是一项境外投资活动。而我们的办学主体高校的性质是公办院校,并没有更多的经费可以投入,更重要的一点是在目前国家政策的规定下,也不允许国有资产境外投资。鉴于此,高校在选择合作方的时候,对方提供的合作资源能够让母体高校办学成本最小,也是高校考虑的重要因素之一。从办学成本的角度,我们就可以清楚地理解,独资模式开展境外办学的高校之所以这么少,是因为教学资源上的受限,既有经费的不足,也有政策障碍的掣肘。整体上而言,要让高校用自己的资金到海外去独立办学,高校可能还没有准备好。因此,在甄选合作方时,现阶段,合作方资源可以让母体高校办学成本最小是选择原则之一。

(4)合作方声誉

声誉是影响国际化办学的一个重要因素。而合作方的声誉最终会影响到母体高校的声誉,进而影响合作关系的稳定性。理性的高校,不会为了实现自身的某些目标而盲目地选择合作方,仓促地走出去办学,这样是不理智的行为,常常会伴随着名誉受损的危险,是不能实现长久稳定的关系的。因此,在甄选合作方时,对方的声誉也是要考虑的因素之一。高校境外办学的办学主体之间一旦建立了合作关系,就应该积极融为一体,双方或多方基于彼此信任、能力互补、资源优化、合作共赢的原则,协同发展,促使双方的融合度不断提高,实现稳定发展的办学目标。为了实现目标,还需要进一步构建选择合作机构的指标体系。

2.高校境外办学主体合作关系的衡量指标

构建选择办学主体的衡量指标体系主要是由全体要素指标、合作体发展指标、办学基本能力指标三个方面组成的。

(1)全体要素指标

全体要素指标是办学主体之间受彼此熟悉程度、彼此优势互补、办学成本最小、合作方声誉等各种要素影响而形成的总的融合程度,可以理解为合作关系的稳定度。影响高校境外办学合作关系稳定度有两个方面:单个选择要素和阻尼指标。单个选择要素是指影响办学主体合作关系的单个因素。阻尼指标是衡量合作体内在办学过程中进行教学资源互补融合时发生阻碍的因素的程度。形成关系如下:

$$全体要素指标 = \frac{1}{阻尼指标}(单个选择要素之和)$$

该公式表明,境外办学合作关系的稳定度并不等于单个选择要素的简单综合,因为还受到阻尼指标的影响。通过分析高校选择合作方的依据和原则,影响全体要素指标的单个要素的衡量方法为:

彼此熟悉程度(1~10分):表明合作双方对选择对方是否表示彼此适应、彼此欣赏,是合作的必要条件。假设彼此完全不熟悉,则合作意向为1;彼此熟悉程度越高,双方的合作意向就越趋近10,合作关系越稳定。

彼此优势互补(1~10分):衡量双方业务能否协同发展的指标。假设不存在优势互补,则合作意向为1,彼此互补的优势越突出越明显;双方的合作意向就越趋近10,合作关系越稳定。

办学成本最小(1~10分):衡量双方合作可行性的指标。假设母体高校承担全部的办学成本,则合作意向为1,母体高校将选择独资办学模式;而母体高校办学成本越小,双方的合作意向越趋近10,就越容易建立合作关系。

合作方声誉(1~10分):衡量双方合作潜力的指标。假设合作机构的声誉低,则合作意向趋近1,而合作机构的声誉越高,双方的合作意向就越趋近10,就越容易建立合作关系。

此外,阻尼指标的影响因素,主要取决于合作平台搭建的性质和功能,主要是以下两方面:

合作时间长短(1~10分):合作时间越长就越接近1,彼此的了解会逐渐加深,阻尼指标越小;反之就越接近10,则阻尼指标越大。

双方沟通程度(1~10分):搭建良好的合作交流平台,促使双方沟通能够通畅无阻。频率越高、接触面越大,阻尼指标将越来越小,接近1,说明合作的程度就越深、越稳定;反之就越接近10,则阻尼指标越大。

(2)合作体发展指标

合作体发展指标反映合作的办学主体发展的能量(办学动力),具体表现在社会共识指标和精神共识指标的构建。

社会共识指标(1~10分):体现了办学主体的一种社会责任,例如,校企合作境外办学响应国家"一带一路"倡议等行为,合作方之间产生各种社会交往,以及通过社会交往实现办学的目的。

精神共识指标(1~10分):体现了办学主体间的一种相互认同、相互欣赏的精神共鸣。有些合作双方的契机,仅仅是相互认同的、一致的教育情怀,一种为了推广中国文化、中国方案的动机,促成了境外办学的合作。

(3)办学基本能力指标

办学基本能力指标(1～10分):主要是指高校境外办学的办学主体所能提供的教学能力和管理能力。

教学能力指标(1～10分):衡量办学主体的核心能力,主要涉及师资水平、课程质量、质量保障、教学条件等。

管理能力指标(1～10分):衡量办学主体的保障能力,主要包括寻找资源能力、环境适应能力、对师生各种需求的反应能力、风险规避能力、突发状况应急能力。

综合归纳上述指标,构建组成选择办学主体的衡量指标体系,如表6-2所示。

表6-2　高校办学主体选择评价指标体系

一级指标	二级指标	三级指标
全体要素指标	彼此熟悉程度(1～10分)	
	彼此优势互补(1～10分)	
	办学成本最小(1～10分)	
	合作方声誉(1～10分)	
	1/合作时间长短(1～10分)	
	1/双方沟通程度(1～10分)	
合作体发展指标	社会共识(1～10分)	
	精神共识(1～10分)	
办学基本能力指标	教学能力(1～10分)	师资水平
		课程质量
		质量保障
		教学条件
	管理能力(1～10分)	寻找资源能力
		环境适应能力
		对师生需求的反应能力
		风险规避能力
		突发状况应急能力

资料来源:笔者根据研究发现整理而得。

基于上述指标,高校在选择合作伙伴时,就要理智地逐条分析这三个模块的指标,通过评价打分,进行合理地选择。若有多家合作机构可供选择时,毫无疑问选择评分最高的合作方是最理想的合作伙伴,所形成的关系是最为稳定的;若只有唯一一家可供选择的合作伙伴,高校可自行设定选择合作的最低标准(分数),若低于此就不考虑建立合作关系。实际上,合作机构很难满足所有指标,如果只能满足其中一部分指标,虽不影响短暂的合作关系,但是长期来说有潜在的不稳定因素,或许会发生终止合作或解体的可能。研究资料显示,高校在境外办学过程中,常常会遇到潜伏的不稳定因素,例如,大连海事大学对斯里兰卡的合作学校是一家非学历教育机构,一开始在师资水平、课程质量、教学条件、质量保障等教学能力上不匹配,是基于教学帮扶行为而形成的合作关系,并没有上升到互补共生关系,因此当对方能力提升后是否还会继续这种关系,成为大连海事大学所担心的事情;另一个例子,复旦大学布达佩斯教学点的合作高校,匈牙利政府开始指定的合作高校在教学能力上不匹配被拒绝了,复旦大学从自身能力建设和声誉保障方面考虑,一开始就甄选能力匹配的高校合作,排出不稳定因素。

五、环境适应机制

环境适应机制是指因中外国家之间在管制、市场和文化等方面存在制度距离,采取相应的策略减少制度距离对高校境外办学活动的影响,尽快适应境外办学环境,从而保障和实现境外办学的目的。高校境外办学过程中的制度距离产生的冲突和矛盾不可避免,如果正确处理好这些矛盾和冲突,这将是高校境外办学发展的强劲动力。为了消除制度距离,环境适应机制主要构建以人为本主动适应、弹性组织柔软适应、战略应时变动适应等方面的机制,强调人、组织和政策主动适应的措施。

（一）以人为本主动适应

境外办学的发展归根结底要靠人,采取多种手段调动领导者、教职工的积极性,培养主动适应办学环境的能力。主要采取的措施:(1)发挥高校领导者的强人能力,引领整个境外办学机构(项目)的环境适应。领导者利用自己适当的身份、先进的管理知识和超强的执行力,组织和搭建一个便于教育供需匹配的教学环境;领导者善用自己的社会网络资源和人脉,主动将自己设置成高校境外办学网络的"关键节点",获得高效率的信息、资源和政策,有效促成对境外办学环境的适应。(2)积极培养外派教师及管理人员参与境外办学的主人翁意识,优先考虑和保障外派教师及管理人员的权益,从而促使外派教师和管理人员能积极主动地去适应和应对境外办学环境。(3)建立独特的境外办学校园文化氛围,培养教师和管理人员的自信心和使命感,校园文化作为一股无形的力量把外派教师和工作人员凝聚在一起,形成敢于挑战新办学环境的集体。(4)开展一系列针对外派教师和管理人员的培训会或讲座,培养教师适应境外办学环境需要必备的法律知识、安全知识、文化习俗知识等,以提高教职工适应办学环境变化的能力。

(二)弹性组织柔软适应

高校通过组建与办学环境变化相适应的境外办学管理部门或办公室,实现柔软应对境外办学制度环境差异的目的。所为弹性组织,就是组织的架构、工作方式等不能一成不变,要分析境外办学环境与我们之间的差异和距离,积极主动地采取措施,消除差距满足境外办学环境的需要(如图 6-9)。

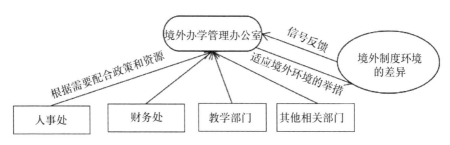

图 6-9　高校境外办学校内组织适应环境机制

资料来源:由笔者根据研究发现绘制而成。

我国高校对境外办学环境的把握是取得成功的关键,这就要求学校内部有一支精明强干的中坚力量和一个可以统筹管理的弹性组织。这支中坚力量一般来说是来自高校二级管理部门(例如国际处)的骨干组成境外办学管理办公室或部门,采取措施有:(1)收集境外办学环境的信息,分析与境外国家之间的规章制度、市场体制、文化习俗等制度上的差异,加强校内事前事中事后的宣传和培训工作,提高对差异的认识和风险防范意识,达成校内在思想上和行动上的统一。(2)统筹教学部门、人事处、财务处等整个学校的资源,保障政策、教学资源能够满足境外办学环境的需要。(3)应对境外教育需求,迅速采取一系列措施,包括反应速度、教学定位、教育需求方的知识结构偏好的理解等,让教育供给与境外教育需求相匹配。境外办学环境对高校内部组织体系的创新要求,是一种境外环境倒逼机制,当境外教育市场和合作方的教育需求对我国的教育资源和教育水平产生新的感知和评价时,我国高校应对这种反馈回来的需求,弹性地统筹协调自己掌握的教育资源进行匹配对接,以满足境外教育需求。

(三)战略应时变动适应

战略应时变动适应是针对境外复杂多变的办学环境,通过制定相应的政策,驱动我们的教育供给与境外的教育需求相匹配的措施。高校境外办学的教学供需平台的搭建通过制定激励政策,形成有利于高校境外办学实现预期收益的协调治理结构,动用专用性资源促进教学供需匹配的实现。政策驱动方向是为高校境外办学选择适当的模式,打通合作渠道,获取有效的信息、资源,有效地促成教学供需匹配的目的。例如:《国家中长期科学和技术发展规划纲要(2006—2020年)》颁布后,明确"一带一路"沿线国家更加需要技术型人才的培养,需要引进何种类型的优质教育资源,为此,高职院校在推进一带一路教育合作中扮演关键"执行者"的重要角色,为"一带一路"国家的人才培养提供了优质教育资源。

六、质量保障机制

质量保障机制,是指为了保障境外办学教学质量所制定出的相关制度和保证这些制度如何落实的运行措施。质量保障是跨境高等教育发展中的核心问题,决定了跨境高等教育的成效及声誉。涉及跨境办学,环境的改变决定必须制定不同于国内办学的新的质量保障机制,要加强与输入国(地区)的沟通,在保障的内容和方法上达成共识。[1] 从外部来说,相关政府部门应学习英美等国家跨境教育质量保障的丰富经验,并应尽快建立我国境外办学的跨境教育质量保障体系,进行有效的监督和管理;从

---

[1] 秦冠英,刘芳静.海湾地区跨境高等教育发展状况及对中国教育"走出去"的启示[J].中国高教研究,2019(8):39-46.

内部来说,高校必须严格控制境外办学的教学质量,作为品牌建设的重要工作,确保教学的各个环节都要保证与母体高校同样水准。基于这些考虑,境外办学的质量保障机制主要体现为"四主体二原则"的机制构建。

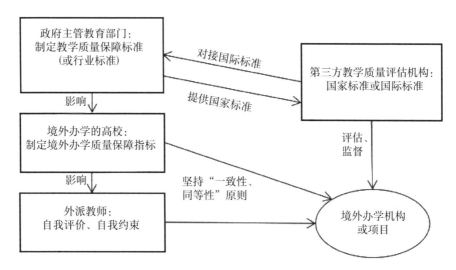

图 6-10 高校境外办学质量保障机制

资料来源:由笔者根据研究发现绘制而成。

(一)"四主体"管理部门的建立

构建境外办学质量保障体系涉及"四主体",是指政府主管教育部门、第三方教学质量评估机构、境外办学高校、外派教师(如图 6-10)。

主体一是政府主管教育部门,它的职责是在考量其他国家的教学质量审核标准及国际上统一的教学质量标准(例如国际工程教育标准等)之后,制定本国境外办学质量保障标准或行业标准。

主体二是第三方教学质量评估机构,它的职责是掌握其他国家和国际上的教学质量标准,与政府部门保持对接,为政府部门制定符合境外教育市场对教学质量需求的本国质量保障标准,以指导境外办学的高校恰当地开展境外教学活动,保障境外办学机构(项目)的教学质量。例如,英国高等教育质量保障署(QAA)就是第三方教学质量评估机构。QAA 成立于 1977 年,它负责对全英高校提供统一的综合质量保障服务,是一个独立自主的组织,经费来自高校的会费以及委托评审的签约组织,QAA

的使命是通过合理的高等教育资格标准来维护公众的利益,其工作办法是编撰一整套"学术质量与标准保障的实施规则""专业规格"等文件,走访高校(包括境外机构或项目),对教学的质量按照标准进行审核和评价,并将审核结果以评估报告形式公之于众。[①] QAA 对英国高等教育质量的保障,特别是在境外办学实施的教学质量声誉的保障,发挥了重要的作用。

主体三是开展境外办学的高校,它的职责是根据政府主管教育部门制定的本国境外办学质量保障标准或行业标准,制定本校具体的质量保障指标和实施办法。高校需要建立内部教育质量保障机构或办公室,以规范课程目标评估、监督和评价课程系统、学生评价反馈等活动。在专业的规划、审批、监控和审查等各个重要环节上坚持按照国家规定的质量保障标准设置相应的检查指标,根据指标开展工作,实行常规性监控和周期性审查相结合。

主体四是外派教师,它的职责是根据学校制定的教学质量保障指标,日常做到"自查、自省、自改"的教学行为,实现自我评估和自我监督的目的。教师是整个质量保障体系的关键环节,是教学质量指标具体的实施者,外派教师对教学质量保障意识的提高对整个境外办学质量保障起着重要的作用。

四主体之间的关系是,以政府主管教育部门制定的教学质量保障标准(行业标准)为主,对接第三方境外教学质量评估机构的标准(国家标准或国际标准),积极找到一致性;为对接境外办学评估监督标准,高校建立相对应的境外办学质量保障指标,外派教师在标准下自我评价和约束自身的教学行为。

(二)"二原则"管理方式的实施

四主体围绕教学质量实施的活动,要遵循二原则,即"一致性"和"同等性"原则。

1.坚持"一致性"原则

坚持"一致性"原则,虽然国家不同,但对跨境高等教育质量保障的高

---

① 江彦桥.跨境教育监管与质量保障[M].北京:高等教育出版社,2014:58-59.

要求出发点是一致的,因此,要确保我国高校境外办学质量评价监督标准与境外评价监督标准相一致;也要确保母体高校与境外办学机构(项目)在培养标准、教学效果等方面一致。主要采取两个措施:一是专门成立评价监督机构。从中国政府层面而言,政府设立专门机构(或者委派第三方评估机构),立足于服务高校境外办学机构(项目),帮助它们的教学质量与境外标准对接的问题,因为境外办学机构(项目)在境外要适应境外的教学管理规定,很多可能已经在该地区已被视为私立高校,已经不同于我国公立学校的质量监督体制,因此需要设置专门的部门对接;从高校层面而言,也要设立专门的境外办学管理部门,主动积极对接境外的教学质量标准,实施教学活动;从教师层面而言,按照对接的教学质量标准开展教学活动。二是"一致性"监督的内容。"一致性"监督不直接测量教学质量,而是以母体高校实施的质量保障指标为参照,对比境外办学机构(项目)在质量监管方面的一致;相同专业的设置标准一致;提供相同的学习和研究支持;学生录取、管理和学位授予标准的一致;教职工聘用标准一致等,这些指标上一致与否,是衡量境外办学机构(项目)能否达成质量保障的目标。

2.坚持"同等性"原则

优质高等教育资源需求偏好的相似性是跨境高等教育发展的重要基础。[①] 境外办学机构(项目)通常招收境外当地学生以及全球招生。提供与母体高校相同或相近的教育服务,是我国高校境外办学机构(项目)获得竞争优势的关键。因此,不仅要注意质量环节,而且要着眼于人才培养的整个过程,在发展中,要逐渐形成"同等性"原则。主要包括以下几个方面:一是"同等性"原则下的人才培养方式。包括录取的"同等性",分校录取学生同时获得母校的学籍;培养过程的"同等性",学生在教师和学习材料等方面享有相同标准;培养结果的"同等性",教学质量相同。二是"同等性"体验。母校和分校努力培养同等的人才质量,体现在学生的整体素质上。为此,应鼓励建立定期交流和交换机制,获得在母校充分学习体验,以帮助分校的学生获得相似或者同等的学习经历。三是"同等聘用"

---

① 秦冠英,刘芳静.海湾地区跨境高等教育发展状况及对中国教育"走出去"的启示[J].中国高教研究,2019(8):39-46.

政策。在"一致性"质量监督机制下,使境外办学机构(项目)培养的毕业生获得母校毕业生同等就业的机会。

综上所述,在高校境外办学系统中,以上五个机制之间的逻辑关系是相互支撑、相互促进和相互制衡的关系,激发动力机制是前提、统筹协调机制是关键、互补共生机制是原则、环境适应机制是约束,而质量保障机制是核心(如图 6-11)。高校境外办学系统也处于一种不断演化的过程中,在五个机制的相互作用下从不均衡—均衡的状态,实现可持续发展的目的。

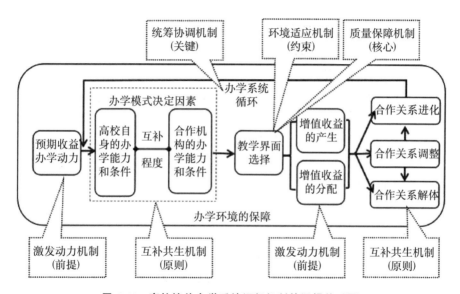

图 6-11 高校境外办学系统运行机制的逻辑关系图

资料来源:由笔者根据研究发现绘制而成。

激发动力机制是其他机制存在及发挥作用的前提,没有激发动力机制不能形成高校和合作机构之间的关系,也不能促使这段关系维持下去,因此,有激发动力机制才有其他机制发挥作用的空间。而激发动力机制的关键在于要创造出新的收益(物质或非物质)的,新收益是维持一段关系的必要条件。

互补共生机制是高校境外办学关系生存和发展的原则,而互补共生机制作用的发挥必须得到其他四个机制的支持和保障。高校与合作机构之间不能是单纯的合作关系,根据系统进化原理,对称互惠关系是理想状态,在这种状态下,高校和合作机构互相之间建立起牢固的信任关系,对收益分配没有任何不满和抵触情绪,在共同利益的驱使下建立起长期的合作关系,合作过程中共同参与管理、共同实现预期收益、共同得到发展进步,关系实现进化,例如从共同开办海外教学点上升到开办境外分校。反之,有可能导致关系发生调整甚至解体的情况。

环境适应机制是高校境外办学系统维持稳定的约束,为高校境外办学系统提供良好的秩序和规则条件,对其他四个机制作用的发挥起到规范与制衡的作用。新收益的产生和分配不能以违反法律法规、质量标准来实现,忽视跨文化的差异、忽视市场规则和需求的差异等,将不利于高校境外办学系统的可持续发展。而要环境适应机制作用的发挥必须得到其他四个机制的支持和保障,例如,统筹协调机制提供信息资源缩短与境外管制、规范和文化之间的距离;质量保障机制可以减少母体高校与境外办学机构(项目)教学质量的差距,从而满足境外对母体高校教育质量的需求。

质量保障机制是高校境外办学系统维持稳定的核心,对其他四个机制的发挥起着决定性的作用。教学质量是高校境外办学机构(项目)的生命线,没有教学质量,整个高校境外办学机构(项目)将失去存在的意义,质量保障机制的构建就是要保护高校境外办学机构(项目)的生命力。而质量保障机制作用的有效发挥,必须依靠其他四个机制的支撑和促进,例如,动力激励机制有效地调动外派教师的积极性,有利于教师对自身教学质量进行自我约束和自我评估工作;统筹协调机制促进构建多元化、多层面的境外办学高等教育质量保障体系等。

统筹协调机制是高校境外办学系统维持稳定的关键,因而也起到平衡动力激励机制、互补共生机制、环境适应机制和质量保障机制的作用,贯穿整个高效境外办学系统的循环运行过程。当其他四个机制在发挥作用中,涉及的人力资源、财力资源、物力资源和信息资源,在因资源有限的情况下发生了不平衡、不协调的状态时,就需要发挥统筹协调的作用,从全局上调配资源,来实现高校境外办学系统稳定均衡的发展。

第三节　研究创新与不足

本书基于"办学主体—办学模式—办学环境"三要素分析框架,通过实证研究、理论研究和比较研究相结合的研究方法对"高校境外办学系统如何实现可持续发展的运行机制"核心问题进行了探究。在访谈和分析中尽力做到"全面观察、小心求证",但由于我国高校境外办学的发展处于起步阶段,样本非常少,进行访谈和获取资料存在难度,以及对美国、英国、日本和印度进行的比较研究,资料的收集,英语、日语等多种语言和汉语的切换等也增加了研究的难度,因此,在研究内容和方法设计上还有很大的改进空间。针对本书的创新点和研究不足,总结如下:

一、研究创新

（一）首次对我国高校境外办学的可持续发展问题进行比较全面、系统的分析

通过对前人研究的分析,可知目前国内对于高校境外办学的研究主要还集中在政策趋势、飞行教师现象、生源困难、课程本地化问题、风险管理、质量保障等某一个方面的研究,这些重要问题是衔接高校境外办学系统这架机器的螺丝钉,每一个螺丝钉都会影响这架机器的运行和可持续发展,然而,螺丝钉之间的相互影响、相互作用的机制问题,目前所进行探讨和分析还不够全面。本书突破以往研究中的片面性和局部性,尝试揭示我国高校境外办学运行的全貌,构建合理的运行机制模型,实现可持续发展的目的。为了对我国高校境外办学的特征和内在本质进行全面、系统的剖析,本书从办学主体、办学模式和办学环境三个维度对高校境外办学进行了分析、归纳、提炼影响可持续发展的亟待解决的本质问题;以同样的维度分析美国、英国、日本和印度高校开展境外办学的有益经验,在此基础上,对我国高校境外办学合理的运行机制进行了剖析,并提出建议对策。

（二）研究目标类型注重全面性和突破性

从国内研究目标高校类型来说,有"双一流"高校、普通高校和高职院

校,比较全面地覆盖了目前我国举办境外办学高校的类型。从国外研究目标国家来说,美国是跨境高等教育的最强国、英国是跨境高等教育的效果突出国、日本是跨境高等教育的应对迟缓国、印度是发展中国家的领头羊,特别选取日本和印度两个国家是对以往研究的突破,可以基于东亚文化圈和发展中国家的类似点,其经验对我国高校境外办学的运行提供有益借鉴。

(三)研究方法上注重实证研究

从现有的研究情况来看,随着境外办学的发展,国内外学者都非常重视关于境外办学"可持续发展问题"的研究,然而仔细分析发现,国内的研究偏向理论研究,国外的研究偏向实证研究,国内的研究整体还比较滞后于国外的研究,还处于追随和借鉴的阶段,但是,由于境外办学具有国别性,国外的经验不一定适用于我国高校境外办学发展,必须下沉到我国高校,开展实证研究,了解我国境外办学的现状和问题。因此,本书选取了代表性的 15 所开展境外办学的高校,对 36 位相关人员,包括管理人员、外派教师、外籍学生、专家学者等进行了访谈法为主的实证研究,在理性地认识我国高校境外办学的现状基础上,提出存在的问题以及建议对策。

二、研究不足

本书首次对高校境外办学进行了系统、全面的分析,但由于研究人员自身知识和理论素养的水平有限,对某些问题的解释还不够,应在以后的研究中进一步深化和改进。主要有两方面:一是研究样本的选取有待更全面地拓展。随着高校境外办学的发展,将会有更多类型的高校举办更多类型的办学模式,需要以发展的观点去不断地深入研究。二是研究方法上有待拓展。本书受限于获取样本和资料,主要使用的方法是以访谈法为主的定性研究方法,没有使用问卷法等量化研究,对高校境外办学如何实现可持续发展的影响因素的分析上,可能会出现被访谈者主观上的偏颇。后续研究中,在条件允许的情况下,使用问卷法等方法进行量化研究,进一步科学地揭示高校境外办学的运行规律。

参考文献

一、中文文献

[1]潘懋元.新编高等教育学[M].北京:北京师范大学出版社,1996.

[2]林金辉.中外合作办学发展报告(2010—2015)[M].厦门:厦门大学出版社,2016.

[3]兰军.跨境教育研究[M].北京:中国社会科学出版社,2012.

[4]肖昊,周丹.高等学校运行机制[M].武汉:武汉大学出版社,2010.

[5]简·奈特.激流中的高等教育[M].刘东风,陈巧云,等译.北京:北京大学出版社,2011.

[6]陈向明.质的研究方法与社会科学研究[M].北京:教育科学出版社,2000.

[7]约翰·S.布鲁贝克.高等教育哲学[M].3版.王承绪,郑继伟,张维平,等译.杭州:浙江教育出版社,2002.

[8]黄福涛.欧洲高等教育近代化[M].厦门:厦门大学出版社,1998.

[9]联合国教科文组织.反思教育:向"全球共同利益"的理念转变?[M].联合国教科文组织中文科,译.北京:教育科学出版社,2017.

[10]江彦桥.跨境教育监管与质量保障[M].北京:高等教育出版社,2014.

[11]潘懋元,吴玫.高校分类与定位问题[J].复旦教育论坛,2003(3):5-9.

[12]潘懋元.教育的基本规律及其相互关系[J].高等教育研究,1988(3):6-12.

[13]林金辉,刘志平.高校中外合作办学"走出去"发展战略探新[J].教育研究,2008(1):43-47.

[14]蒋继彪.我国高等教育"走出去"的若干对策研究[J].国内高等教育教学研究动态,2016(17):3-5.

[15]吴艳云.海外分校:跨国高等教育发展的新模式探析[J].广东外语外贸大学学报,2013,24(4):101-104.

[16]杜燕锋.美国高校海外分校:历程、现状与趋势[J].外国教育研究,2016,43(4):105-118.

[17]蔡丽红.美英高校海外分校发展的现状分析与启示[J].煤炭高等教育,2017,35(6):45-49.

[18]菲利普·G.阿特巴赫,简.莱特,别敦荣,等.高等教育国际化的前景展望:动因与现实[J].高等教育研究,2006(1):12-21.

[19]李盛兵,刘冬莲.高等教育国际化动因理论的演变与新构想[J].高等教育研究,2013,34(12):29-34.

[20]廖菁菁.高等教育海外分校研究:动因、类型与挑战[J].比较教育研究,2019,41(2):27-35,44.

[21]张惠.全球化背景下跨境高等教育的发展动因与趋势[J].继续教育研究,2013(3):7-11.

[22]叶林.美国大学在日分校的历史、现状和将来[J].清华大学教育研究,2005(1):27-33,57.

[23]赵丽.澳大利亚发展海外分校的实践与经验[J].全球教育展望,2014,43(8):74-82.

[24]李一,曲铁华.基于I-R框架分析的高等教育跨境分校可持续发展研究[J].湖南社会科学,2015(5):203-208.

[25]张瑞芳."一带一路"沿线国家出境海外分校发展现状与挑战[J].郑州师范教育,2017,6(5):30-37.

[26]丁笑炯.从宏观政策到微观教学:国外跨境高等教育研究转向述评[J].外国教育研究,2017(1):89-101.

[27]王光荣,骆洪福.我国一流大学发展海外分校的SWOT分析[J].煤炭高等教育,2017(1):5-10.

[28]苏一凡,谢卫红,王永健.国外高校联盟运行机制及其启示:以Go8和CUC为例[J].高教探索,2014(5):95-100.

[29]符金州.世界一流大学海外办学中的品牌管理研究:以美国纽约大学为例[J].世界教育信息,2016,29(17):59-62.

[30]林金辉,刘梦今.论中外合作办学的质量建设[J].教育研究,2013,34(10):72-78.

[31]金孝柏.我国高校海外办学中的法律适用[J].上海对外经贸大学学报,2017,24(4):36-45.

[32]林梦泉,唐振福,杜志峰.国际高等教育质量保障热点问题和发展趋势:近年来高等教育质量保障机构网络组织(INQAAHE)会议综述[J].中国高等教育,2013(1):60-62.

[33]杨琼.跨境高等教育海外分校的监管体制评述:教育输入国的视角[J].高教发展

与评估,2009,25(3):75-82,123.

[34]陈昌芸,侯长林.高职双创教育 HVC:LE 联动模式及运行机制构建[J].职教论坛,2018(1):152-157.

[35]吴晓云,陈怀超.基于制度距离的跨国公司知识转移研究[J].经济问题探索,2011(9):17-23.

[36]刘晓黎.新时代"双一流"建设高校境外办学的探索与思考[J].决策与信息,2018,502(10):56-61.

[37]李淑艳.我国高校境外办学:特点、问题与推进策略[J].高校教育管理,2019,13(1):98-103,124.

[38]刘永松,段云龙,李银萍.基于属性测度的高等教育国际化文化距离测度模型研究[J].云南财经大学学报,2018,34(3):101-112.

[39]王立生,林梦泉,李红艳,等.跨境教育及其质量保障的探究与实践[J].学位与研究生教育,2016(3):33-38.

[40]孔令帅.全球化背景下的高等教育:联合国教科文组织的探索[J].徐州工程学院学报(社会科学版),2014,29(5):99-103.

[41]王璞.美国大学海外分校全球扩张历史和战略研究[J].比较教育研究,2017,39(1):17-23.

[42]王春玲.美国境外办学的历史及现状:对"一带一路"建设中我国教育合作的启示[J].河北师范大学学报(教育科学版),2018,20(5):74-79.

[43]王伟.美国教育产业发展现状及其特点[J].比较教育研究,2002(5):51-55.

[44]魏奇,魏志慧.跨境远程高等教育的现状及发展趋势:访无国界高等教育观察组织首席执行官邓·奥尔科特博士[J].开放教育研究,2009,15(4):4-9.

[45]刘晓亮,赵俊峰.美国跨境教育问题研究:基于简·奈特的跨境教育理论框架视角[J].教育科学,2014,30(4):81-85.

[46]王璐,王世赟.英国高校海外分校发展状况与办学实践研究:以赫瑞瓦特大学迪拜分校为例[J].外国教育研究,2018,45(9):3-22.

[47]易红郡,缪学超.英国高等教育市场化趋向:经费筹措视角[J].清华大学教育研究,2012,33(3):89-97.

[48]赵晋平,单谷.日本的大学国际化人才战略分析[J].中国高教研究,2014(10):84-88.

[49]李建民.日本私立高校的政府资助体系:21世纪以来的变迁与动因分析[J].比较教育研究,2009,31(4):82-86.

[50]曾晓洁.印度高校海外分校的发展动因及区域布局研究[J].比较教育研究,2019,41(2):36-44.

[51]王晓文.印度莫迪政府的大国战略评析[J].现代国际关系,2017(5):33-41,

64,66.

[52]廖菁菁.日本建设世界一流大学的战略及实践：以日本东北大学为例[J].当代教育科学,2018(5):86-91,96.

[53]秦冠英,刘芳静.海湾地区跨境高等教育发展状况及对中国教育"走出去"的启示[J].中国高教研究,2019(8):39-46.

[54]蒋凯,夏红卫.高校境外办学的瓶颈问题与应对策略[J].江苏高教,2019(11):18-24.

[55]赵丽.跨国办学的理论与实践研究[D].上海:华东师范大学,2005.

[56]张进清.跨境高等教育研究[D].重庆:西南大学,2012.

[57]李敏.教育国际交流:挑战与应答[D].上海:华东师范大学,2008.

[58]冯国平.跨国教育的国际比较研究[D].上海:华东师范大学,2009.

二、外文文献

[1] KNIGHT J. Internationalization of higher education：new directions, new challenges[M].Paris：International Association of Universities,2006:16-20.

[2]ALTBACH P G, KNIGHT J. The internationalization of higher education：motivations and realities[M].The forefront of international higher education. Springer Netherlands,2007:540-545.

[3]NORTH D C. Institutions,institutional change and economic performance[M]. Cambridge：Cambridge University Press,1990(103).

[4]KIMURA T, YONEZAWA A, OMORI F. Quality assurance and recognirition of qualifications in high education：Japan[M].Quality and recognition in higher education：the cross-boarder challenge, Paris：OECD,2004:119-130.

[5]HUANG F. Internationalization of higher education in the developing and emerging countries：a focus on transnational higher education in Asia[J]. Journal of studies in international education,2007,11(3/4):421-432.

[6]WILKINS S, HUISMAN J. The international branch campus as transnational strategy in higher education[J].Higher education,2012,64(5):627-645.

[7]ALTBACH P G, KNIGHT J. The internationalization of higher education：motivations and realities[J].Journal of studies in international education,2016,11(3/4):290-305.

[8]FARRUGIA C A, LANE J E. Legitimacy in cross-border higher education：identifying stakeholders of international branch campuses[J].Journal of studies in international education,2013,17(4):414-432.

[9]KNIGHT J. Cross-border education as trade: issues for consultation, policy review and research[J].Journal of higher education in Africa / Revue de l'enseignement supérieur en Afrique,2004,2(3):55-81.

[10]HEALEY N M. The optimal global integration-local responsiveness tradeoff for an international branch campus[J].Research in higher education,2017(1):1-27.

[11]ALTBACH P G. Why branch campuses may be unsustainable[J].International higher education,2010,58(2).

[12]SHAMS F, HUISMAN J. Managing offshore branch campuses: an analytical framework for institutional strategies[J]. Journal of studies in international education, 2012,16(2):106-127.

[13]ZIGURAS C.The impact of the GATS on transnational tertiary education: comparing experiences of New Zealand, Australia, Singapore and Malaysia[J]. Australian educational researcher,2003,30(3):89-109.

[14]PYVIS D. Culture shock and the international student "offshore"[J]. Journal of research in international education, 2005, 4(1).

[15]SEAH W T, EDWARDS J . Flying in, flying out: offshore teaching in higher education[J]. Australian journal of education, 2006, 50(3):297-311.

[16]HEFFERNAN T. Cultural differences, learning styles and transnational education[J]. Journal of higher education policy and management,2010(1): 27-39.

[17]BOLTON D, NIE R. Creating value in transnational higher education: the role of Swinburne University of Technology[J]. Academy of management learning & education, 2010, 9(4):701-714.

[18]WILKINS S. Establishing international branch campuses: a framework for assessing opportunities and risks[J]. Journal of higher education policy and management, 2016,38(2):167-182.

[19]SMITH K. Assuring quality in transnational higher education: a matter of collaboration or control? [J]Studies in higher education,2010,35(7):793-806.

[20]HEALEY N M . The optimal global integration-local responsiveness tradeoff for an international branch campus[J].Research in higher education,2017(1):1-27.

[21]KOSTOVA T. Transnational transfer of strategic organizational practices: a contextual perspective[J].The academy of management review,1999,24(2):308-324.

[22]ALTBACH P G. Globalization and the university: realities in an unequal world [J].International handbook of higher education, springer,2007:121-139.

[23]WILKINS S, HUISMAN J.The international branch campus as transnational strategy in higher education[J].High education,2012(64):627-645.

[24]VERBIK L，MERLEY C.The international branch campus：models and trends[J].Report,2015(46):1-31.

[25]GAUR A S, DELIOS A，SINGH K. Institutional environments，staffing strategies，and subsidiary performance[J].Journal of management,2007,33(4):611-636.

[26] GIRDZIJAUSKAITE E，RADZEVICIENE A. International branch campus：framework and strategy[J]. Procedia-social and behavioral sciences，2014(110):301-308.

[27]大森不二雄.国境を越える高等教育に見るグローバル化と国家[J].高等教育研究,2005(8):157-181.

[28]米澤彰純.高等教育改革としての国際化:大学・政府・市場[J].高等教育研究,2015(18):105-125.

[29]BEECHER B K . Internationalization through the international branch campus：identifying opportunities and risks[D]. Washington ：The George Washington University，2016.

[30]STANFIELD D A . International branch campuses：motivation，strategy，and structure[D].Boston：Boston College Lynch School of Education,2014.

[31]KOSTOVA T.Success of the transnational transfer of organizational practices within multinational companies[D].Minnesota：University of Minnesota,1996.

附　录

附录一　高校境外办学运行机制调研访谈提纲（管理人员）

▶▶▶

1.贵校境外办学机构（项目）的简介（贵校境外办学从何时开始？最开始有什么专业？目前在举办什么专业？有资料,可省略）。

2.贵校境外办学的契机和动机是什么？存在什么样的阻力？如何克服的？

3.关于合作方的问题（有没有合作方？合作方的性质或类型？选择合作方的理由？选择合作方关注的内容？合作方式是什么？如何处理双方的利益诉求？与合作方之间存在怎样的妥协和竞争关系？与合作方之间的关系？）

4.关于境外办学机构（项目）的问题（贵校的境外办学是机构还是项目？您认为分校、机构和项目之间有什么区别,需要具备什么样的办学条件？各自优劣势是什么？运行过程中存在什么样的困难？该如何解决？）

5.境外办学三个办学主体之间的必要条件除了师资、课程、学生和资金等之外,在您看来还有什么？这些必要条件的特征是什么？存在什么困难？该如何解决？

6.贵校境外办学的师资、课程、学生和资金管理等有什么特色［贵校境外办学机构（项目）的师资采取哪些招聘方式？师资的学历层次和国别情况是什么？贵校境外办学机构（项目）主要采取哪些教学方式？是否与母校一致？贵校境外办学机构（项目）是如何招生的？生源比例如何？生源是否充足？］

7.影响境外办学的环境因素,从宏观层面（国家社会市场）、中观层面

(高校合作方)、微观层面(管理者教师学生)等是怎样的? 从外部环境和内部环境来看又是怎样的?

8.贵校是否出台针对境外办学的相关政策和规定? 有没有激励措施? 贵校是否成立了专门的工作小组或办公室管理境外办学相关事务? 成员由哪些组成?

9.贵校境外办学机构(项目)主要有哪些成效? 您认为影响这些成效最核心的要素是什么?

10.贵校采取何种手段来保障和监督教学质量的?

11.贵校境外办学机构(项目)的经费来源是什么? 有什么特别的财务管理制度? 在境外办学过程中,贵校如何解决资金出境? 如何处理境外办学机构(项目)资产的所有权?

12.您所在学校举行境外办学,希望从外部(政府、社会、市场或合作院校等)获得什么样的帮助?

13.在境外办学运行过程中存在什么样的困难? 该如何克服?

14.贵校所举办的境外办学机构(项目)是否存在中途被停办的情况? 若有因何故中断?

附录二 高校境外办学运行机制调研访谈提纲（高校教师）

▶▶▶

1.您参与境外办学机构(项目)授课的原因是什么？

2.您认为境外办学的课程和母校的课程有什么样的联系？如果不一样,境外办学课程的特色是什么？

3.您所接触到的境外办学教师的学历层次和国别情况是什么？

4.您主要采取哪些教学方式？是否与母校一致？

5.您主要采取何种手段来保障教学质量？

6.您认为教师在境外办学教学过程中存在什么困难？您建议应如何解决？

7.您是否希望学校制定针对外派教师的鼓励政策？具体是哪些方面的？

8.您认为影响境外办学顺利实施和运行的核心要素是什么？

9.您认为教师在境外办学发展过程中应该扮演什么样的角色？

附录三 高校境外办学运行机制调研访谈提纲（专家）

1.您认为我国高校境外办学的驱动因素是什么？

2.政府是否成立了专门的境外办学相关事务工作小组或办公室？成员由哪些组成？

3.政府针对境外办学出台了哪些相关的政策和规定？

4.高校到境外办学，需不需要跟教育厅备案？如果需要，是程序性备案还是非程序性备案？

5.境外办学机构（项目），作为行政部门是否需要评估？如果需要，该如何评估？

6.您认为截至目前政府提供了哪些方面的支持？

7.您认为政府应采取何种手段来保障和监督境外办学教学质量？

8.您认为境外办学的发展目前存在的困难是什么？该如何克服？

9.您认为境外办学的成功发展主要取决于哪些因素？

10.您认为政府针对境外办学进一步发展有什么规划和战略措施？

11.您认为政府在境外办学发展过程中应该扮演什么样的角色？

附录四　高校境外办学运行机制调研访谈提纲（学生）

1.您为什么选择此境外办学机构（项目）？理由是什么？

2.您认为该机构或项目最吸引您的地方在哪里？理由是什么？

3.您认为该机构或项目还存在不足的地方在哪里？该如何改进？

4.您是否适应该机构或项目的教学方式和考核方式？为什么？

5.您对教授课程的老师如何评价？

6.您学习到的知识与您将来规划的职业相关度高吗？

7.您会推荐亲戚朋友来读吗？